国際政治・日本外交叢書
⑲

戦後イギリス外交と英米間の「特別な関係」

橋口　豊　著

国際秩序の変容と揺れる自画像
1957〜1974年

ミネルヴァ書房

戦後イギリス外交と英米間の「特別な関係」
——国際秩序の変容と揺れる自画像、一九五七～一九七四年　目次

序　章　戦後イギリス外交の再編の試み

第Ⅰ部　戦後イギリス外交の再編の模索の始まり
――マクミラン政権、ダグラス=ヒューム政権の時代（一九五七～六四年）

序章　戦後イギリス外交の再編の試み

1　「三つのサークル」と戦後外交の再編

戦後国際秩序の変容と「三つのサークル」

「マクミランは、イギリスがすでに世界大国（world power）ではないという手痛い現実にはっきりと直面する最初のイギリス首相であった」(1)。一九五七年一月に首相に就任したハロルド・マクミランに関して、アメリカ政府で大統領補佐官や国務長官を務めたヘンリー・A・キッシンジャーは、自著の中でこのように評している。

マクミランにこの「手痛い現実」を突きつけたのは、一九五六年のスエズ戦争での敗北だった。スエズ戦争は、エジプト大統領ガマル・アブドゥル・ナセルによるスエズ運河会社の国有化宣言を発端にスエズ危機が発生したことを受けて、一〇月二九日にイスラエル軍、三一日にイギリス・フランス連合軍が「共謀」してエジプトに軍事介入した戦争である。当時の首相アンソニー・イーデン率いるイギリス政府は、中東における権威と権益、そして、「世界大国」の地位と威信をかけてナセル政権の軍事的打倒を計ったのであった。しかし結局、英仏両国は、国際世論、とりわけアメリカ政府から強い政治的、経済的圧力を受けて、一二月三日にエジプトからの即時撤兵を表明し、敗北した(2)。この敗北は、イーデンを退陣させただけでなく、イギリスの「世界大国」としての自画像を大きく揺さぶり、後を受けたマクミランに第二次世界大戦後のイギリス外交の再編を促す契機となった。

スエズ戦争での敗北がイギリス外交に与えた衝撃は甚大なものであったが、さらに、マクミラン保守党政権以降のイギリス外交は、戦後国際秩序の変容に直面した。この変容とは、第一に、超大国間や東西ヨーロッパ間における緊張緩和（デタント）へ向けた動きであった。一九五八年の第二次ベルリン危機や六二年のキューバ・ミサイル危機によって東西間の緊張は高まったものの、米ソ両超大国はこれらの危機を終息させていくなかで、戦後初の首脳会談を五九年に開催し、また、核軍備管理面で「協調」のプロセスを始めた。他方、ヨーロッパ諸国も、西ドイツの新東方政策やフランスの独自外交によってデタントへと歩み始めていた。イギリスは、同時進行する超大国デタントとヨーロッパ・デタントへと繋がるそれぞれの動きへの対応を迫られたのであった。

第二の国際秩序の変容は、脱植民地化の新たな高まりであった。一九五七年のガーナやマラヤの独立に続いて、イギリスの植民地、保護領、信託統治領から多くの独立国が誕生した。これらは、戦後、トランスヨルダンとパレスティナでの委任統治の終了と、インドとパキスタンの独立などによってイギリス帝国の解体を引き起こした、いわゆる脱植民地化の「第一の波」に続くものであった。そして一九六〇年は、「アフリカの年」と呼ばれたようにフランスやイギリスなどの植民地一七カ国が独立を果たし、一二月には国連総会で植民地独立付与宣言が採択されるに至った。イギリス帝国の地に脱植民地化の「第二の波」が押し寄せたのである。(3) イギリスが、この「第二の波」に抗い、帝国を現状のまま維持し続けることはもはや不可能であった。

そして第三は、ヨーロッパ統合の進展であった。フランスや西ドイツなど欧州石炭鉄鋼共同体（ＥＣＳＣ）加盟六カ国が、一九五八年一月に欧州経済共同体（ＥＥＣ）と欧州原子力共同体（ＥＵＲＡＴＯＭ）を成立させるなかで、イギリス政府には進展するヨーロッパ統合へ対応することが求められた。(4)

以上のように、米ソ超大国間と東西ヨーロッパ間におけるデタントに向けた動きの始まり、脱植民地化の新たな高まり、そしてヨーロッパ統合の進展、といった東西間、南北間、西西間でそれぞれ生じ、かつ重層的に展開する三つの主要なダイナミズムによって、戦後国際秩序は大きく変容していたのであった。

こうした国際秩序の変容がイギリス外交にいかに大きな影響を及ぼしたのかについては、戦後外交の枠組みを理解するための「三つのサークル」(Three Circles)という分析概念を用いることでより明確になる。すでに多くの研究によって明らかにされているように、「三つのサークル」とは、帝国・コモンウェルス、アメリカ、統合されたヨーロッパというサークルから構成されるものである。[5] イギリスは「三つのサークル」が交差する結節点に位置することで、世界大に広がる各サークルに対する影響力を重層的に維持し、それによって「世界大国」としての地位を保持することができると戦後歴代政権は見なしていたのであった。[6]

「三つのサークル」に基づく戦後イギリス外交の枠組みは、クレメント・アトリー労働党政権期(一九四五～五一年)に確立された。もっとも、益田実や細谷雄一らの研究が明らかにしているように、アトリー政権は当初、イギリスとフランスを中心とした西ヨーロッパ諸国およびその植民地帝国を核として、米ソ両超大国とより対等な勢力となることを求める「第三勢力」(Third Force)としての西欧同盟構想を目指していた。しかし、アトリー政権は結局、米ソ対立の高まりやイギリスの深刻な通貨危機などに直面するなかで西欧同盟構想を放棄して、一九四九年以降は、英米同盟を重視しつつ、「三つのサークル」に基づく外交の枠組みを形成していったのであった。[7] そして、この戦後外交の枠組みは、第二次ウィンストン・S・チャーチル保守党政権(一九五一～五五年)を経て、イーデン保守党政権(一九五五～五七年)までは基本的に維持された。

しかし、国際秩序に変容をもたらした先述のような三つの主要なダイナミズムは、「三つのサークル」を構成するそれぞれのサークルに影響を与え、戦後イギリス外交の枠組みそのものの根幹を大きく揺るがすことになった。そのためイギリス政府は、国際秩序の変容を受けて、「世界大国」、あるいは、もはや「世界大国」ではないにしても西側陣営の盟主である超大国アメリカに影響力を行使しうる大国としての地位を保持するために、戦後外交の再編を迫られたのである。

マクミラン政権からヒース政権期の戦後外交の再編

戦後外交の再編に本格的に取り組み始めたのが、マクミラン政権であった。この点を小川浩之は、『イギリス帝国からヨーロッパ統合へ』や「第一次ＥＥＣ加盟申請とその挫折」といった研究によって解明している。小川は、一九六一年のＥＥＣへの第一次加盟申請の意義を「マクミラン政権期の全般的なイギリス対外政策の再編の試み」の中に位置づけたうえで、「第一次ＥＥＣ加盟申請から加盟交渉、そしてその挫折に至る過程で、『三つのサークル』ドクトリンとそこに体現された世界的大国としてのアイデンティティは段階的な再編を余儀なくされた」と主張する。(8)

こうした戦後外交の再編のプロセスでは、一九六一年のマクミラン政権の第一次ＥＥＣ加盟申請に加え、六七年の第一次ハロルド・ウィルソン政権(9)による第二次ＥＥＣ加盟申請や六八年の「スエズ以東」(10)からの軍事的な撤退の表明、そして、七三年のエドワード・ヒース政権の下での欧州共同体（ＥＣ）への加盟実現などといった重要な出来事が生じた。

芝崎祐典は、「第二次ＥＥＣ加盟申請とその挫折」の中で、ＥＣ加盟の実現は、イギリスが「世界的役割やコモンウェルスの比重を減らしヨーロッパへ向かうという緩やかな方向転換を示すもの」であり、「こうした方向の下地をつくったのがウィルソン政権であった」としている。(11)またサキ・ドクリルは、『スエズ以東からの撤退』において、ウィルソンによる一九六八年の「スエズ以東」からの軍事的撤退表明に至る世界的な役割の見直しなどを史料実証的に分析することで、イギリス外交が直面した「ヨーロッパか、世界か」という問題を詳細に描き出している。(12)そしてヘレン・パーは、『ヨーロッパ共同体に対するイギリスの政策』の中で、ウィルソン政権の第二次EEC加盟申請を、国内の政治的コンセンサスが、イギリスの将来はヨーロッパにあるということに決定的に移行したという点から捉えている。[13]

くわえて、ジョン・W・ヤングは『二〇世紀におけるイギリスと世界』において、戦後期のイギリス外交について、一九四五年から五六年を「第三勢力」、五七年から七二年を「役割の喪失?」、そして、七三年以降を「気のすすまないヨーロッパ人」として区分する。[14]こうした区分によって彼は、スエズ戦争に加え、一九七三年のイギリスのEC加盟を転換点と見なしていると言える。

以上の研究は、マクミラン政権からヒース政権期の戦後外交の再編によって「帝国・コモンウェルスから統合ヨーロッパ」へといった形で外交の重心が移行した側面を明らかにしている。重要なことは、こうした移行がかなりの程度長期間にわたって行われたということである。マクミラン政権が始めた外交の再編は、小川が先に指摘していたように「段階的な再編」であった。すなわち、「帝国・コモンウェルスから統合ヨーロッパ」への移行は、帝国・コモンウェルスに外交の基盤を置いて「世界大国」としての地位を維持し続けたいという各政権の政策決定者の思惑によって引き伸ばされながら、段階的かつ長期的に行われたと考えるべきである。

たしかに、これまでの先行研究は、本書の各章で紹介するように、豊富な一次史料に基づく緻密な実証分析によって、マクミラン保守党政権（一九五七～六三年）、サー・アレック・ダグラス=ヒューム保守党政権（一九六三～六四年）、第一次ウィルソン労働党政権（一九六四～七〇年）、そして、ヒース保守党政権（一九七〇～七四年）の外交を解明してきた。しかし、こうした詳細な実証研究が進展した一方で、長期的な視野に基づく包括的な分析によって、各政権の政策決定者がどのような自画像を抱きながらイギリス外交の再編を構想し、そして、それがどのような変遷を辿ったのかということについては、必ずしも十分には明らかにされてこなかった。

したがって、段階的かつ長期的な外交の再編をより的確に把握するためには、歴代各政権の比較的短い期間の分析だけでは十分ではない。少なくとも、戦後外交の再編を始めたマクミラン政権からEC加盟を果たしたヒース政権期（一九五七〜七四年）の外交を一括して分析することによって、「帝国・コモンウェルスから統合ヨーロッパ」へという外交の再編の側面を理解することが必要なのではないだろうか。しかし、先述のヤングのイギリス外交の通史などはあるものの、マクミラン政権からヒース政権までの時期を包括的に対象とした外交の再編に関する研究は、管見の限りではない。したがって、こうした長期的な視座に立つ研究は十分には進んでいないと言わざるをえない。

戦後外交の再編と英米間の「特別な関係」

本書では、戦後外交の再編においては、「帝国・コモンウェルスから統合ヨーロッパ」という側面とともに、イギリスがアメリカとヨーロッパとの関係をいかに取り結ぶのかということに苦悩したことが、もう一つの、そしてより重要な側面であったことに着目したい。なぜなら、イーデン政権までは、「三つのサークル」においてサークル間の優先順位は、帝国・コモンウェルス、アメリカ、そして統合されたヨーロッパの順序であったが[15]、「帝国・コモンウェルスから統合ヨーロッパ」へ外交の基盤を移行させるなかで、イギリスは、アメリカとヨーロッパに対する関係をいかに構築するのかという外交課題に直面したからである。

この点に関しては、アンドリュー・ギャンブルも、『ヨーロッパとアメリカの間で』において、イギリスは、ヨーロッパとアメリカとの関係についての問題、すなわち、「イギリスは両者の架け橋になれるのか、あるいはどちらか一方を選ぶべきなのか」、という重要な課題への対応を迫られたと主張する。そして彼は、ヨーロッパとアメリカとの関係をめぐるディレンマは、イギリスの衰退と帝国の解体によって、イギリスの中心的課題になったと論じているが[16]、同書は、戦後イギリス外交の再編に関する研究ではない。

また本書では、マクミラン政権以降の各政権が、「帝国・コモンウェルスから統合ヨーロッパ」へ外交の基盤を移す大きな契機となるＥＣやＥＣへの加盟申請を行った要因として、次の点に着目する。すなわち、コモンウェルス諸国との政治的経済的関係が次第に弱体化していた一方で、ＥＥＣあるいはＥＣ加盟諸国との関係が強まっていたなどの諸要因に加えて、英米間の「特別な関係」の再強化という要因が存在した点である。この要因に関しては、小川が、マクミラン政権を対象とした『イギリス帝国からヨーロッパ統合へ』の中で、「第一回ＥＥＣ加盟申請には、英米関係を再強化するための戦術的変化という側面」があったことを明らかにしている。[17] またメリッサ・パインは、第一次ウィルソン政権とヒース政権を対象とした「イギリス、ヨーロッパ、そして『特別な関係』」において、ヨーロッパ統合と英米間の「特別な関係」との関連性を重視すべきであると主張し、イギリス政府の「最終的な目的は、ＥＣへの加盟とその中でのリーダーシップを通して、アメリカに対する対等性と影響力を取り戻すことであった」としている。[18] くわえて、ミリアム・キャンプスが『イギリスとヨーロッパ共同体』の中で論じたように、アメリカ政府がＥＥＣへの加盟を支持したことは、イギリス政府の加盟申請に影響を与える重要な要因となった。[19] アメリカ政府は、主に大西洋同盟の結束のために統合ヨーロッパの中でイギリスが果たす役割に期待したのである。

これらの先行研究から示唆を受けながら本書では、マクミラン政権からヒース政権期の各政権が、「帝国・コモンウェルスから統合ヨーロッパ」へ外交の基盤を移行させるなかで、いかにアメリカとの「特別な関係」を再強化しようとしたのかという分析視角から、戦後イギリス外交の再編について考察する。

アメリカとの「特別な関係」の再強化

本書では、戦後外交の再編の分析視角として英米間の「特別な関係」の再強化という側面に着目するが、それは各政権が、アメリカとの「特別な関係」を外交上の冷徹な利得計算に基づいて「世界大国」の地位、あるいは、その地位は断念しながらも大国としての地位を保持するために利用しようとしたことを浮かび上がらせることになるためである。この点に関しては、以下のような英米関係史ならびにその研究史整理を行った研究によっても明らかにされている。[20]

その研究とは第一には、英米間の「特別な関係」をイギリス外交の戦略や手段として描いた研究である。デイヴィッド・レイノルズは、「特別な関係」を衰退国イギリスが自らの目的のために新興国アメリカを利用するための「道具」、あるいは、「外交の計略」として捉える。[21] またジョン・ダンブレルも、「『特別な関係』は、かなりの程度、アメリカのパワーに対処するとともに、そこから利益を得るためのイギリスの外交戦略であった」と論じる。[22] さらにリッチー・オーヴェンデイルは、「イギリスの冷戦における対外政策の基礎を形成」したのは、「いかにイギリスが自らの利益のために特別な関係を最もよく利用できるのかという現実的な計算」であったと指摘する。[23]

第二に挙げられる研究は、「特別な関係」を外交の手段として用いようとしたイギリスの政策決定者には、アメリカ人への優越感が存在したことを強調しているものである。[24] その際、以下のエピソードがしばしば引用される。[25] まず、リチャード・N・ガードナーは、『スターリング―ドル外交』の序章の冒頭で、一九四五年の英米金融交渉時にイギリス側でなされた会話を紹介している。

「ワシントンで、駐米イギリス大使ハリファックス伯爵が、あるときイギリス側代表ケインズ男爵にささやいた――『あちらが財布をもっているのは確かです。しかし、こちらは何と言っても頭脳がありますよ』」。[26]

次のエピソードは、マクミランが好んで用いた「ローマ人とギリシャ人の関係」というアナロジーである。彼は、第二次世界大戦中、北アフリカの連合軍総司令部で、後に労働党政権の重鎮となるリチャード・クロスマンに以下のように述べた。

「クロスマン、我々はアメリカ帝国の中のギリシャ人なのです。あなたは、ギリシャ人がローマ人を見たのとほぼ同じように、アメリカ人を見ることになるでしょう。それは、巨大で、下品で、騒がしい人々です。また、我々よりは力強いが、同時に怠惰であり、より自然な美徳をもつとともに、いっそう堕落しているのです[27]」。

こうしたエピソードに見られるように、世界大国として君臨してきた国家としての傲慢さや自国の能力への過信に基づく優越感、いわば「世界大国」としての自画像、そして、その自画像の修正を迫られてもなお抱いた「世界大国」としてのノスタルジアが、イギリスの政策決定者にアメリカとの関係を外交の手段として利用することができると思わせる一因となった。そして、「世界大国」としての自画像やノスタルジアは、木畑洋一が主張する「帝国意識」に支えられたものであった。木畑は「帝国意識」を、「自らが、世界政治の中で力をもち、地球上の他民族に対して強力な支配権をふるい影響力を及ぼしている国、すなわち帝国の『中心』国に属しているという意識」と定義したうえで、「その中の主要な要素を民族・人種差別意識と大国主義的ナショナリズム」として捉えている[28]。

以上のように、レイノルズらの研究は、「世界大国」としての自画像やノスタルジアを抱いたイギリスが、アメリカへの優越感をもちつつ、英米関係を外交の手段として用いようとしていたことを明らかにしている。しかし、本書において考察していくように、イギリス政府が外交の手段としてアメリカとの関係を利用することについては、多くの場合困難を伴った。この点に関しては、次のように英米関係の緊密な側面だけではなく、対立的な側面に着目した研究がある[29]。クリストファー・ソーンの『一応の同盟国[30]』、ロバート・ハサウェイの『あいまいなパートナーシップ[31]』、そして、レイノルズの『英米同盟の形成[32]』などは、戦間期から戦後初期までを対象として、英米関係が協調を前提としながらも、他方で対立をも内包したものであったことを明らかにした。レイノルズが提起した「競合的協調」（competitive co-operation）という概念も、このことを表したものである。[33]イギリス政府は、「世界大国」としての自画像やノスタルジアを抱えながら、「特別な関係」を国益実現のための外交の手段として利用しようとしたが、英米両国は、時に鋭く対立して相互の国益の違いを露呈させたのであった。

次節では、英米間の「特別な関係」、外交の基盤、そして、「世界大国」としての自画像・ノスタルジアといった戦後外交の再編に関して分析するための本書の視角ならびにイメージ図を検討する。

2　英米間の「特別な関係」、外交の基盤、「世界大国」としての自画像・ノスタルジア

本書の分析視角・イメージ図

チャーチルは、野党保守党の党首であった一九四六年三月五日、アメリカのミズーリ州フルトンのウェストミンスター大学で行った有名な演説の中で、次のように述べた。

「英語を母語とする諸国民の友愛的連合というべきものがなければ、戦争を確実に阻止することも、世界機構を引き続き盛り上げていくこともできないでありましょう。すなわち、英連邦および帝国とアメリカとの間に特別な関係が必要だということであります[34]」。

チャーチルは、帝国・コモンウェルスをもったイギリスとアメリカとの「特別な関係」、すなわち、イギリス一

国ではなく、帝国・コモンウェルスとの関係を基にした「特別な関係」を築くことを主張したのである。[35] 彼は、帝国・コモンウェルスを外交の基盤としたアメリカとの「特別な関係」を保持することが、イギリスを世界大国たらしめていると見なしたのである。

以下では、前節で考察した「三つのサークル」概念から示唆を受けながら、新たにこのチャーチルによる「特別な関係」の捉え方を用いて、戦後外交の枠組み、再編の構想ならびにその収束に関する分析視角とイメージ図についてそれぞれ検討する。本書が、戦後外交の再編に関する分析視角に基づいてイメージ図を用いる理由は、マクミラン政権からヒース政権期の英米間の「特別な関係」を再強化するための構想に着目することを通して、「三つのサークル」概念よりも次の三点で再編の変遷を明確な形で示すことができると考えるからである。

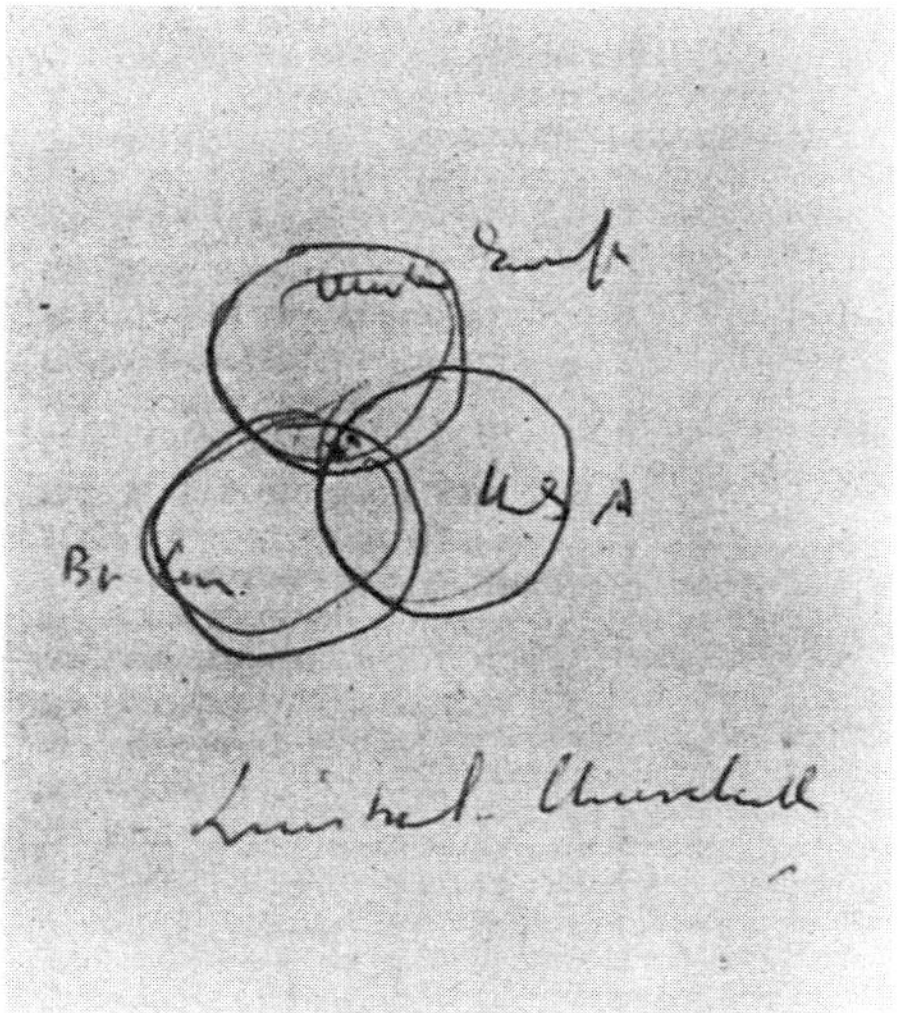

図1－a　チャーチル直筆の「三つのサークル」

（出所）　Marc Trachtenberg, *A Constructed Peace : The Making of the European Settlement, 1945-1963*（Princeton : Princeton University Press, 1999), p. 116 ; Konrad Adenauer, *Erinnerungen 1945-1953*（Stuttgart : Deutsche Verlags-Anstalt, 1965), S. 512.

第一は、戦後外交の枠組みに関してである。ここではまず「三つのサークル」概念について改めて整理すると、それは帝国・コモンウェルス、アメリカ、統合ヨーロッパといったサークルから構成されるものであり、イギリスは、各サークルが交差する結節点に位置することで「世界大国」としての地位を保持しようとしたのであった。図1－aは、チャーチルが一九五一年一二月のコンラート・アデナウアー西独首相との会談の際に描

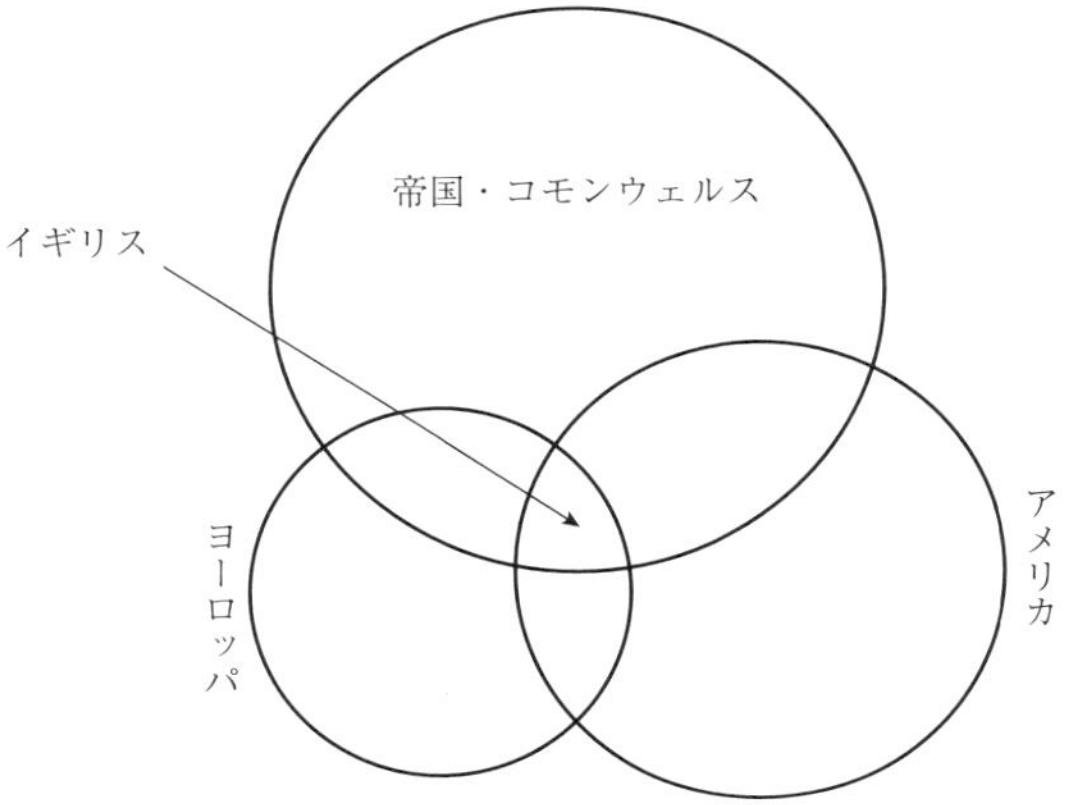

図1-b　「三つのサークル」のイメージ（アトリー政権からイーデン政権まで）

（注）「三つのサークル」は，イギリスが各サークルの結節点に位置することで「世界大国」としての地位を保持するという，チャーチルが打ち出した外交構想である。このイメージ図では，イギリス外交における各サークルの優先順位をその大きさの違いとして表わしており，帝国・コモンウェルスが最も重要であり，ヨーロッパの重要性は相対的に低いことが示されている。また「三つのサークル」は，戦後外交を分析する概念としても用いられる。

いた「三つのサークル」のスケッチである。

そして、アトリー政権からイーデン政権までのサークル間の優先順位は、帝国・コモンウェルス、アメリカ、統合ヨーロッパの順序であったように、実際には「三つのサークル」は同心円ではなかったと考えられる。[36] 図1-bは、アトリー政権からイーデン政権までの「三つのサークル」概念に関するイメージ図であり、各サークルの優先順位をその大きさに反映させて描いたものである。

たしかにこの「三つのサークル」概念は、イギリスの世論や政策形成者たちの戦後外交の思考枠組みを理解するうえで有用である。[37]

しかし、英米間の「特別な関係」に焦点を当てて戦後外交の再編について考察するにあたっては、「三つのサークル」概念では不十分である。なぜなら、サークルの大小は、イギリス外交に占める各サークルの大きさ、すなわち、外交政策の中での重要性を表すことはできても、それぞれのサークルが政策の中でどのような位置を占めたのかということまでは明らかにできないからである。この点を勘案して、「三つのサークル」概念に代えて、イーデン政権までの戦後外交の枠組みを描いたのがイメージ図2である。この図は、帝国・コモンウェルスとの関係を外交の基盤として英米間の「特別な関係」を築くことで、「世界大国」の地位を保持しようとしたことを描いたものであ

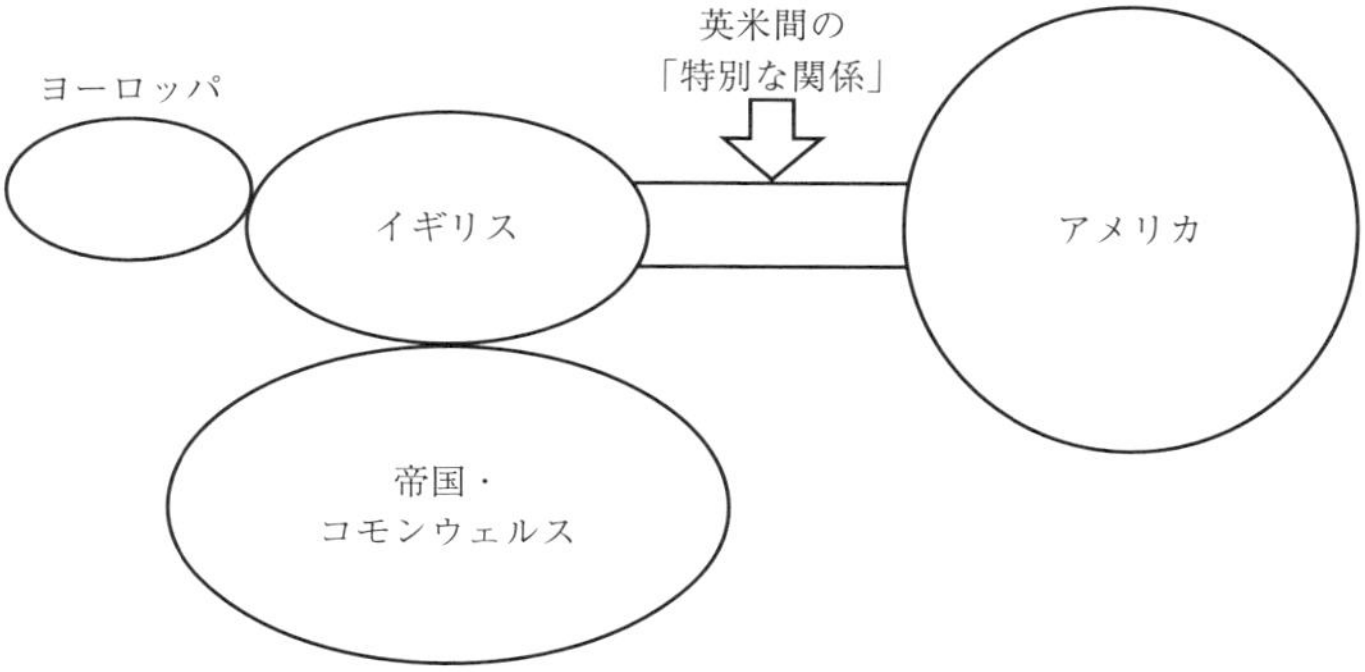

図２　戦後外交の枠組みのイメージ（アトリー政権からイーデン政権まで）

（注）　イギリスが，帝国・コモンウェルスを外交の基盤としてアメリカとの２国間の「特別な関係」を維持することで，「世界大国」の地位を保持するという戦後外交の枠組みのイメージ図である。これは，イギリス政府が目指した外交の枠組みであり，実際にこうした枠組みが構築されたということではない。図２におけるイギリスと帝国・コモンウェルスとの垂直的な位置関係はイギリスの主導的な地位を，また，イギリスとアメリカとの水平な関係はより対等な関係をイギリスが求めたことを表したものである。

る。

第二は、戦後外交の再編構想に関してである。第１節で述べたように、マクミラン政権からヒース政権期の各政権は、統合ヨーロッパとの関係を新たな外交の基盤として「特別な関係」を再強化することで、米ソ両超大国に伍する「世界大国」、あるいは、もはや「世界大国」ではないにしてもアメリカに影響力を行使しうる大国としての地位を保持するための外交を模索したと考えられる。

統合ヨーロッパを新たな外交の基盤とした英米間の「特別な関係」の構築のあり方に関しては、各政権で独自の再編構想が展開された。ＥＥＣ加盟申請を行ったマクミラン政権および第一次ウィルソン政権についてのイメージ図は、図３である。

ヴォルフラム・カイザーが指摘するように、一九六一年にＥＥＣへの加盟を申請した際にマクミランは、加盟すれば仏独両国に代わってイギリスが主導的な役割を果たすことができると考えていたのであり、また、ウィルソンも同様の認識を有していた。そしてイギリスは、Ｅ

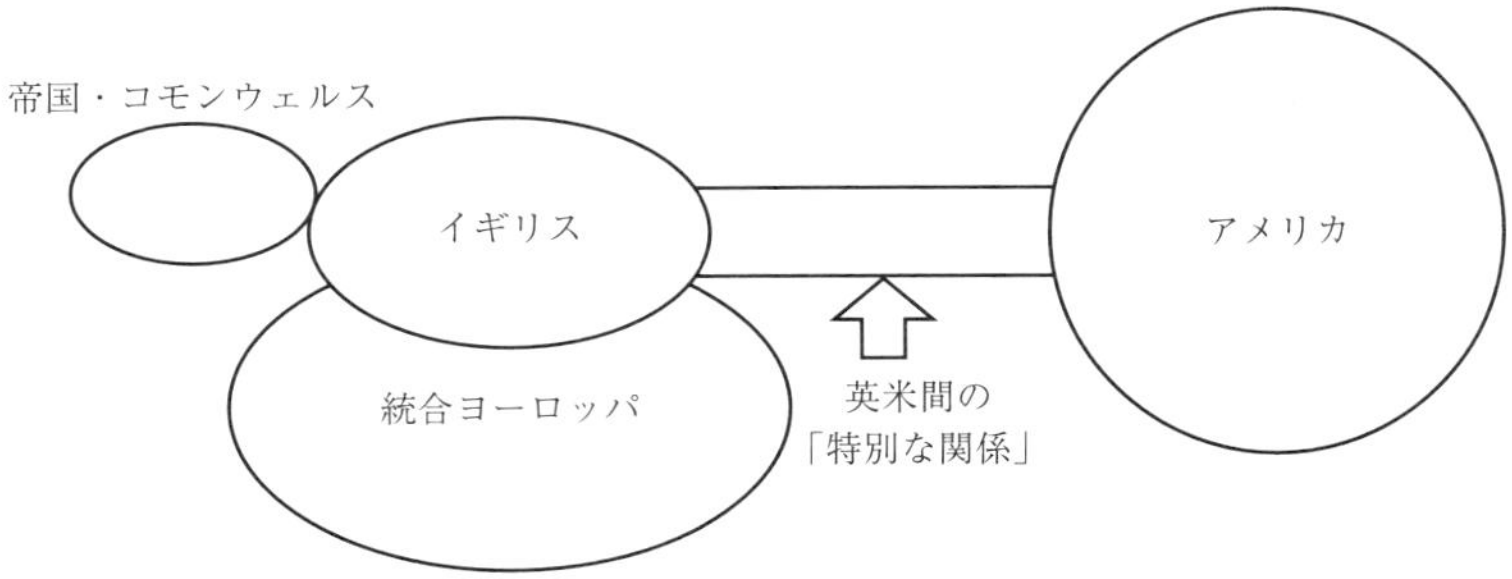

図３　戦後外交の再編構想のイメージ（マクミラン政権および第１次ウィルソン政権）

（注）　マクミラン政権および第１次ウィルソン政権は，帝国・コモンウェルスに代えて統合ヨーロッパを外交の基盤とする再編構想の実現を目指した。両政権の再編構想は同じものではなかったが，その基本的な構想はイメージ図に基づくものであった。また，図３のイギリスと統合ヨーロッパとの垂直な位置関係は，EEC・ECへの加盟によって主導的な地位をイギリスが求めたことを表している。

ＥＣ内で主導権を握ることで、「アメリカにとって唯一の信頼できる、それゆえ最も重要なパートナー」となることによって、アメリカとの「特別な関係」を強固なものにしようとしたのであった[38]。すなわち、マクミラン政権および第一次ウィルソン政権は、イギリスが主導する統合ヨーロッパを外交の基盤としてアメリカとの「特別な関係」を再強化することを求めたのであり、他方で、アメリカ政府も、イギリスが統合ヨーロッパの中で大西洋同盟の結束を図る役割を果たすことを期待したのであった。

だがヒース政権の再編構想は、前政権の構想から大きく変化していた。ニクラス・H・ロスバッハが主張するように、ヒースは、「イギリスとアメリカの特別な関係」（Anglo-American special relationship）に代えて、大西洋同盟内で対等な「アメリカとＥＣの特別な関係」（US-EC special relationship）の構築を目指した[39]。すなわち、ＥＣの加盟国となったイギリスは、「統合ヨーロッパとアメリカの特別な関係」を求めたのであった。そのヒース政権の戦後外交の再編構想を図示したのが、イメージ図４である。

そして第三は、戦後外交の再編の収束に関してである。ＥＣ

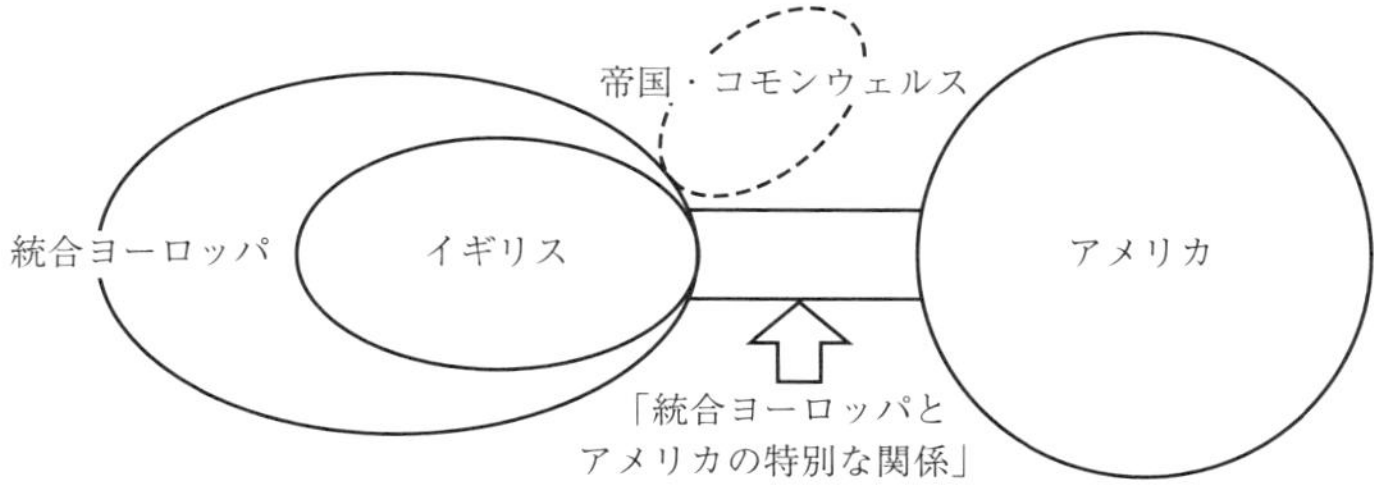

図 4　戦後外交の再編構想のイメージ（ヒース政権初期）

（注）　ヒース政権の再編構想は，マクミラン政権や第 1 次ウィルソン政権の構想とは異なり，イギリス一国ではなく統合ヨーロッパ全体を通して，より対等なアメリカとの「特別な関係」を構築することによって大国の地位を目指す構想であった。なお，帝国・コモンウェルスの外交の基盤としての重要性はこの時期には低下していたことから，破線で表示している。

加盟を果たしたヒース政権の下で、「帝国・コモンウェルスから統合ヨーロッパ」へと外交の基盤は移行した。しかし統合ヨーロッパは、より対等なアメリカとの関係をイギリスが保持できるような外交の基盤とはならなかった。そのため、「統合ヨーロッパとアメリカの特別な関係」の構築というヒース政権の当初の外交の再編構想（イメージ図4）とは異なり、対等ではないアメリカとの二国間の「特別な関係」に従属することを受け入れざるをえない形で再編は収束したのである（イメージ図5）。

本書の構成

以上のような分析視角に基づいて、本書では、イギリス公文書館（The National Archives, UK）に所蔵されている未公刊の一次史料、公刊された英米両国の一次史料、そして、日本および欧米の学界の先行研究などに依拠しながら、戦後イギリス外交の再編について考察する。

本書の構成は、次の通りである。

第Ⅰ部（第1章から第3章）では、マクミラン保守党政権とダグラス=ヒューム保守党政権の外交を扱う。なお、ダグラス=ヒューム政権期は、約一年と大変短く、また、その外交政策は基本的にマクミラン政権の政策と同様と考えられることから、第Ⅰ部では、一九五七年に成

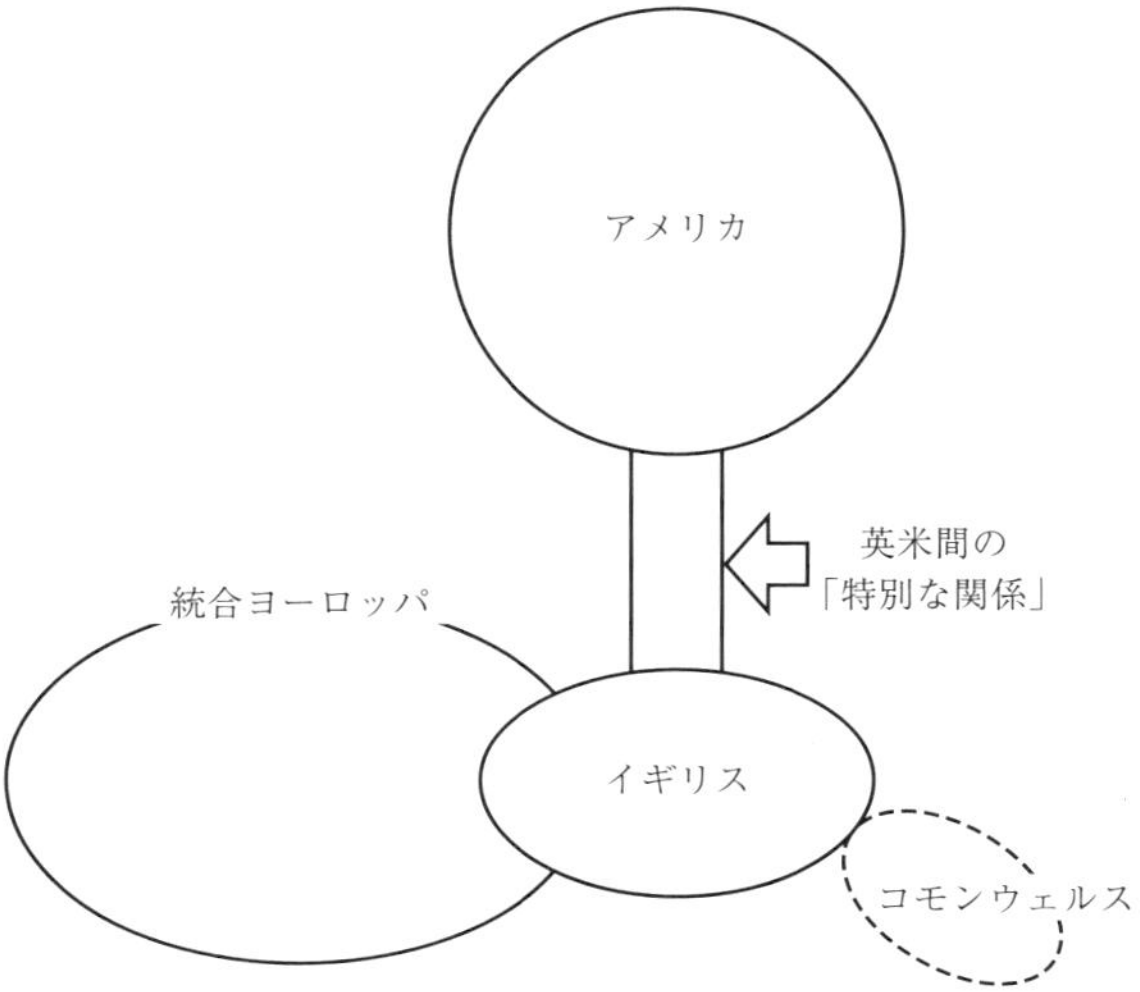

図5　戦後外交の再編の収束後の外交の枠組みのイメージ（ヒース政権末期）

（注）ヒース政権は，図4のような再編構想の実現を求めたものの，実際には，統合ヨーロッパはより対等な英米間の「特別な関係」を保持するための外交の基盤とはならなかった。そのため，結局はアメリカとの従属的な関係を受け入れざるをえない形で再編のプロセスは収束した。なお，図5におけるイギリスとアメリカとの垂直的な位置関係は，アメリカに対する従属的な関係を表したものである。また，イギリスが統合ヨーロッパの枠内に収まっていないのは，「ヨーロッパになりきれないイギリス」の姿を示している。

立したマクミラン政権を主な対象とする。

第1章は、戦後外交の再編を模索し始めたマクミラン政権が、前年のスエズ戦争で大きく傷ついたアメリカとの「特別な関係」をいかに修復しようとしたのかを、一九五七年のドワイト・D・アイゼンハワー米大統領との首脳会談や、四六年のアメリカの原子力法制定以来不可能となっていた核戦力における英米間の協力関係の回復という点などから考察する。くわえて、「独自」の核抑止力を堅持することを目指すイギリスが、核兵器運搬手段の提供をめぐって再びアメリカと対立するに至ったスカイボルト・ミサイル危機について検討する。

第2章では、一九五八年に勃発した第二次ベルリン危機を対象とし、「世界大国」としての自画像を抱くマクミランが、東西間の調停国としての役割を果たすべく独自に外交を展開して英米仏ソ四カ国によるパリ首脳会議の開催を試みたものの、結局は失敗した経緯を考察する。その際、危機の最中の一九五九年に米ソ両超大国が戦後初の首脳会談を開催して接近を始めたこと、そして、このような状況のなかでパリ首脳会議が開催されなかったことは、アメリカに対する影響力を確保する必要性をマクミラン政権に強く認識させ、そのことが、イギリス政府をＥＥＣ加盟へ向かわせる要因にもなったことを明らかにする。

次に第3章では、マクミラン政権が、自由貿易地帯（ＦＴＡ）構想の模索や欧州自由貿易連合（ＥＦＴＡ）の結成といったように統合ヨーロッパに対する独自の構想を追求した後、一九六一年八月にＥＥＣ加盟申請を行うに至った経緯を検討する。あわせて、フランスのシャルル・ド・ゴール大統領が独自外交を展開するなかで、アメリカのジョン・Ｆ・ケネディ政権は、マクミラン政権によるＥＥＣ加盟申請を支持し、イギリスが統合ヨーロッパの中で大西洋同盟の結束を図る役割を果たすことを期待したということも明らかにする。

また第3章では、第1章で考察したスカイボルト・ミサイル危機を解決するために一九六二年に英米間で締結されたナッソー協定について検討する。ナッソー協定によってイギリスは、新たにポラリス・ミサイルの提供をアメリカから受けることになり、このことは、英米間の「特別な関係」の緊密さを示した一方で、安全保障の中心となる核戦力分野でアメリカへの依存が深まり始めることにもなったということに関して考察する。

以上のような各章の分析によって第Ⅰ部では、マクミラン政権が、二国間のレベルで英米間の「特別な関係」を修復するとともに、EEC加盟によってイギリスが主導する統合ヨーロッパを新たな外交の基盤として「特別な関係」を再強化する外交構想の実現を目指したことを明らかにする（イメージ図3）。そして、「特別な関係」は二国間のレベルでは改善されたが、そのことはアメリカへの安全保障面での依存を深めていくことに繋がったこと、また、国際秩序のレベルでは同関係の重要性は低下し始めたことを指摘する。さらに、一九六三年一月にド・ゴールがイギリスのEEC加盟申請を拒否したことによって、統合ヨーロッパを外交の基盤とするという外交構想も挫折することを余儀なくされ、戦後外交の再編の試みは実現しないままに漂流することになったと論じる。

第Ⅱ部（第4章から第5章）で取り上げるのは、一九六四年に成立した第一次ウィルソン労働党政権の外交である。まず第4章では、ウィルソン政権が展開したヴェトナム和平外交を対象とする。アメリカのリンドン・B・ジョンソン政権は、ヴェトナム戦争に本格的に軍事介入するなかで、イギリスに戦争への支持や派兵を求めた。しかしウィルソン政権は、派兵要請については毅然とした態度で断り、独自の和平外交を進めた。そのため、英米間の外交的な対立が深まり、「特別な関係」は冷えこんだ。イギリスは結局、ヴェトナム和平外交によってアメリカに停戦を受け入れさせることはできなかった。

ヴェトナム和平外交が挫折していくなかで行われた外交の再編に関しては、第5章で扱う。首相就任当初ウィルソンは、コモンウェルスとの関係を重視し、世界大での軍事的関与や国際通貨としてのポンドの地位を堅持するなどの立場を示していた。しかしウィルソン政権は、このような世界的な役割を自国の経済力の裏付けのないままに維持することは困難であるという現実に直面した。そのため、世界的な役割を再考し、一九六七年に二度目のEE

C加盟申請を行うとともに、六八年に「スエズ以東」からの軍事的撤退を表明するに至ることになる。

第4章と第5章の分析を通じて第Ⅱ部では、「世界大国」としてのノスタルジアを抱いて精力的にヴェトナム和平外交を行ったウィルソン政権が、結局は和平外交が挫折していくなかで、アメリカに影響力を行使することには限界があることを認識させられ、また、世界的な役割を維持することが困難となった現実をも直視せざるをえなくなったことを明らかにする。そして、もはや「世界大国」ではないという現実に基づいて本格的に取り組むことになった外交の再編は、主に世界的な役割の縮小と第二次EC加盟申請という形をとることになった。とりわけ後者に関しては、統合ヨーロッパを外交の基盤としてアメリカとの「特別な関係」を再強化するという外交構想に基づいていたこと（イメージ図3）、そして、加盟申請が再びド・ゴールの拒否によって失敗したことで、ヴェトナム戦争で悪化した対米関係を再強化することができないままに、再編の試みは引き続き漂流していったと論じる。

第Ⅲ部（第6章から第8章）は、一九七〇年に成立したヒース保守党政権の外交を対象とする。まず第6章では、戦後歴代の首相の中で最も親ヨーロッパ的な首相であったヒースもまた、アメリカとの「特別な関係」の維持を外交の前提としていたことを明らかにする。ヒース政権は、ウィルソン前労働党政権とは異なり、アメリカのリチャード・M・ニクソン政権のヴェトナム政策を明確に支持する立場をとり、また、一九七三年に米ソ間で締結された核戦争防止協定のアメリカ側の策定プロセスに深く関わった。その一方で、一九七二年の第一次戦略兵器制限交渉（SALTⅠ）の妥結や首脳会談などを通して超大国デタントが成立したことによって、米ソ両国の覇権的影響力の再強化が図られていた。このような状況の下でヒース政権が、英米二国間および国際秩序における自国の影響力の低下に対処していく必要に迫られたことを考察する。あわせて、ヒースが外交の最優先課題としたECへの加盟が一九七三年に実現した経緯を概観したうえで、イギリス政府が、大西洋同盟の結束を前提としながらヨーロッパ・デタントに慎重に対応したことについて分析する。

第7章では、イギリスがECに加盟した一九七三年に生じた大西洋同盟内の対立に関して扱う。この対立は、四月のキッシンジャーによる、いわゆる「ヨーロッパの年」演説をめぐって引き起こされたが、さらに、一〇月の第四次中東戦争やその直後の第一次石油危機によって、米欧間およびEC加盟国間における錯綜した対立として展開した。ここでは、ECの加盟国となったイギリスが、この対立のなかで同盟内の調停国としての役割を模索し、その限界に直面した経緯が分析される。

第8章では、ヒース政権が、ECへの加盟に加えて、英仏核協力構想といったヨーロッパにおける防衛協力を目指したことが検討される。英仏核協力構想は、マクミラン政権やウィルソン政権でも模索されたが、ヒース政権による構想は大きく異なっていた。すなわち、ヒース政権の構想は、単にECへの加盟実現のためにフランスから支持を得るということよりも、統合ヨーロッパをアメリカとより対等な関係を築くための外交の基盤として強化することを目指したものであった。しかし、ヒース政権による英仏核協力構想は、アメリカとの核協力が前提となっていた。また、同構想と関連しながら同時進行していたイギリス「独自」の核抑止力の更新計画実現のためにも、アメリカとの核協力を必要とした。結局ヒース政権は、英仏核協力構想を実現させることはできなかったが、その経緯を、アメリカとの核協力を必要としたという観点から、「独自」の核抑止力の更新計画とあわせて考察する。

第6章から第8章までの分析を通じて第Ⅲ部では、ヒース政権が、ECへの加盟を目指すとともに、ヨーロッパにおける防衛協力を進展させることなどによって統合ヨーロッパを外交の基盤として固め、「統合ヨーロッパとアメリカの特別な関係」を構築しようとしたことを明らかにする（イメージ図4）。しかしながら、統合ヨーロッパは、より対等な英米関係をイギリスが保持できるような外交の基盤とはならなかった。そのため、ヒース政権の当初の再編構想（イメージ図4）とは異なり、対等ではないアメリカとの二国間の「特別な関係」に従属することを受け入れざるをえない形で戦後イギリス外交の再編は収束していくことになったと論じる（イメージ図5）。

以上のような第Ⅰ部から第Ⅲ部までの分析を踏まえて、終章では、マクミラン政権からヒース政権期の各政権の戦後外交の再編に関して改めてまとめたうえで、その今日的な意義を検討したい。

第Ⅰ部　戦後イギリス外交の再編の模索の始まり

――マクミラン政権、ダグラス=ヒューム政権の時代（一九五七～六四年）

サー・アレック・ダグラス=ヒューム

ハロルド・マクミラン

（左右とも，Photoshot／時事通信フォト）

第1章　英米間の「特別な関係」の修復とスカイボルト危機

第Ⅰ部では、戦後イギリス外交の再編に着手したハロルド・マクミラン保守党政権を主な対象とする。一九五七年一月に成立したマクミラン政権は、戦後外交の再編のために英米間の「特別な関係」の再構築を目指した。「特別な関係」の再構築とは、スエズ戦争で悪化した英米二国間関係を修復するとともに、両国関係の再強化のための新たな外交の基盤を帝国・コモンウェルスに代えて統合ヨーロッパに求めることであった。

本章では、マクミラン首相が、「特別な関係」を再構築するために、まずはスエズ戦争で悪化したアメリカとの関係を修復することを目指したことから考察を始める。彼は、アメリカのドワイト・D・アイゼンハワー大統領と三月にバミューダで、一〇月にはワシントンで首脳会談を開催することなどを通して、二国間関係の改善を図った。そして、このような「特別な関係」の改善は、クレメント・アトリー労働党政権以来、英米間の核協力を妨げてきた一九四六年制定のアメリカの原子力法、いわゆるマクマホン法（McMahon Act）の改正に繋がり、五八年と五九年には両国間で原子力協力協定が締結されるに至った。マクマホン法制定以来、戦後イギリスの歴代政権が求めてきた核戦力における「特別な防衛関係」が、マクミラン政権の下で回復したのである（第1節）。

またマクミラン政権は、核抑止力を保持するために、一九六〇年代の核兵器運搬手段として独自にブルー・ストリーク・ミサイル（Blue Streak missile）の開発を進めていた。しかし、その開発が困難になったことで、アメリカからスカイボルト・ミサイル（Skybolt missile）の供与を受けることになった。これは、第1節で検討する核戦力における「特別な防衛関係」が回復したことで可能になったのである。しかし、スカイボルト・ミサイルの開発が行き詰まったことによって、イギリスは、同ミサイルの提供をめぐってアメリカと再び対立することとなった。いわゆるスカイボルト・ミサイル危機（以下、スカイボルト危機）の発生である。スカイボルト危機は、スエズ戦争に続いて英米間に深刻な対立を引き起こすとともに、イギリスが安全保障の中心に位置づける「独自」の核戦力をアメリカに大きく依存せざるをえなくなった現実を浮かび上がらせたのである（第2節）。

1　スエズ戦争後の「特別な関係」の修復

バミューダ会談とワシントン会談の開催

「首相に就任するにあたって私が直面した最も緊急で、同時に最もデリケートな職務は、ワシントンとの長年の関係を修復し、そして最終的には回復させることであった[1]」。一九五七年一月一〇日にイーデンの後継首相に就任したマクミランは、前年のスエズ戦争で大きく傷ついたアメリカとの「特別な関係」を修復することをまずは外交の課題に据えた。

こうしたイギリスの外交は、スエズ戦争をともに戦ったフランスのそれとは対照的であった。キッシンジャーが指摘したように、「スエズ以後、フランスとイギリスは、アメリカから被った屈辱から正反対の結論を得た。すなわち、フランスはその自立を加速し、イギリスはアメリカとのパートナーシップを強化することを選んだ[2]」のであった。

他方、アメリカのアイゼンハワー大統領も、マクミランの首相就任を受けてイギリスとの関係改善に乗り出した。マクミランは、第二次世界大戦中の一九四三年に北アフリカのアルジェにあった連合軍総司令部で、アイゼンハワ

ーの下に政治顧問として赴任したことがあり、二人は旧知の仲であった。(3)

アイゼンハワーは、早くも一月二二日、駐英アメリカ大使を通してマクミランに、三月二一日から二四日にかけてワシントンかバミューダで首脳会談を開催することを打診した。(4) これに対してマクミランは、首相就任早々に首脳会談の申し出があったことはとても励みになったこと、そして、バミューダにおいて提案された日程で開催したいということなどをアイゼンハワーに回答した。(5) マクミランは一月二九日の閣議でも、「今回の招待は、アメリカ政府が、現在では我が国との友好関係を回復させる用意があるという歓迎すべき兆候です」と報告した。(6)

またマクミラン政権は、英米間の外交的な関係修復に加えて、核戦力を中心とした両国間の「特別な防衛関係」(7)の回復を目指した。アメリカ政府は、一九四六年八月に成立させた原子力法（マクマホン法）によって、「イギリスを含むすべての外国に対して原子力に関する機密扱いの情報を提供することを禁止」していたのであった。(8) 一九四六年以降、英米間の核戦力分野での協力は、事実上不可能になっていたのである。そのためイギリスは、アメリカからの核協力が得られないなかで、チャーチル政権の下で一九五二年一〇月に原子爆弾の実験を成功させ、さらに、マクミラン政権の下では五七年五月に水素爆弾の実験にも成功することで、米ソ両超大国に次ぐ三カ国目の核保有国としての地位を保持していた。

一方、アイゼンハワー政権も、核分野での関係を回復させる姿勢を見せ始めた。チャールズ・ウィルソン米国防長官が、核問題を含む安全保障問題に関して話し合うために、ダンカン・サンズ英国防大臣をワシントンに招待したのである。これを受けて訪米したサンズは、一月二八日と二九日の両日、国防総省でウィルソンらと会談に臨んだ。(9) 核問題に関してアメリカ側は、イギリスにアメリカ製中距離弾道ミサイル（ＩＲＢＭ）であるソー・ミサイル（Thor missile）六〇基を配備する旨の提案を行った。サンズはこの提案を歓迎した。なぜなら、アメリカが配備するＩＲＢＭは、英米両国の合意によってのみ発射可能となる「二重の鍵」（dual key）の下で管理されることになっており、また、イギリスが独自の核兵器運搬手段としてブルー・ストリーク・ミサイルを開発している間、一時的に対ソ核抑止の役割を果たすことが期待されたからであった(10)。

そして、三月二一日からスエズ戦争後初となる英米首脳会談が、バミューダにおいて開催された。イギリス側からはマクミランやセルウィン・ロイド外相ら、また、アメリカ側からはアイゼンハワーやジョン・フォスター・ダレス国務長官らが出席した。会談では、中東、防衛、ヨーロッパなどに関する諸問題について話し合われた(11)。三日間にわたる会談の後、二四日に両首脳によってコミュニケが出され、中東や核実験といった広範な諸問題への対応に関して合意事項が表明された(12)。しかしバミューダ会談では、重要な諸問題について一般的な合意はなされたものの、中東政策をめぐる相違が解消されなかったように、英米間の協調関係が確立されたわけではなかった(13)。また同会談では、ソー・ミサイルに関しても話し合われ、会談後の交渉を経て、イギリスを含むヨーロッパのNATO（北大西洋条約機構）諸国に配備されることになった(14)。

アイゼンハワーは回顧録の中で、バミューダ会談を「第二次世界大戦終結以来私が出席した国際会議でも、ずばぬけて成功した会談だった」と記している(15)。この評価は、会談がもたらした合意内容からすると、いささか誇張されたものである。それでも、会談を通して英米両首脳は、重要な国際問題について話し合ったことで、両国の信頼関係を確認することができた。アイゼンハワーのバミューダ会談に対する高い評価は、同会談がスエズ戦争以後の英米二国間関係を改善させていく重要な契機となったことをうかがわせるものである。

このように英米関係が改善していくなかで、両国政府は、ヨルダン危機をはじめとする中東情勢の不安定化とともに(16)、ソ連の核戦力の能力向上に対して危機感を募らせていた。ソ連は、一九五七年八月二六日に大陸間弾道ミサイル（ICBM）の発射実験の成功を発表したのに続き、一〇月四日には人工衛星スプートニクの打ち上げを成功させた。このことは、ソ連がICBMに核弾頭を搭載してアメリカ本土を攻撃する能力をもったことを意味した。

そのためイギリス政府は、アメリカの核抑止力の信頼性が揺らぐことを懸念したのであった。[17] いわゆるスプートニク・ショックである。

中東情勢やスプートニク・ショックなどによって米ソ関係が緊張する状況下で、マクミランは一〇月二三日からワシントンを訪問した。[18] 二三日、マクミランは、まずダレスとイギリス大使館で会談した。この席でマクミランは、「ロシアが中東で最近成功を収めたこと、そして、彼らが科学的な業績をあげたことが最近明らかになったことは、ソ連が自由世界にもたらす脅威への衆目を再び集めています」と述べた。[19] マクミランは、中東情勢やスプートニク・ショックなどを念頭に置きながら、ソ連の脅威を強調したのである。この点に関して彼は、一〇月二三日付の日記の中で、サー・ハロルド・カッシア駐米大使が、「ロシアが人工衛星の打ち上げに成功したことは、パール・ハーバーに匹敵するようなものである。アメリカの自信は、揺さぶられている」と述べた、と記した。[20]

二四日のホワイトハウスでの会談でマクミランとアイゼンハワーは、ソ連の脅威に関する認識を共有しながら、両国の緊密な協力のあり方や自由世界の結束の必要性について議論した。なかでも、イギリスの安全保障に大きく関わる英米間の核協力に関してアイゼンハワーは、「個人的には、一九四六年にアメリカ政府によってなされた核機密の秘匿は大きな誤りであったと思っています」と述べた。[21] アイゼンハワーの発言は、先述の一九四六年の原子力法（マクマホン法）を改正して、英米間の核協力が再開されることを期待させるものであった。

翌二五日にはアメリカ国務省で、ロイドとダレスとの外相会談が開催され、中東問題をはじめとする諸問題について話し合われた。[22] また同日には、ホワイトハウスにおけるマクミランとアイゼンハワーの首脳会談[23]を経た後、「共通の目的に関する宣言」（Declaration of Common Purpose）が発表された。この宣言では、「自由世界の諸国は相互に依存しており、進歩と安全を見出すことができるのは、各国の資源を組み合わせ、多くの分野で任務を共有することによる真のパートナーシップにおいてのみ」であり、「両国も今後は、この原則に基づいて行動するということに合意した」ことなどが表明された。くわえて、核協力、軍縮、NATOなどの様々な問題について言及されたのであった。(24)

マクミランは、帰国後に開催された二八日の閣議で、「共通の目的に関する宣言」は「事実上、相互依存についての宣言です」と前向きな評価を行った。またロイドは、「主として首相とアイゼンハワー大統領の間の個人的な友情によって、我々は、かつて享受していたアメリカとの特別な関係を今や回復することに成功しています」と述べた。(25)ワシントン会談は、バミューダ会談と同様に、英米両国の首脳が直面する諸問題への対応について議論する重要な場となり、英米関係の改善を印象づけるものとなった。たしかに、これらの会談によって「特別な関係」の再構築が実現したわけではなかった。(26)それでも、スエズ戦争できわめて悪化した英米関係は、バミューダ会談やワシントン会談を通して二国間関係のレベルでは改善していったのである。

さらに、こうした二国間関係のレベルでの改善は、核協力の回復にも繋がった。戦後の英米間の核協力を妨げてきた一九四六年のアメリカの原子力法（マクマホン法）が、五四年の改正を経て、五八年に再改正されることになったのである。この再改正された原子力法では、核兵器開発においてすでに「相当の進歩」を達成している諸国に対してのみ、核兵器に関する情報を供与することなどが定められていた。当時、同法が適用されるのは、事実上イギリス一国のみであった。そして、一九五八年七月二日に同法が発効したことを受けて、翌三日には「相互防衛の目的のための原子力利用に関する英米政府間の協力協定」（以下、原子力協力協定）が締結され、八月四日に発効した。原子力協力協定によってイギリスは、アメリカから核兵器に関する重要な情報を入手できるようになった。さらに英米両国は、翌年五月にこの協定を改正した新たな原子力協力協定を締結し、両国間の核協力関係はより強化されたのである。(27)

マクミラン政権がアメリカとの間で原子力協力協定を締結することが可能となった要因には、政権成立当初から

「特別な関係」の改善を図ってきたこと、また、ＩＣＢＭやスプートニクの打ち上げに成功したソ連の軍事的脅威が高まっていたことに加え、イギリスが一九五二年一〇月には原爆、五七年五月には水爆の実験を成功させて独自の核軍事技術力を示していたことなどがあった[28]。

以上のように、一九五八年と五九年の原子力協力協定の締結によって、四六年のマクマホン法制定以降、イギリスの歴代政権が求めてきた核分野におけるアメリカとの「特別な防衛関係」がマクミラン政権の下で回復した。こうしてイギリスは、アメリカから核兵器運搬手段を導入することが可能となった。しかし、次に考察するように、まさにこの核兵器運搬手段をめぐって、英米間で深刻な危機が生じることになるのである。

「独自」の核抑止力への固執

イギリスは、空軍保有のＶ型爆撃機がソ連の攻撃に対して脆弱化してきたため、既述のように一九六〇年代の核兵器運搬手段としてブルー・ストリーク・ミサイルの開発を進めていた。ブルー・ストリークは、液体燃料を用いて地下基地から発射されるイギリス製の中距離弾道ミサイルであった。しかし、一九五九年末頃になると、ブルー・ストリーク計画は、ソ連の先制攻撃に対する脆弱性と開発コストの高騰という問題を抱え、続行が困難となった[29]。

そのためマクミランは、アメリカが開発中の空中発射弾道ミサイル・スカイボルト、あるいは潜水艦発射中距離弾道ミサイル・ポラリス（Polaris）の提供を受けるために、一九六〇年三月、大統領専用の別荘キャンプ・デーヴィッドでの首脳会談においてアイゼンハワーと交渉を行った。その結果、両国間で覚書が取り交わされるに至った[30]。この覚書に関してイギリス側は、アイゼンハワーが、スカイボルトの提供、もしくは追加的代替的措置として、ＮＡＴＯ内の交渉結果を踏まえたうえで、移動可能な中距離弾道ミサイルシステムであるポラリスの提供を承認したと解釈した[31]。

イギリス政府は、四月六日、キャンプ・デーヴィッド会談の合意内容を基に、内閣防衛委員会を開催した。会談結果についての委員会の見解は、「全体的に大変満足できる」というものであった。アメリカ側が、基本的にスカイボルトを無条件で提供する意思を示し、また、NATO内で合意が成立した時には、「ポラリスに関しても同様な取り決めに合意することが可能」と委員会は判断したのである。そして、このような評価に基づいて委員会は、ブルー・ストリーク開発計画を廃棄するとの決定を下したのであった[32]。

しかし、覚書の合意内容をめぐっては、英米間で解釈の違いが生じていた。すなわち、スカイボルト計画がキャンセルされた場合、代替兵器としてポラリスの提供がなされることについての合意の有無、また、スカイボルトやポラリスの提供とアメリカ軍によるスコットランドの潜水艦基地使用問題との関連性などをめぐって、英米間の交渉は、以後、次第に対立を深めていくことになった[33]。

翌一九六一年、アメリカでは、ジョン・F・ケネディ政権が誕生した。三月には、ロバート・S・マクナマラ新国防長官とハロルド・ワトキンソン国防大臣との間で会談がもたれ、「開発が成功した場合」という留保つきながら、アメリカ側は、スカイボルト売却の意思があることを明言した[34]。このように、マクナマラは当初、スカイボルト計画を継続する方針であったが、一九六二年頃になると、費用対効果比の面から、計画の先行きを問題視するようになった。なぜなら、ミニットマン・ミサイル（Minuteman missile）やポラリスといった他の戦略ミサイルの中で、スカイボルトは、命中精度が最も低く、同時に最も開発コストが高かったからであった[35]。

一方、「独自」の核抑止力の維持を政権の重要課題に据えていたマクミランにとって、スカイボルト計画の中止は、政権の存亡に関わる問題でもあった。なぜなら、マクミランは、当時国内において、EECへの加盟問題、失業者の増大と不況、補欠選挙の敗北など政治上困難な立場に置かれていたからであった[36]。「独自」の核抑止力を維持できなくなることが、自らの地位と政権の基盤を揺るがしかねないと認識したマクミランは、アメリカ政府からスカイボルト提供の確約を得ようとした。そのため、ワトキンソンの後任として国防大臣に就任したピーター・ソーニクロフトが、一九六二年九月、スカイボルト問題についてマクナマラと交渉するため訪米した。その際、ソーニクロフトは、「イギリス政府にとって、スカイボルトは非常に特別な位置を占めている」ので、他の選択肢は考えていない旨を伝えたのである(37)。

また一一月八日には、デイヴィッド・オームズビー＝ゴア駐米イギリス大使が、マクナマラと会談した。この席で、オームズビー＝ゴアは、「スカイボルト計画を廃棄するという決定」が、「イギリスに関する限り、政治的大打撃となりうる」のみならず、「イギリス政府に独自の核抑止を断念するよう圧力をかけるための手段」として国内では受け取られかねない、との懸念を伝えた。これに対してマクナマラは、スカイボルト計画が困難に直面しているとの見解を示しながらも、イギリスに核抑止力の保持を断念するよう求めることはないと明言した(38)。さらに、翌九日にソーニクロフトが、マクナマラと電話で会談し、計画の中止によってイギリス政府が軍事的にも政治的にも深刻な状況に追い込まれかねないことを改めて伝えたのである(39)。

アメリカからのスカイボルト提供が危ぶまれる状況のなかで、マクミラン政権は、スカイボルト計画への対応をめぐってディレンマを抱えることになった。たとえば、空軍省は、アメリカ側にスカイボルト計画を続行するよう圧力をかけるべきとの主張を行っていたのに対し、ソーニクロフトは、計画の中止を視野に入れながら、ポラリスのような代替兵器を求めるべきとの考え方に立っていたのである(40)。

このように、マクミラン政権がスカイボルト問題への対応を決めかねているなか、マクナマラは、一二月一一日にロンドンを訪問し、「スカイボルト計画を廃棄すべきとの暫定的な結論に達しつつある」と、いわば一方的に、スカイボルト計画を断念する旨をソーニクロフトとの会談で通告した。その際、マクナマラは、「アメリカ政府は、イギリス政府の利害を認識している」として、複数の代替案を提示した。それは、イギリスがスカイボルト計画を独自に継続するか、あるいは、イギリスが多角的な海上発射中距離弾道ミサイル戦力に参加するか、などといったものであった。これに対しソーニクロフトは、代替案の中で、「一番目のものが唯一交渉の出発点となるが、それすらも満足できるものではない」と見なし、政府の正式決定が下されていないにもかかわらず、「最も良い選択肢は、ポラリスであろう」と回答したのであった。そのうえで彼は、一二月一八日からナッソーにおいて開催予定の英米首脳会談の場で、スカイボルトに関する諸決定はなされる必要があろうと強調したのである。(41)

そして、ソーニクロフトからマクナマラとの会談について報告を受けたマクミランは、一一日付の日記に、「アメリカ側が『スカイボルト』を断念するつもりであることは、明らかである。両国で大きな論争が起きることになるだろう」と記した。(42)

2　イギリスの核抑止力とアメリカへの依存

スカイボルト危機の発生

アメリカ政府によるスカイボルト計画の廃棄決定は、イギリス政府や国民に大きな衝撃を与えた。いわゆるスカイボルト危機の発生である。当時、ロンドンのアメリカ大使館に勤務していたアンドリュー・ピエールは、「イギリス国民の間に反米主義の波がわき起こり、また政府レベルでは、スエズ事件以来最も大きな英米間の危機」をもたらしたと観察した。(43)さらに、一二月五日、ウェストポイント陸軍士官学校での演説で、元国務長官ディーン・アチソンが、帝国崩壊後のイギリスの国際的役割の低下について、「イギリスは帝国を失い、まだ役割を見出すに至っていない」と論じたことが、反米感情をいっそう強めることになった。(44)スカイボルト危機は、アチソン演説と相俟った反米感情の高まりのなかで、「スエズ戦争ほど深い傷を残すものではなかった」が、「英米同盟に亀裂を生じさせたばかりか、同盟関係を再び破綻寸前の状態」へと追い込んだのである。(45)スカイボルト危機は、一九五六年のスエズ戦争以来の激しい英米間対立へと発展した危機であった。それでは、スカイボルト問題は、なぜ英米関係の危機にまで発展したのであろうか。

第一の要因としては、一九六二年一〇月にキューバ・ミサイル危機が発生したという事情があった。ソ連との核戦争の瀬戸際にまで発展した危機の後であっただけに、ケネディ政権は、スカイボルト問題への十分な対応を怠ったのである。(46)ただし、マクナマラも含めてアメリカ政府関係者は、スカイボルト計画の廃棄を決定するにあたって、マクミラン政権に与えるダメージを無視したわけでは決してなかった。アメリカ政府は、一〇月の時点で、計画の廃棄がイギリスに及ぼす影響について検討し、「スカイボルトがキャンセルされることは、保守党にとって政治的大打撃となりうる」ことを承知していた。そのため、計画の中止をイギリス側に伝えるにあたっては、その方法や時期を考慮しつつ、協議を行うことが望ましいと結論づけたのである。(47)マクナマラは、一一月七日、ケネディに、スカイボルト計画の中止は、「イギリス政府に深刻な打撃を与えることになりかねないので」、この問題に関してオームズビー＝ゴアやソーニクロフトと話し合うことについて承認を求めた。ケネディがこれを認めたため、先に述べた一一月八日と九日の会談が実現することになったのである。(48)

他方で、ケネディ政権によるスカイボルト計画中止の決定は、マクミラン政権にとって「まさに青天の霹靂」といった事態であったのであろうか。スカイボルトをめぐる危機の第二の要因として、イギリス政府の対応という点を考えてみたい。前述のように、一九六〇年三月のキャンプ・デーヴィッド会談における合意以降、イギリス政府は、アメリカがスカイボルトを提供するのかどうかということを懸念してきた。また、スカイボルト計画の中止を通告される約一カ月前の一九六二年一一月八日と九日に、オームズビー＝ゴアとソーニクロフトは、それぞれマクナマラから個人的にスカイボルト計画がトラブルを抱えていることを伝えられていた。スカイボルトの提供に関してアメリカから得た情報には曖昧な面があり、その状態が一一月頃まで続いたことは確かである。しかし、「ミサイルの廃棄決定がイギリス政府にとって全く寝耳に水であった、というような主張には根拠がない」と言えよう。むしろ、「実際のところは、国内政治上の理由から、また、アメリカに対する交渉上の立場を強める目的から、イギリスが故意に危機的状況を煽ったということもあった」と推測される(49)。

たしかに、マクナマラがスカイボルト計画の廃棄を通告したことは、マクミラン政権にとって政治的軍事的に打撃であった。しかしこの事態は、マクミラン政権が、スカイボルトのキャンセルを理由に、アメリカ政府から新たな核兵器運搬手段を獲得するためのチャンスにもなりえた。イギリス空軍は依然としてスカイボルトに固執していたが、ソーニクロフトは、ポラリスを選択する考え方に立っていた。マクナマラがロンドンを訪問する直前の一二月七日、ソーニクロフトは、「我々にとって唯一の有効な選択肢は、潜水艦発射ポラリス兵器システムである」とマクミランに伝えていたのである(50)。この時点でソーニクロフトがスカイボルト獲得に固執しなくなっていたという事実は、危機におけるマクミラン政権の計略という推論に信憑性を与えると言えよう(51)。

対米「自立」と依存

スカイボルト問題をめぐる英米関係の危機は、以上のような諸要因があるものの、イギリスの核政策に内在する問題であったという点が重要である。マクミラン政権の核政策は、アメリカから核兵器運搬手段の提供を受けながら、イギリス「独自」の核抑止力を維持するというものであった。この「独自」の核抑止力がいかなるものかについては、統合計画スタッフが、一九六二年一二月三日付の報告書で、次のように述べている。「一九七〇年以後のイギリスの抑止力」と題する同報告書によると、「独自の核抑止力」であることの条件は、「戦略核戦力の行使のための最終的な権限が、イギリス政府によって保持」されていることであった。そのためには、兵器システムの保有、維持、管理などを自ら行うことが必要とされたが、これらの条件を満たす限り、装備がイギリス製のものでなくても問題がないとの見解を示したのである。[52]

それでは、このような「独自の核抑止力」を維持することを目指したイギリスの核政策には、どのような特徴が見られるのであろうか。一九六〇年二月二四日付の覚書の中で、マクミランは、まず、「世界情勢の中で影響力を維持するため」には、「独自の核抑止力」を保持することが必要不可欠との立場を示したうえで、「我々の政治的諸目的を達成する」という観点を強調しつつ、以後一〇年間の戦略核抑止力の規模と形態を決定する諸原則について論じた。すなわち彼は、「同盟内における地位を維持するため」に、「現存する使用可能な戦力を、我々が最終的な権限をもった管理の下で堅持しなければならない」と述べたのである。[53] マクミラン政権の核政策は、一九五七年のバミューダ首脳会談以降に再構築されつつあった核戦力分野での英米間の協力関係を基盤とした「独自の戦略核抑止力」の保有によって、「同盟内における地位を維持」するという「政治的諸目的」の達成を目指すものであった。すなわち、イギリスの核政策には、アメリカから「自立」した地位を保持するために、管理・運用上の独立性を堅持しながら、核兵器運搬手段の面でアメリカに「依存」するといった、いわば「自立」のための依存とも言うべき論理が内在していたのである。[54]

あわせてマクミラン政権が「独自」の核抑止力の維持に固執したのは、軍事的目的の達成ということがあった。イギリス政府は、先に述べた一九五七年一〇月のスプートニク・ショック以降、アメリカの核抑止力の信頼性に対して疑問をもち始めていた。[55] 一九五八年九月二四日、当時のサンズ国防大臣は、イギリスやヨーロッパには、自由世界とソ連ブロックとの間で核のパリティが成立した時、同盟国の防衛のためにアメリカが核戦力を行使するかどうかについて疑問視する見方があることをアメリカ側に伝えていた。[56] マクミラン政権は、アメリカ政府が自国民を犠牲にしてまでイギリスを防衛するということに疑問を抱き、そのため「独自」の核抑止力によって、アメリカによるいわゆる「拡大核抑止」の信頼性低下を補おうとしたのである。

さらに、アメリカの核抑止力の信頼性に不信感をもっていたマクミラン政権にとって、マクナマラが、一九六二年六月一六日にアナーバーにあるミシガン大学で行った演説の内容は、きわめて問題であった。マクナマラは、「限定的な核戦力が独自に運用されることは、危険で、高価で、時代遅れなものとなりやすく、また抑止力としては信頼性に欠けている」と述べたのである(57)。この演説に対して、イギリスの防衛関係者が、マクナマラの言う独自の核抑止力とは、フランスのシャルル・ド・ゴール大統領の政策に向けられたものであると主張したように、イギリス政府は公式には冷静な対応をみせた(58)。

しかし、政府の公式な見解とは裏腹に、マクミランは、マクナマラの発言の意図がイギリスの「独自」の核抑止力を否定することにあるのではないかという不信感を拭いきれなかった。彼は回顧録の中で、マクナマラの演説のもつ意味をスカイボルト計画が廃棄されそうな状況と結びつけて、「スカイボルトの失敗が、一部のアメリカ政府関係者の間で、イギリスを核クラブから排除する手段として歓迎されるかもしれないとの疑念を抑えることは困難であった(59)」と記した。マクミランは、スカイボルト計画の失敗によって、イギリスが核保有国としての地位を脅かされることをおそれたのである。それゆえイギリス政府は、なんとしても「核クラブ」に留まり、そのことによって、圧倒的な核戦力を背景にアメリカが享受しているＮＡＴＯ内の覇権的地位(60)に対抗しようとしたのであった。

以上のような軍事的側面とともに、マクミラン政権が「独自」の核抑止力の維持に固執した背景には、先に述べたような政治的目的の達成という側面があった。イギリス政府は、「世界大国」としての地位を堅持するために、「自立」のためのアメリカへの依存という論理が内在する核政策に基づいて核抑止力を維持しようとしたのである。そして、マクミラン政権にとってスカイボルト危機は、まさにこの論理を揺るがし、それゆえ、「世界大国」としての地位をも脅かす事態であったのである。

「アメリカ側は、しばしば我々の能力に疑問を抱き、時には判断をも疑問視するかもしれないが、今でも彼らは、他のどの同盟国よりも我々に注意を払っている」。これは、一九六二年二月一三日付の「アメリカの目から見たイギリス」（"Britain through American Eyes"）と題するイギリス政府の外交立案文書の一節である。(61) スエズ戦争後、アメリカとの二国間の「特別な関係」を修復することを重要な外交課題としたマクミラン政権は、アメリカがイギリスを他の同盟国とは異なる「特別」な同盟国と見なすことを求めたのであった。

マクミランは就任直後から、アイゼンハワーとの間で一九五七年三月にバミューダ会談、一〇月にワシントン会談を開催することなどによって、スエズ戦争によって大きく傷ついた英米間の「特別な関係」を二国間関係のレベルでは改善させた。また彼は、ワシントン会談における「共通の目的に関する宣言」を「相互依存についての宣言」と評価したように、英米間に新たな相互依存関係を構築することを目指した。

しかし、アイゼンハワーやケネディにとっての米英間の相互依存関係とは、イギリスを同関係の中に従属させ、影響力を行使するためのものであった。(62) たしかに、マクミラン政権による英米関係の改善は、一九四六年のアメリカのマクマホン法制定以来、歴代の政権が求めてきた核戦力における「特別な防衛関係」を回復させることに繋がったが、同時にイギリスは、自国の安全保障の中心に位置する「独自」の核抑止力の核兵器運搬手段をアメリカに依存せざるをえなくなった。この点について、一九六二年四月一二日付でマクミランに宛てた書簡の中で、ワトキンソン国防大臣は、「イギリスはすでに、（スカイボルトなど）一定の重要かつ高価な兵器をアメリカに依存しなければならなくなっている」としたうえで、「これは一方的な依存（one-sided dependence）である」と指摘していた。(63)

以上のように、マクミラン政権期を単に英米間の「特別な関係」が回復し強化された時期としてのみ評価することはできない(64)。マクミラン政権は、アメリカとの「特別な関係」を二国間関係のレベルでは改善することができたが、その一方で、核戦力分野を中心とした安全保障面で同関係への依存を次第に深めていくことになったのである。

第2章　第二次ベルリン危機と米ソ接近

一九五八年に勃発した第二次ベルリン危機は、ヨーロッパにおける冷戦の最前線で東西両陣営間に深刻な危機を引き起こした。(1) スエズ戦争での敗北にもかかわらず、依然として「世界大国」としての自画像を抱いていたマクミラン首相は、このベルリン危機を平和的に解決するために独自に外交を展開したが、結局は成果をあげることができなかった。

本章では、第二次ベルリン危機に関して次の点に着目する。第一に、東西間の調停国としての役割を果たすためにマクミランは、ソ連や西側同盟国の首脳たちと外交交渉を重ね、英米仏ソ四カ国によるパリ首脳会議の開催を強く求めたが、首脳会議は開催されないままに終わったことである。四カ国首脳会議の開催が挫折した経緯を辿りながら、ベルリン危機が、イギリス政府に対して国際秩序の中で自国の影響力が低下している現実をつきつけたことを明らかにする。

第二は、危機の最中の一九五九年に、キャンプ・デーヴィッドで戦後初の米ソ首脳会談が開催されたことである。このことは、両超大国の接近という形で国際秩序が変容し始めたことを示す事態であった。イギリスは、ベルリン危機において東西間の調停国の役割を果たすことができず、その一方で、米ソ両超大国が首脳会談を開催して接近を始めたことによって、アメリカに対する影響力を国際秩序のレベルで後退させることになったのである。

1　第二次ベルリン危機の勃発

フルシチョフの挑戦

一九五八年に勃発した第二次ベルリン危機は、五六年のスエズ戦争終結以後にイギリスが直面した深刻な国際的危機であった。(2)この危機を通してイギリスは、世界における自らの現実の地位や影響力の低下を改めて自覚させられることになったのである。(3)

第二次ベルリン危機は、一九五八年にソ連が行ったベルリン問題に関する諸提案によって引き起こされた。一一月一〇日、ソ連のニキータ・S・フルシチョフ共産党第一書記兼首相は、モスクワで演説し、ベルリンでソ連の機関が保持している役割をドイツ民主共和国（東ドイツ）側に引き渡すつもりであることなどを告げた。そして彼は、二七日に英米仏三カ国およびドイツ連邦共和国（西ドイツ）に対し、この一〇日の演説を踏まえた覚書を送付した。同覚書では、ドイツとの講和条約締結に消極的な英米仏三カ国を批判したうえで、西ベルリンを非軍事化された自由都市（free city）にするという提案とともに、こうしたベルリン問題を六カ月後の翌年五月二七日までに解決すること、もしこれが実現できなければ、ソ連は、英米仏軍の西ベルリンと西ドイツ間の移動の管理を東ドイツ側に引き渡す、といったことなどが示された。この一一月二七日のフルシチョフによる、いわば最後通牒によって、ベルリン危機は勃発したのである。(4)

西側同盟内でまず問題となったのは、一〇日のフルシチョフ演説で示唆されたように、東ドイツ当局者が、西ベルリンとその外の地域との境界で管理業務を行っているソ連兵に取って代わるというエージェント案について、これを認めるか否かであった。同案に対して、東ドイツの承認に繋がりかねない行動について常に反発してきた西ド

イツのコンラート・アデナウアー政権は、強く反対した。(5)

他方、マクミラン政権の立場は、西ドイツと異なっていた。その立場は、一一月一五日付でイギリス外務省がまとめた政策文書の中に見ることができる。同文書はまず、フルシチョフの目的は、第一にドイツが核兵器を保有するのを阻止すること、第二に将来的には西側諸国政府に承認させる独立国家として東ドイツを建設すること、にあると観察した。そして、危機に対するイギリスの行動を検討するにあたっては、「我々は当然のこととして、どのようなことがあってもベルリンから兵力を撤退させたり、支援を堅く約束した西ベルリン市民を見捨てることはないという大前提から進めなければならない」とした。

文書では、こうした基本的立場を確認したうえで、危機への対応の仕方として三つの選択肢が提示された。それらは、(a)ベルリンの放棄、(b)軍事力の行使、(c)ベルリンの維持と東ドイツとの交渉、また、もし必要ならば最終的には東ドイツの承認、であった。これらの選択肢の中で、(a)は問題外で、(c)は(b)よりもかなり望ましいと結論づけられたのであった。(6) そして、このようなイギリスの立場は、同盟諸国にも伝えられた。(7)

外交交渉による解決を重視するマクミラン政権は、危機が発生したことを受けてアメリカ国務省が再検討したベルリン緊急事態計画に関しても、一二月一一日付で提示された案に強く反対した。イギリス政府は、アメリカ案に限定的な武力行使が含まれていることを問題視したのであった。これに対して、ジョン・フォスター・ダレス米国務長官は、イギリスの弱腰な姿勢を非難した。(8)

しかしマクミランは、アメリカ政府のように強硬な立場でソ連へ対応することに一貫して反対であった。彼は、「瀬戸際政策」を行っている敵に対応するにあたっては、「戦争か、屈辱的な撤退か」といった選択を迫ることがあってはならないと考えていた。彼は、ソ連政府が困難な選択に直面することがないようにし、また、国民から全面的な支持を得られないなかでは、故意に戦争に繋がる行動に乗り出すべきではないとの立場をとったのである。(9)

ベルリン危機への対応をめぐって西側同盟内の足並みが乱れるなか、マクミランは、モスクワを一九五九年二月に訪問することを決断した。彼は、イギリスが「世界大国」として独自の役割を果たすことができると自認し、戦争の危機を回避するために自らのイニシアティヴによって交渉による解決の道を探ろうとしたのである。他方、アデナウアー西独首相やシャルル・ド・ゴール仏大統領は、マクミランの訪ソ計画を国内の選挙対策のためのものと見なし、懐疑的な反応を示していた(10)。

東西間の調停国の役割を求めて

マクミランは、一九五九年二月二一日からモスクワを訪問し、フルシチョフと会談した(11)。マクミランのソ連訪問は西側の指導者としては一九四一年以来であり、彼はイギリスが東西間の調停国としての役割を果たすべきとの熱意をもっていた(12)。またフルシチョフも、二一日の会談において、「マクミランとセルウィン・ロイド外相がソ連を訪問したことを大いに歓迎します」と伝えたのであった(13)。

他方、西側同盟諸国は、イギリスが弱腰の姿勢でソ連と交渉することを懸念していた。しかし、二二日の朝の会談でマクミランは、「モスクワを訪問したのは、我々が直面する危険を回避するための方策を見出すことが可能であるのかどうかを探るためです」と述べ、フルシチョフと粘り強い交渉を続けた(14)。

英ソ間の会談は連日行われたが、二五日にフルシチョフは、「タイムリミットは存在しません」と述べ、前年一一月二七日の最後通牒の中で示した最終期限である五月二七日にはこだわらないことを明らかにした(15)。しかし、彼がこのように最終期限に関して柔軟な姿勢を示した後は、両首脳の間での議論は厳しいものとなった。そして、二月二六日にフルシチョフは、マクミランとキエフに同行予定だったにもかかわらず、歯痛を理由にこれを中止した(16)。マクミランが「歴史上最も風変わりな外交エピソードの一つ(17)」と回顧した、フルシチョフによる有名な歯痛事件である。マクミランは、このようなフルシチョフの態度に失望し、すぐに帰国することも考えたが、ロイドから旅行を続けるように説得され、なんとか踏みとどまった。一方、フルシチョフは、マクミランらが旅行中に歯痛を「克服」し、モスクワにイラクの貿易代表団を迎えていた(18)。

イギリス側は、こうした閉塞状況を打破しなければならなかった。そのためロイドが、ソ連政府に対し外交カードを切ることとなった。このカードは、イギリスが東ドイツを承認する用意があるというものであった。ロイドは、イギリスは同盟国から権限を与えられておらず、正式な提案ではないことを強調したが、カードは効果を発揮したようであった。そのすぐ後にフルシチョフは、マクミランに対し、彼の歯は、歯医者が「特別なイギリスのドリル」を使ったおかげで良くなったと伝えたのである(19)。

これ以降、ソ連側の姿勢は軟化した。三月一日、レニングラードにおいてロイドは、アンドレイ・A・グロムイコ外相と会談し、「ソ連と東ドイツの間の講和条約と、我々の諸権利の維持とを両立させることは可能」と述べるなど、改めてイギリス側の柔軟な考えを伝えた。これに対しグロムイコは、西側諸国に送付予定のソ連側の覚書のコピーを示した。その覚書には、もし西側の諸政府が首脳会議にまだ参加する用意がないのであれば、外相会議をまず開催すること、そして首脳会議に関しては、本年四月にウィーンかジュネーヴで開催することが可能との考えであること、などが記されていた(20)。こうしてマクミランは、五月二七日を事実上最終期限にしないことや西側諸国と交渉するということについてソ連側と確認することができたのである(21)。

マクミランは帰国後、三月四日に開催された閣議でソ連訪問の報告を行った。彼は、フルシチョフが、東ドイツとの講和条約を締結する意図をもちながらも、西ベルリンの問題を交渉によって解決する用意があることを示したと述べた。マクミランによると、今回の首脳会談での最も重要な成果は、五月二七日が最終期限ということで展開してきた危機の雰囲気が緩和されたことであった。そして彼は、ソ連が交渉を行う意思があるということに現実的に対応するよう同盟諸国を説得すべきであるとして、外交による危機解決の重要性を強調した。さらに閣議では、首相と外相が、困難な状況や挑発に直面するなかで、ソ連の指導者たちと交渉を行った手腕や忍耐を評価したうえで、「事実上、西側世界におけるリーダーシップは、いまやイギリス政府にかかっている」と結論づけた(22)。

しかし、このようなマクミラン政権による自己評価は、あまりに楽観的であった。イギリス政府はまもなく、国際秩序の中での自国の現実の地位や影響力と「世界大国」としての自画像とがいかに乖離しているのかを認識させられることになるのである。

2　調停国としての外交の挫折

パリ四カ国首脳会議開催の失敗

マクミランは、モスクワ会談でソ連側が前年の最後通牒の中で示した最終期限を事実上撤回し、また、外相会議や首脳会議を開催する意思を示したことは、東西間の交渉のための重要な機会がもたらされたものであると考えていた。問題は、ソ連との交渉に依然として消極的なアメリカをはじめとする同盟諸国をいかに説得するのか、ということであった。マクミランの目標は、外相会議ではなく、イギリスが主導的な役割を保持しながら英米仏ソ四カ国首脳会議を開催してフルシチョフと直接交渉を行うことであった。そのため彼は、以下のように、パリ、ボン、そしてワシントンを訪問して各国政府の理解を得ようとしたのである(23)。

マクミランはまず、一九五九年三月一〇日、パリを訪問した。しかし、すでに四日には、アデナウアーが予定されていなかったパリ訪問を行っていた。アデナウアーは、イギリス政府がフルシチョフに対して東ドイツを事実上承認するなどといった譲歩をすることを懸念し、ベルリン問題でド・ゴールの協力を得ようとしたのである。このようにベルリン問題をめぐって英独関係が緊張しているなか、マクミランもまた、ド・ゴールへの説得を試みた。彼は、先のモスクワ会談について触れ、ソ連側は交渉を望んでおり、戦争よりも別の解決を求めているという見方を伝えたうえで、東ドイツの法的ではない事実上の承認などといったいくつかの妥協案も提示した。これに対しド・ゴールは、原則としてマクミランの首脳会議案には反対しなかったものの、その開催日を外相会議前にはっきりと決めることには慎重であった(24)。

次にマクミランは、ボンを訪問した。彼は、一二日のアデナウアーとの会談で、ソ連側は交渉する用意があり、また、最後通牒で示された期限の事実上の撤回は訪問の成果の一つである、と述べた。これに対しアデナウアーは、「共産主義体制はいつか世界を支配するということをフルシチョフが確信しているのは明らかです」と述べるなど、ソ連への不信感を隠さなかった。それでもアデナウアーは、マクミランが求める首脳会議については、明確な開催日程を設定することには同意しなかったものの、開催の可能性はオープンにしたままにしておくことができるとの見解を示した(25)。

翌一三日の午前の会談でマクミランは、首脳会議の開催を決定し、その日程を確定することが必要であると再びアデナウアーに説いた。彼が首脳会議にこだわる理由は、三つあった。それは、(a)ソ連ではフルシチョフのみが交渉相手として重要であること、(b)開催が決定されることで、ソ連首相が早まった行動に出る可能性もなくなっていくこと、(c)第三次世界大戦を回避するためのあらゆる努力を払う必要があり、会議はそのためにもきわめて重要であること、であった(26)。首脳会議の問題は、午後も引き続き話し合われた。しかしアデナウアーは、アメリカ政府の合意が得られるまでこの問題はかなり慎重に対応することが必要であると述べ、アメリカへの配慮を強調した(27)。

パリとボンの訪問を終えたマクミランとロイドは、三月一七日の閣議で翌日からの訪米に向けて協議を行った。彼らは、外相会議で満足できる進展があることを条件として首脳会議に応じるというアメリカ政府の立場は、危険な状況を無視したものであるとして問題視した。そして、首脳会議の日程が決められていることこそが、ソ連に一方的な行動を控えさせることになるということを改めて確認したのであった[28]。

マクミランは、アメリカ政府を説得すべく翌一八日からワシントンを訪問し、アイゼンハワーとの一連の会談に臨んだ。そして、二〇日午後の会談においてマクミランは、次のように述べながら、首脳会議の開催を強く求めたのであった。

「誰も望まなかった戦争である第一次世界大戦は、首脳会議で当時の指導者たちが出会うことがなかったから発生したのです。その代わりにエドワード・グレイは釣りに行き、そして、イギリスが二〇〇万人もの若者を失ってしまった戦争が起きたのです[29]」。

しかしアイゼンハワーは、ド・ゴールやアデナウアーと同様に首脳会議の開催に応じようとはしなかった。そして五月一一日からは、ジュネーヴで英米仏ソ四カ国外相会議も開催されたが、ベルリン問題の解決の見通しは立たないままであった[30]。このような状況のなかでマクミランは、六月一四日にロイドらと話し合いをもち、ジュネーヴ外相会議がなんらの合意にも達しなかった場合、ロンドンで四カ国首脳会議を開催することについて、その日程なども含めて具体的に検討した[31]。

さらにマクミランは、一六日付のアイゼンハワー宛の書簡において、西側が主導して首脳会議を開催すべきであるということを再び説いた[32]。しかしアイゼンハワーは、こうしたマクミランの度重なる説得を受け入れようとせず、それればかりかフルシチョフとの米ソ首脳会談をアメリカで開催するという決断をしたのである。アイゼンハワーは、七月二九日付の書簡において、首脳会議の開催はまだ難しい状況にあるため、まずはフルシチョフとの会談をもつ必要があるとマクミランに説明した[33]。これに対してマクミランは、翌日、「私は一貫して、解決は諸政府の首脳間の交渉によってのみ実現できると信じてきました[34]」と返信するなど、首脳会議の必要性をなお強く主張した。

自らも参加する四カ国首脳会議を求めていたマクミランにとって、イギリスを排除した米ソ首脳会談が開催されることは非常に憂慮すべき事態であった。イギリス政府は、米ソ両超大国が自国の頭越しに二国間のみで一定の合意に達することを警戒した[35]。さらに、両国の間で首脳会談が実現することは、イギリスが東西関係の中で影響力を失うことに繋がりかねなかった[36]。こうした事態をマクミランは、「アメリカとの緊密な同盟と協調という――長年にわたって、そして特に首相在任中に追求してきた――自らの全体的な政策が脅かされかねない」ものと認識し、また、「イギリスが二流国としての地位を甘受」せざるをえなくなることを深刻に憂慮したのであった[37]。

フルシチョフは、九月一五日にアメリカを初めて訪問した。そして二五日からは、キャンプ・デーヴィッドにおいて米ソ首脳会談が開催された。会談では、軍備制限や米ソ二国間に関する問題も話し合われたが、ベルリン問題が議論の中心となった。フルシチョフは、ドイツと講和条約を締結する必要性を強調し、首脳会議の開催を呼びかけた。これに対しアイゼンハワーは、ベルリンでのソ連の一方的な行動に懸念を示し、また会議の開催については、同盟国と協議する必要があると述べたのであった[38]。

このように米ソ首脳会談において、ベルリン問題の解決が両超大国のみで図られることはなかった。しかしながら、この首脳会談は、米ソ間に「キャンプ・デーヴィッド精神」と言われるような関係改善をもたらすとともに、両超大国が接近を始めたことを象徴する出来事となったのである[39]。

アイゼンハワーは、キャンプ・デーヴィッド会談後、同盟国との間でソ連との首脳会議の開催に向けた話し合いを始めた[40]。そして、一九五九年一二月一八日から二二日にかけてパリで開催された英米仏独西側首脳による会議を経て、英米仏ソ四カ国首脳会議を翌六〇年五月一六日からパリにおいて開催することがようやく決定された[41]。

しかしパリ四カ国首脳会議は、一九六〇年五月一日にソ連がアメリカのU－2型偵察機を撃墜するという事件が発生したこともあり、開催できないまま幕を閉じることとなった(42)。ベルリン危機が発生して以来、首脳会議の実現を目指して外交努力を重ねてきたマクミランにとっては、衝撃的な事態であった(43)。

ベルリンの壁の構築

一九六一年一月、アイゼンハワーに代わってジョン・F・ケネディがアメリカ大統領に就任した。ケネディは就任直後、ベルリン問題を必ずしも最優先の外交課題とは位置づけていなかった。三月にマクミランとケネディとの最初の首脳会談がフロリダ州のキーウェストにある米海軍基地で開催された際も、主要な議題となったのは、当時緊迫の度を増していたラオス問題であった(44)。

他方で、ケネディ政権は、ベルリン問題への対応に関する検討は始めていた。四月のワシントンにおける英米首脳会談では、この問題が話し合われた。会談には、ディーン・アチソン元米国務長官も出席したが、彼は、フルシチョフが西ベルリンを遮断しようとする動きに出た場合には、西側は軍事的報復手段も用いるべきなどと主張して、イギリス側を驚かせた(45)。しかしアメリカ政府は、ソ連と東ドイツとの講和条約を受け入れる用意がある、などといったような新たな立場も示した(46)。ロイドの後任の外相ヒューム伯爵は、ケネディ政権が前政権の政策を大幅に改善したと観察した(47)。

そして、ケネディとフルシチョフが、ベルリン問題を直接話し合う機会が訪れた。六月三日から開催されたウィーンにおける米ソ首脳会談である。四日の午前の会談でフルシチョフは、アメリカ政府が講和条約に理解を示さない場合、「ソ連は、東ドイツと、また、西ドイツが望むなら西ドイツとも講和条約を調印するつもりです。もし西ドイツが望まないならば、条約は東ドイツとのみ調印するでしょう」と述べた。さらに彼は、西ベルリンを自由都市とすること、一定の条件の下ではアメリカ軍が西ベルリンに駐留し続けることも受け入れるが、ソ連軍も駐留できるようにすること、一九六一年末までに条約を締結するつもりであること、などといったソ連政府の考えを伝えた。これに対してケネディは、「アメリカはベルリンにおける自国の立場と同市へアクセスする権利を堅持していく」ことを明言した。[48] さらに、昼食をはさんだ午後の会談でも、フルシチョフは強硬な姿勢を崩さなかった。そのためケネディは、「厳しい冬になりそうですね」と述べて会談を終えたのであった。[49]

ケネディは、フルシチョフとの困難な交渉の後、疲れた体でロンドンを訪問した。会談したマクミランとケネディは、ベルリン問題などに関するフルシチョフの覚書について様々な検討を行った。[50] そしてこの会談で、マクミランがケネディを温かくもてなしたことによって、両首脳は、個人的に親密な関係を築くことになったのである。たしかに、ベルリン問題への対応をめぐっては英米間の立場は一致したものとはならなかったが、マクミランは、ケネディ政権が軍事的側面を重視することを懸念しながらも、交渉の用意がある点は評価した。[51]

こうした状況のなか、ベルリン問題に重大な影響を与える事態が発生した。八月一三日に東西ベルリン間の境界線が突然封鎖され、後日、壁が構築されることになったのである。この時マクミランは、医師の勧めでスコットランドにおいて休暇中であった。しかし彼は、冷静さを装うために休暇をやめなかった。それでも彼の下には、この事態に関する電話や電報が殺到した。その中にはケネディからのメッセージがあり、アメリカはベルリンの駐留軍を一五〇〇人から成る戦闘部隊によって強化するということが記されていた。マクミランからすると「軍事的にはこのことは無意味であった」が、ジェスチャーとしてイギリスも多少の戦闘車両などを派遣することに同意した。[52] しかし、彼は依然として、軍事的な手段ではなく、外交によって慎重に事態を解決すべきとの立場であった。

またヒュームも、アメリカ政府に対して自制を求めた。彼は、一九日、ディーン・ラスク米国務長官に対して、西ベルリンへのアクセスは堅持しなければならないものの、「東ベルリンの人々が西ベルリンへ行くのを阻止することは、我々にとって開戦の口実には決してなりません」と述べたうえで、ソ連との交渉の道を探るべきであるとの考えを伝えた(53)。そしてケネディ政権も、基本的には事態を冷静に捉えていた。ラスクは一五日のベルリン問題を検討した会議で、「境界の封鎖は非常に深刻な事態ですが、おそらく現実にはこのことはベルリン問題の解決をより容易にするでしょう」といった考えを示した。そして彼は、「我々は、撃ち合いをするようなことと、そうではないことを区別しなければなりません」と述べたように、「境界の封鎖は撃ち合いをするようなことではない」のであり、「問題は本質的にはプロパガンダの一つである」との立場であったのである(54)。

他方、西ドイツのアデナウアーが交渉に前向きなのに対して、フランスのド・ゴールは消極的であるなど、西側同盟としての対応は一致したものとはならず(55)、危機を解決する糸口はなかなか見出せないでいた(56)。しかし、先のラスクの発言にあったように、壁の構築によってベルリンの現状が固定化されていったことは、結果的に危機を終息させていくことになったのである(57)。

東西両陣営間に深刻な対立をもたらした第二次ベルリン危機において、スエズ戦争での敗北を経たイギリスは、国際秩序の中でいかなる役割を果たすことができるのかが問われたが(58)、マクミランは、依然として「世界大国」の自画像を抱きながら、自らのイニシアティヴによって危機の解決を目指した。一九五九年二月にソ連を訪問してフルシチョフと困難な交渉を行い、その後は、同盟諸国への歴訪によって英米仏ソ四カ国首脳会議を実現しようとしたことは、そうした彼の意志の表れであった。そして、この時点でイギリス政府は、「西側世界におけるリーダーシップ」を発揮できていると自認するなど楽観的であった。

しかし現実には、イギリスを取り巻く国際秩序は大きく変容しつつあった。一九六〇年五月にU－2型機事件が発生したとはいえ、マクミランが一貫して求めてきたパリ四カ国首脳会議は、結局開催されないままに終わった。ベルリン危機は、スエズ戦争を経験してもなお東西間の調停国として役割を担いうるといった「世界大国」としての自画像を抱くマクミランに、厳しい現実を突きつけたのであった。

また、ベルリン危機の最中の一九五九年九月にアイゼンハワーとフルシチョフは、キャンプ・デーヴィッドで戦後初の米ソ首脳会談を開催するに至った。この首脳会談は、米ソ間に「キャンプ・デーヴィッド精神」と言われたような関係の改善をもたらした。その一方で、米ソ両国が直接交渉を開始したことによって、東西間の調停国としてのイギリスの役割は、事実上低下していくことを余儀なくされたのである(59)。そして、両国が接近するなかでパリ四カ国首脳会議が開催されなかったことは、アメリカに対する影響力を確保する必要性をマクミラン政権に強く認識させることになり、このことが、イギリスをEEC加盟へ向かわせる重要な要因の一つになったと考えられる(60)。

第1章で考察したように、マクミラン政権は、アメリカとの「特別な関係」を二国間のレベルでは改善させる一方で、同関係への核戦力分野を中心とした安全保障面での依存を次第に深めていくことになった。そして、本章で検討したベルリン危機においては、東西間の調停国の役割を果たすことができず、さらには、米ソ両国が戦後初の首脳会談を開催して接近を始めたことで、イギリスは、アメリカに対する影響力を国際秩序のレベルでも後退させていくことになったのである。

第3章　英米間の「特別な関係」の再構築と統合ヨーロッパ

本章では、統合ヨーロッパに対するマクミラン政権の構想や政策、そして、第1章で扱ったスカイボルト危機を解決するために英米間で締結されたナッソー協定を中心に考察する。はじめに、マクミラン政権が、自由貿易地帯（ＦＴＡ）構想の模索や欧州自由貿易連合（ＥＦＴＡ）の結成といった統合ヨーロッパに対する独自の構想を追求しながら、結局、六一年八月に第一次ＥＥＣ加盟申請を行うに至った経緯を概観する。

その際、マクミラン政権が加盟申請を行った要因には、「世界大国」の地位を保持するために、帝国・コモンウェルスに代えて統合ヨーロッパを新たな外交の基盤としてアメリカとの「特別な関係」を再構築するという外交構想があったことに着目する。他方で、アメリカのケネディ政権にとってもイギリスの加盟は、フランスのド・ゴール大統領が独自外交を展開するなかで、ＥＥＣが大西洋主義的指向を強めるために必要であると見なされていたことを明らかにする。

しかしド・ゴールが、英米間の「特別な関係」などを問題視して一九六三年一月にイギリスのＥＥＣ加盟申請を拒否したことで、統合ヨーロッパを外交の基盤とするマクミラン政権の外交構想は、挫折を余儀なくされたのであった。

次に、スカイボルト危機の解決のために、一九六二年一二月に英米間で締結したナッソー協定について検討する。この協定によって、アメリカから新たにポラリス・ミサイルの提供が合意されたことで英米関係は改善した。しかしイギリスは、核分野での「特別な防衛関係」の回復によって「独自」の核抑止力を堅持することはできたものの、同関係への安全保障面での依存を深めたということを明らかにする。

本章では最後に、マクミラン政権による戦後イギリス外交の再編の試みに関してまとめたうえで、サー・アレック・ダグラス=ヒューム保守党政権について簡潔に触れることにする。

1 ヨーロッパ統合に対する独自の構想

FTA、そしてEFTAへ

マクミラン政権は発足当初、ヨーロッパ統合に対してイギリス独自の構想で臨んだ。(1) イギリス政府としては、一九五六年一一月にイーデン前政権がFTA構想をすでに下院で打ち出していた。当時大蔵大臣であったマクミランも、政府内で「G計画」(Plan G)として検討されていたこの構想に関わっていた。FTA構想の内容は、欧州経済協力機構(OEEC)諸国を対象として、農業・園芸を除き工業製品に限定された自由貿易地帯を創設するというものであった。他方で、一九五五年、ECSC(欧州石炭鉄鋼共同体)加盟六カ国は、六月のイタリアのシチリア島メッシーナでの外相会談を経て、七月からベルギー外相ポール=アンリ・スパークを委員長とするブリュッセルでの政府間委員会において、ヨーロッパ共同市場の創設を目指していた。FTA構想は、こうした動きに対するイギリス側の「対抗提案」であった。(2)

FTA構想は、既述のように工業製品に関するヨーロッパ大での市場開放を実現させながら、コモンウェルスに対する特恵関税は維持し、そこから安価な食料と原料を輸入するというものであり、イギリスにとって有利な構想であった。そのため、OEECで議論されていたFTA構想は、フランスを中心とするECSC加盟国から反発を受け、一九五八年には終止符が打たれた。一方、ECSC加盟国は、一九五七年三月にローマ条約を調印し、翌五八年一月にEECとEURATOM（欧州原子力共同体）を成立させるに至った。(3)

しかしマクミラン政権は、FTA構想が挫折し、EECが設立されてもなお、独自の道を歩んだ。イギリス政府は、一九六〇年五月に、スウェーデン、ノルウェー、デンマーク、ポルトガル、スイス、オーストリアとともにEFTAを発足させたのであった。EFTA設立の目標は、一九七〇年までに加盟国間で工業製品の自由市場を創設する、という非常に限定されたものであった。しかし、イギリス政府がEFTAを発足させた狙いは、別のところにあった。マクミラン政権は、EFTA内で主導権を握ったうえで、それを梃子としてEECに対する交渉力を強化しようとしたのである。このようなヨーロッパ統合をめぐる英欧間の対立によって、西ヨーロッパは、EEC加盟六カ国とEFTA加盟七カ国に経済的には分裂することになった。(4)

他方、アメリカは、基本的にヨーロッパ統合を支持する立場を戦後一貫してとっていた。(5) アメリカは、ソ連の脅威に対抗しつつ西ヨーロッパを安定化させるために、ヨーロッパ統合およびNATOの枠組みの中に西ドイツを押さえ込む必要があった。すなわち、アメリカがヨーロッパ統合を支持した主な理由には、ソ連とともに西ドイツを封じ込めるという、いわゆる「二重の封じ込め」ということがあった。さらにアメリカは、統合されたヨーロッパが、大西洋共同体の枠組み内に常に収まっていることを求めたのである。(6)

そしてアイゼンハワー政権が、大西洋共同体の枠組みへの挑戦として警戒したのは、一九五八年六月に政権に就いたフランスのド・ゴールによる外交であった。(7) 英米両国とフランスとの対等な関係を求めるド・ゴールは、九月一七日付でマクミランとアイゼンハワーに宛てたNATOの改革に関する覚書において、英米仏三カ国が同盟の核戦略を策定するといった考えなどを盛り込んだ、いわゆる「三頭制」を提案していた。(8) 彼は、「現在の形態でのNATOが、自由世界の安全保障上の要求、そして、なによりもフランスの要求に合致していると見なすことはできない」と述べたうえで、「世界大のレベルにおいて、アメリカ、イギリス、フランスから成る政治的戦略的組織が設立される」必要性を強調したのであった(9)。

このド・ゴールの提案を受けて、三カ国協議が開始された。しかし、核戦略やアフリカに関する問題などをめぐる英米両国とフランスとの間の考え方の違いは解消されず、三カ国協議自体は立ち消えとなった。こうした状況に不満を高めたド・ゴールは、一九五九年にフランス軍の地中海艦隊をNATOから離脱させるなど、徐々に独自外交を展開し始めたのであった(10)。

マクミランのグランド・デザイン

アイゼンハワー政権は、ド・ゴール外交を警戒しながらも、イギリスが進めるFTA構想やEFTAに対しては懐疑的な立場にあった。なぜなら、これらはEECとは異なり、大西洋同盟の強化という政治的利益を伴わないのみならず、アメリカに経済的不利益をもたらすおそれがあったからである(11)。

ロイド外相は、イギリスのヨーロッパ統合政策に理解を示さないアメリカ政府がEEC加盟六カ国をイギリスよりも重視しかねないことを憂慮した。この点に関してロイドは、マクミランに対し「我々は依然として最も気心のあった唯一の同盟国と見なされるかもしれないが、アメリカはますます六カ国を、協議し、またその意見を考慮しなければならないグループと考えるようになるであろう」との見方を示した(12)。

FTA構想が挫折し、EFTAに対するアメリカの支持も得られないなかで、イギリス政府は、EECへの加盟をヨーロッパ統合政策の選択肢として検討せざるをえなくなった(13)。また経済面においても、一九五〇年代にEEC加盟国の経済は、イギリスよりも高い成長率を実現しており、コモンウェルス諸国やEFTA加盟国のそれよりも順調に発展していたのであった(14)。

そしてこの頃、序章で述べたように、イギリスの帝国の地には脱植民地化の「第二の波」が押し寄せていた。くわえてマクミラン政権は、コモンウェルスの重要な構成国である南アフリカに関する問題にも直面した。その問題とは、アジア・アフリカ諸国が中心となって南アフリカのアパルトヘイト問題を非難するなか、イギリス政府の意向に反する形で、一九六一年五月に南アフリカが、共和国移行と同時にコモンウェルスから脱退するに至ったことであった。このことは、マクミランを大いに落胆させたばかりでなく、イギリスにとってのコモンウェルスの価値を否応なしに低下させることになったのである。(15)

こうしたEECや帝国・コモンウェルスとの関係の変化だけではなく、マクミラン政権は、アメリカとの「特別な関係」を維持するための対応にも迫られた。第1章で扱ったスカイボルト危機に加え、第2章で考察したように、一九五八年に発生した第二次ベルリン危機の解決のプロセスで、アメリカは、翌年に米ソ首脳会談を開催し、ソ連への接近を始めていた。また、一九六〇年に予定されていたパリ四カ国首脳会議が結局開催されなかったように、ベルリン危機において調停国としての役割を果たすことができなかったことは、EECへの加盟によってイギリスの国際的な地位を維持する必要があるとマクミランに認識させる重要な要因となった。(16)そして彼は、加盟したEECの中でイギリスが主導権を握り、それを外交の基盤にしてアメリカに対する影響力を高めることを目指したのであった。(17)

イギリスのEEC加盟問題に関してマクミランは、一九六〇年末から翌年初めにかけて自ら起草した長文の覚書、いわゆるグランド・デザイン（大構想）において考え方を示した。この覚書の中でマクミランは、西ヨーロッパがEEC加盟六カ国とEFTA加盟七カ国に分裂している状況を改善する必要があることを強調した。彼は、「和解を達成することが可能なことは今やきわめて明白である。そしてこのことは、西ヨーロッパにおける経済的な分裂を和らげ、おそらくはすべて解消するであろう」としながらも、「事態がこのまま進行すれば、達成されないかもしれないことも，同様にきわめて明白である」と述べた。

マクミランは，EECとEFTAとの和解を阻んでいるのはド・ゴールであるとの見方を示しながらも，「奇妙な逆説ではあるが，もしド・ゴールが退陣したら，和解はなおさら困難になるであろう」との認識を示した。なぜなら，「フランスの連邦主義者の意見が強化」され，「自信のないフランス人が欧州連邦国家の中に逃避しかねない」からであった。そして，「ヨーロッパにおける極端な連邦主義者の勝利は，遅かれ早かれ，単独行動主義者と中立主義者の勝利を意味する」のであり，「それゆえ我々は，ド・ゴールがフランスで権力にある間に，解決するよう最大限の努力をしなければならない」のであった。

また彼は，「ドイツの富と力への懸念が増大している状況下では，フランスは，EECとEFTAの間の合意，およびバランスをとるためにイギリスを組み込んだヨーロッパの政治構造を受け入れていくことになるであろう」とした。他方で，マクミランによると，「ド・ゴールは，フランスを少なくともイギリスと対等な大国として認めるように求めている」のであった。また，「ド・ゴールは，アングローサクソンを疑っている」ため，「アングローサクソンによる支配」が続く限り，イギリスをヨーロッパのパートナーとしてではなく，アメリカのパートナー，もしくはアメリカのジュニアパートナーとして扱うであろうとの考えを示した。そしてマクミランは，「アメリカに対する我々の特別な立場を傷つける必要はない」との前提に立ちながらも，ド・ゴールの意向を汲むために，英米仏「三頭制」のあり方やフランスとの核兵器開発協力について検討したのであった(18)。

以上のようにマクミランは，覚書の中でEECに加盟申請するということは直接的には言及しなかったが，この時点で加盟がイギリスと西側全体にとって重要であるとの考えを示した。彼は，西ヨーロッパにおける状況を直視したうえで，アメリカとの「特別な関係」を堅持しつつ，フランスや西ドイツとの安定した関係を築くことによってEECへ加盟することを模索していたのであった。あわせてマクミランは，ソ連の脅威に対抗するためにも，西ヨーロッパがEECとEFTAに経済的に分裂している状況を終わらせて、大西洋同盟の結束を固める必要があると考えていたのである(19)。

2　イギリスのEEC加盟をめぐる米欧関係

英米関係と加盟問題

一九六一年一月に成立したアメリカのケネディ政権は、イギリスのEEC加盟を支持する立場をとった。アメリカにとってイギリスの加盟は、EECがヨーロッパの自立ではなく大西洋主義的指向を強めるために必要であり、また、ド・ゴールとの間で高まりつつある同盟内の対立の抑制にも役立つ可能性があると見なされていた。アメリカは、イギリスを通してEEC加盟国に影響力を行使しようとしたのであった(20)。

他方、マクミランは、自らのグランド・デザインの中で論じていたように、EEC加盟六カ国とEFTA加盟七カ国との和解を実現し、さらにイギリスのEEC加盟を実現させるためには、ド・ゴールとの安定的な関係を築くことが必要であると認識していた。この点について、マクミランの私設秘書フィリップ・デ・ズルエータがまとめたグランド・デザインの要約の中では、次のように述べられていた。すなわち、「ド・ゴールのヨーロッパは、イギリスなしには第三勢力となるに十分な強さではない。彼は、我々に中に入るよう求めている。しかしそれは、われわれがアメリカの代わりに『ヨーロッパを選んだ』後だけである。我々は彼に、このような選択のアイデアは誤りであり、かつ時代遅れであるということを、なんとかしてわからせなければならない。結束こそが唯一の道なのである(21)」。

マクミランは、一九六一年一月にフランスを訪問し、ド・ゴールとの首脳会談でEECとEFTAの問題について話し合いをもった。二八日の会談でマクミランは、EEC加盟六カ国、イギリス、そして、できるだけ多くのEFTA加盟国との間で協定を結ぶことが可能であるとの考えを示した。その際彼は、「イギリスとアメリカの特別な関係はたしかに存在するが、これらの関係は主として、歴史的な理由でもたらされた核分野における協調の結果によるものである」と、対米関係の重要性を控え目に論じさえした。しかしド・ゴールは、EEC加盟国とEFTA加盟国との間での協定をいかに実現するのか、コモンウェルス諸国とEEC加盟国が経済的な共同体を結成することは可能なのか、さらには、現時点でヨーロッパに単一の経済システムを構築できるのか、などといった問題を取り上げ、マクミランの考えに対して消極的な回答を繰り返したのであった。[22]

イギリスのヨーロッパ統合政策についてド・ゴールの理解が得られないなか、マクミランは四月に訪米した。五日のケネディとの首脳会談の席で、マクミランは、イギリスがEECに加盟する意思があることを次のように伝えた。すなわち、EFTA加盟七カ国の中でイギリスと一部のパートナーは、EEC加盟六カ国との連携の方法を見出さなければならないとの考えを示したうえで、ヨーロッパが、再結合され、最終的には大西洋同盟を重視するようになることは、「自由世界の利益」であると述べた。しかし彼は、「もしそうならなければ、六カ国は自らを第三勢力として構成することになり、このことは、イギリスとアメリカの双方に困難をもたらすことになります」と指摘し、EEC加盟国が独自の外交を展開することに警戒感を示したのであった。

さらにマクミランは、「イギリスの選択は、ヨーロッパかアメリカか、である」としばしば言われるが、このような考えは受け入れられないと述べた。彼は、「イギリスはその影響力をヨーロッパと北アメリカとの架け橋のために用いること」ができるのであり、このことが、アメリカの支持を得たうえでEECに加盟を求める理由であることを強調したのであった。こうしたマクミランの考えを受けて、ケネディは、イギリスがEECへの加盟を目指すことを支持する旨を明らかにしたのである。[23]

ＥＥＣの発展がアメリカとの間で経済的な問題を引き起こしつつあったにもかかわらず、ケネディがイギリスの加盟を支持する姿勢を明確にしたのは、アメリカにとっての政治的利益を重視したためであった。すなわち彼は、イギリスの加盟によって、フランスや西ドイツの独自の外交政策が抑制されるとともに、共同市場が高関税で閉鎖的になることが阻止されることなどを期待したのであった(24)。

このようなケネディの立場は、彼が五月二二日付で送付したマクミランへの書簡でも示された。ケネディは、共同市場へ加盟するための重大な決定には、農業、コモンウェルス、ＥＦＴＡとの関係といった三つの分野におけるイギリスの特別な義務についての懸念を必然的に伴うことを十分に理解していると述べ、加盟条件に関してイギリスへの配慮を示した。しかし彼は、「我々の主たる関心は政治的なものです」と明言し、さらに、「西ヨーロッパの政治的結束を強めていくことによってのみ、我々はドイツの地位の安定的な解決を期待できる」といった考えを伝えた。アメリカ政府は、「もしイギリスがローマ条約の完全な加盟国になることができたら、西側はよりいっそう強化される」との確信をもっていたのであった(25)。こうしてケネディがイギリスのＥＥＣ加盟を支持するということを伝えたことは、マクミランに申請を決断させる重要な要因になった(26)。

大西洋同盟の結束と英仏核協力構想

イギリス政府は、ＥＥＣ加盟を実現させるためにはド・ゴールの支持が必要であると引き続き認識していた。四月二六日の閣議でマクミランは、ヨーロッパをより広い大西洋同盟の枠組みに結びつける必要があり、この点においてイギリスは、「ヨーロッパと北アメリカとの間の架け橋」として、イニシアティヴをとる機会があると述べた。しかし彼は、「今までのところ、ド・ゴールは、我々が六カ国に参加することを望んでいない」が、おそらくその理由は、「フランスがヨーロッパ内でリーダーシップを保持することを求めている」ためであると観察した。

このような状況を踏まえながらマクミランは、フランスが、第一に、大西洋同盟内の責任を共有し、かつその相互依存の原則を受け入れること、第二に、独立した自国の核戦力を構築するよりも、西側全体の核抑止力の強化に貢献すること、そして第三に、イギリスと一部のＥＦＴＡ加盟国が六カ国とともにヨーロッパにおけるより広範な政治的経済的な連合の創設に参加できるようにすること、を求めた。そのうえで彼は、これらすべての問題で西側の結束のために協力する用意があれば、フランスは同盟内で英米両国とともに正当な地位を確保し、ド・ゴールが求める「三頭主義」的な協議システムに参加する権利も得ることができるとの考えを示したのであった。(27)

マクミラン政権は、フランスを大西洋同盟の中に組み込みながら、ド・ゴールからイギリスのＥＥＣ加盟に対する支持を獲得するための方策を模索していた。その方策としてイギリスは、フランスの核兵器開発に協力する可能性まで探ったのである。(28) マクミランは、四月二八日付のケネディ宛の書簡において、英米両国によるフランスへの核協力に言及した。彼はまず、フランスの核戦力は独立した戦力としてではなく、西側共同の抑止力に貢献するものであることがより望ましいと述べた。そして、英米仏三カ国政府が核戦力の行使のあり方を保証するような取り決めが締結されるのであれば、英米両国はフランスに核戦力の開発のための支援を行うという提案とともに、イギリスは、核兵器運搬手段の製造についても話し合う用意があるとしたのであった。(29)

しかしアメリカ政府は、フランスへの核兵器開発支援については、反対の立場であった。ケネディは、五月八日付のマクミランへの返書の中で、「この問題を慎重に検討した結果、私は、核兵器の能力を作り出そうとするフランスの試みを援助することは望ましくないとの結論に至りました」と明確に述べた。さらにケネディは、アメリカがフランスを援助して核拡散に反対する立場を大きく変えたならば、「ドイツがいつかは核兵器の能力を獲得しようと望む可能性が著しく増すことになりかねません」とも述べ、西ドイツの核武装に対する懸念を強調したのであった。(30)

これに対してマクミランは、五月一五日付でケネディに返書を送付し、「核の問題が、フランスに関する問題の最も困難な部分です」と述べた。そして、「核兵器の能力をフランスが獲得できるように直接的な援助を与えることは、他の諸国が同様の援助を求めることになりかねない危険があると認識しています」として、同盟内で核の拡散を防ぐ必要があることについてはアメリカ政府への理解を示した(31)。

このように英仏核協力に関してはアメリカが強硬に反対しているために展望が開けなかったが、イギリス政府は、ド・ゴールから加盟の支持を得ることが重要であると依然として認識していた。そのためマクミランは、ケネディが近く予定されているド・ゴールとの会談の際に、イギリスの立場を踏まえてＥＥＣへの加盟を後押ししてくれることを期待した(32)。

ケネディは、五月三一日から六月二日までパリを訪問し、ド・ゴールと会談した(33)。この米仏首脳会談の結果については、マクミランが六日の閣議で次のように報告した。すなわちケネディによると、ド・ゴールは、イギリスの共同市場への加盟に関して、コモンウェルス諸国との経済関係を再び問題視したが、より強調したのはイギリスがローマ条約を受諾するにあたって直面する困難さであった。そして会談の結果、ケネディは、ド・ゴールがイギリスのＥＥＣ加盟を望んでいないとの感触を得るに至ったのであった(34)。ケネディは結局、ド・ゴールからイギリスの加盟について支持を引き出すことはできなかったのである。

3　アメリカとヨーロッパとの架け橋を目指して

第一次ＥＥＣ加盟申請

イギリスのＥＥＣ加盟をめぐる状況は依然として厳しかったが、マクミラン政権は、一九六一年七月の時点で加盟申請へ向けた決断をするに至った[35]。二一日に開催された閣議では、イギリスとEECとの関係に関するコモンウェルス諸国政府などとの協議の結果がまず報告された。そこでは、たとえば、オーストラリア、ニュージーランド、カナダを訪問したコモンウェルス関係省のダンカン・サンズ大臣が、イギリスの加盟に伴う諸結果に対して三カ国から強い懸念が示されたことを明らかにした。さらに、国内の農業問題やEFTA加盟国との関係についての問題も議論されたが、最終的にはマクミランが、「我々は、共同体への加盟がいかなる条件で合意しうるのかを見出すために、EECとの交渉に入るべきである」ということが閣内の見解であることを確認した[36]。そして、二七日の閣議において、イギリスのEECへの加盟申請が決定されたのであった[37]。

マクミランは、翌二八日にはケネディに書簡を送り、「EECへの加盟が本当にイギリスに対して開かれているのかどうかを見極めることができたら、正式な交渉を始める必要がある」との考えを示し、加盟申請をする意思があることを伝えた。さらに、ケネディが五月二二日付の書簡において「もしイギリスがEECの正式な加盟国になることができたら、西側はよりいっそう強化されるでしょう」と述べたことを、加盟申請を決定する際には十分に考慮したことを明らかにした。あわせてマクミランは、EEC六カ国との交渉についてコモンウェルス諸国政府が表明している不安やEFTA加盟国へのイギリスの義務に配慮せざるをえない、ということも伝えたのであった[38]。

そのうえで、七月三一日に下院でマクミランは、イギリス政府がローマ条約二三七条に則りEECへの加盟申請を行うことを発表した。その際彼は、加盟の前提としてコモンウェルス諸国、EFTA諸国、そしてイギリス国内の農業関係者への配慮の必要性を強調したのである[39]。

八月一〇日、イギリスは、EEC閣僚理事会に対して正式に加盟を申請した。さらに、アイルランド、デンマーク、ノルウェーの三カ国もそれぞれ加盟申請を行った。イギリスの加盟交渉は一〇月一〇日から開始され、エドワード・ヒースがイギリス側の首席全権を務めた。交渉ではまず、イギリスとコモンウェルス諸国との貿易問題が取り上げられた。しかし、イギリス側は特恵制度によってイギリス市場への自由なアクセスを認められていたコモンウェルス諸国の権益を最大限に維持しようとしたのに対し、ＥＥＣ側は特例を最小限にとどめようとしたことなどによって交渉は当初から難航し、翌一九六二年になっても合意に達することができないでいた[40]。

このようにマクミラン政権による第一次ＥＥＣ加盟申請は、コモンウェルス諸国、ＥＦＴＡ諸国、そして、イギリス国内の農業関係者への配慮を強く求めるものであった。すなわち、小川浩之、アン・デイトンおよびピアズ・ラドローの研究が明らかにしているように、第一次ＥＥＣ加盟申請は、「条件付きの加盟申請」であった[41]。

ＥＥＣとの困難な加盟交渉を続けるなか、マクミランをはじめとするイギリス政府関係者は、一九六二年四月二五日からアメリカを訪問した。二八日の国務省での昼食会には、イギリス側から内閣官房長官サー・ノーマン・ブルックら、アメリカ側からディーン・ラスク国務長官らが出席し、英仏核協力構想を議題として話し合いが行われた。ラスクは、共同市場への加盟の対価としてフランスが核問題における協力を求めることをイギリスは当てにしているのか、という点について質問した。イギリス側は、フランスからそのような要求はなかったし、「たとえあったとしても、我々は拒否するでしょう」と回答した。これに対しラスクは、「大きな安堵感」を示し、「アメリカは、直接的、あるいはイギリスを通した間接的なものであれ、核分野においてフランスを援助しない」との立場を改めて表明した[42]。

また二八日には、ホワイトハウスでマクミランとケネディの首脳会談が開催された。マクミランは、ＥＥＣへの加盟が実現したら、「イギリスはヨーロッパにおいて大きな役割を果たし、また、ヨーロッパをアメリカにより引き寄せることができます」と述べ、アメリカの支持を求めた。これに対しケネディは、「共同市場へのアメリカの支持は、経済的というよりもむしろ政治的見地によるもの」であり、「経済的にはイギリスが共同市場に加盟することはアメリカの利益ではありません」が、「政治的理由からイギリスが加盟することを望んでいます」と述べたのであった[43]。

ＥＥＣの加盟交渉に対するジョージ・ボール国務次官を中心とするアメリカ政府の立場は、「ローマ条約の義務と責任を無条件で受け入れる」ことを前提にイギリスの加盟を支持するというものであった。すなわちボールは、イギリス政府がＥＦＴＡとの関係を重視するような加盟条件に固執することで、ＥＥＣの政治的重要性が希釈されることを最も警戒した。同時に彼は、コモンウェルスの特恵制度がＥＥＣに拡張されることに対して断固反対したように、ＥＥＣが経済的に自由主義的政策をとることを求めたのであった[44]。

六月二日からマクミランは、フランスを訪問した。彼は、ド・ゴールとの首脳会談によってイギリスのＥＥＣ加盟に関して前向きな回答を得ようとしたのであった。三日の午前中の会談でド・ゴールは、イギリス政府が共同体加盟への意向を表明し、マクミランもイギリスのヨーロッパに対する姿勢は変化したと述べたことから、大陸諸国とより緊密な連合に加わる強い意思があることには理解を示した。それでもド・ゴールは、依然としてイギリスが、ヨーロッパ外で多くの結びつきを保持していることや、政治的にアメリカよりもヨーロッパを重視する用意がありそうにないことを理由に、イギリス政府の加盟の意図に疑問を呈した[45]。

また、午後からの会談においてド・ゴールは、イギリスの対米外交に言及した。彼は、「マクミランが、イギリスはアメリカ政府との緊密な関係によってアメリカに影響力を行使することを目指しており、また、事実上イギリスがより求める方向にアメリカを導くことを望んでいると語った」ことを覚えているが、「しかし実際には、イギリスがアメリカに対してこのようなリーダーシップを発揮するパワーをもっているとは考えていません」と述べたのであった[46]。

マクミランは、一二月一五日からフランスを再度訪問し、ド・ゴールとの首脳会談に臨んだ。会談では、イギリスのＥＥＣ加盟問題が主要な議題となった。一六日午後の会談でマクミランは、イギリスはアメリカの単なる「従属国」（client）となるのではなく、「アメリカとの緊密な同盟の中で強固なヨーロッパ」を構築したいと述べた。彼は、イギリスがヨーロッパを重視していることを懸命に訴えたが、ド・ゴールは、イギリスやスカンジナビア諸国などが加盟することは現在の加盟国にとって必ずしも望ましい結果にはならないと述べ、イギリスのＥＥＣ加盟が困難であるとの見解をマクミランに暗に伝えたのである。(47)

ナッソー協定締結とド・ゴールによるＥＥＣ加盟拒否

マクミラン政権は、第１章で考察したスカイボルト危機の解決のために開催されることになったナッソーでの英米首脳会談において、なんとしてもアメリカ側から核兵器運搬手段の提供の合意を取り付け、「独自」の核抑止力を堅持する必要に迫られていた。

ナッソー会談は、英仏首脳会談の直後の一二月一八日から開催された。会談では、一〇月のキューバ・ミサイル危機後の東西関係、核実験禁止に関する条約の交渉、ベルリン問題、イギリスのＥＥＣ加盟交渉などについても話し合われたが、中心的なテーマは核兵器システムの問題であった。(48)そして二一日には、「核防衛システムに関する声明」、いわゆるナッソー協定が合意されるに至った。

ナッソー協定の主な内容は、以下の通りであった。(49)まず第八項において、アメリカが、スカイボルトに代わる新たな核兵器運搬手段として、イギリス製の原子力潜水艦に搭載する核弾頭抜きのポラリス・ミサイルを継続的に提供することが合意された。

しかし、このポラリスを装備したイギリス軍が、ＭＬＦ（multilateral nuclear force：多角的核戦力）、そしてＭＮＦ（multinational nuclear force：多国籍核戦力）のいずれに組み込まれるのかという点をめぐっては、あいまいな決着となった。すなわち、第七項では、イギリスへのポラリス提供の目的が、他のＮＡＴＯ加盟諸国との緊密な協議の下でＭＬＦを発展させることでなければならないこと、また第九項においては、イギリスのポラリス搭載潜水艦隊がＮＡＴＯのＭＬＦに提供されることが明記された。これらは、アメリカの最終的指揮権の下でＮＡＴＯの軍事機構に統合される核戦力、すなわち、ＭＬＦを創設することを規定したものである。ところが第六項では、米戦略部隊、英爆撃部隊司令部、および在欧戦術核部隊は、ＮＡＴＯの核戦力に兵力を提供すること、そして第八項においては、イギリスのポラリス搭載潜水艦隊が第六項に規定された戦力として提供されることが謳われたのである。これらの規定は、加盟各国が自国の管理権を保持したままで、それぞれＮＡＴＯに核戦力を供出する戦力、すなわち、ＭＮＦについて定めたものであることを含意していた。

以上のように、ナッソー協定では、アメリカがポラリスを提供することについては明確な合意がなされた。しかし、ＭＬＦ構想に関する取り決めには、英米間の妥協がにじみ出ていたのである。すなわちイギリス側は、第六項および八項を盛り込んだことで、ポラリスを装備したイギリス軍が、アメリカの指揮権の下に統合されないＭＮＦに組み込まれる余地を残すことに成功した。さらに、第九項の規定により、「イギリス政府が、究極的な国益が危険にさらされていると判断した場合」、同国のポラリス搭載潜水艦隊をＭＬＦから独立させて運用することによって、「独自」の核抑止力を維持できることになった。一方アメリカ側は、第七項および九項により、イギリスからＭＬＦ構想について形式的には合意をかち取ったことで、同構想を進めることが可能になったと判断したのである。(50)

スカイボルト危機を収拾させたナッソー会談による合意によって、イギリスがポラリスの提供を受け、「独自」の核抑止力を維持できたことは、核戦力上の「特別な防衛協力関係」の回復を示すものであった。しかし他方で、ナッソー協定には、アメリカへの安全保障面での依存の深化という、もう一つの重要な側面があった。イギリスは、「特別な防衛協力関係」に依存しなければ、「独自」の核抑止力を維持することが困難になったのである。

さらにマクミラン政権は、ナッソー会談後にヨーロッパ統合政策においても困難に直面した。なぜなら、ナッソー協定の締結は、安全保障面でアメリカへの依存を深めたイギリスにとって英米間の「特別な関係」を誇示するものではなかったにもかかわらず、他の同盟国からは、それを誇示するものと受け取られてしまったからである。ド・ゴールは、翌一九六三年一月一四日の記者会見において、ポラリスの受領を拒否したうえで独自核保有の意思を再確認し、さらに、イギリスのＥＥＣ加盟に反対する旨を表明した。(51) たしかに彼は、ナッソー会談開催直前の一九六二年一二月一六日の英仏首脳会談の場において、イギリスのＥＥＣ加盟が困難であるということをマクミランに伝えていた。このことからも明らかなように、単にナッソー協定が締結されたことによってイギリスのＥＥＣ加盟が拒否されたと言うことはできない。しかし同協定の締結は、ド・ゴールに加盟拒否のための口実を与えることになったと考えられる。(52) そして、ナッソー協定によって英米関係が誇示されたように映ったことが、彼を刺激したことは間違いないであろう。ド・ゴールは先の記者会見の際に、イギリスの加盟によってＥＥＣが、「アメリカに従属し、また、アメリカが主導権をもつ巨大な大西洋共同体」に飲み込まれてしまうことへの危惧を表明していた。(53) 彼は、西側同盟内で英米間の「特別な関係」の影響力が強まることに反発したのであった。

第Ⅰ部で考察してきたマクミラン政権による戦後外交の再編は、「世界大国」としての地位を保持するために、二国間のレベルで英米間の「特別な関係」を改善するとともに、イギリスが主導する統合ヨーロッパを新たな外交の基盤として同関係を再強化する外交構想の実現を目指すものであった。

しかし、マクミラン政権による戦後外交の再編の試みは困難に直面した。なぜなら、英米間の「特別な関係」は二国間のレベルでは改善したものの、このことは、スカイボルト危機が示したように新たな相互依存関係の樹立ではなく、むしろアメリカへの安全保障面での依存の深化へと繋がるものであったからである。また国際秩序のレベルでは、米ソ両超大国が、第二次ベルリン危機やキューバ・ミサイル危機を終息させるなかで接近を始めたことによって、「特別な関係」の重要性が低下していったのである。
たしかに、一九六三年八月五日に調印された部分的核実験禁止条約（ＰＴＢＴ）の交渉において、イギリスはアメリカやソ連とともに重要な役割を果たした。(54) しかし、ブライアン・ホワイトが指摘するように、イギリスの東西関係における影響力は、ＰＴＢＴ成立に対する貢献を最後のピークとして、それ以降、次第に後退していくことになった。彼によるとその主要な要因は、米ソ両国が二国間での交渉を開始したことに加え、英米間の「特別な関係」が弱まったことにあった。(55)

さらに第一次ＥＥＣ加盟申請が、ド・ゴールの拒否によって失敗したことで、統合ヨーロッパを外交の基盤としてより対等な英米間の「特別な関係」を築くことを目指した外交構想も実現できなかった。戦後外交の再編のプロセスにおいて、イギリス外交は漂流することを余儀なくされたのである。こうした状況のなかで、マクミランは、序章冒頭で紹介したキッシンジャーの評価にあるように、イギリスがすでに「世界大国」ではないという厳しい現実を突きつけられ、その自画像を修正する必要に迫られたのであった。

他方で、マクミラン政権は、脱植民地化の「第二の波」は受け入れながらも、「スエズ以東」におけるイギリス軍の駐留といった世界規模での軍事的関与は堅持し、コモンウェルス諸国との関係も引き続き重視するとの立場をとった。(56) また第一次ＥＥＣ加盟申請は、「条件付きの加盟申請」にとどまるものであった。このようにマクミラン政権の下では、「帝国・コモンウェルスから統合ヨーロッパ」へと外交の基盤を移行させる外交の再編は、本格的には進んでいなかったのである。

以上のように、マクミランは、一九五七年一月に首相に就任して以来、戦後外交の再編という重い課題に取り組んできたが、六三年一〇月、病気を理由に引退を決意した。後継首相として浮上したのは、マクミランが推したヒューム外相であった。しかしヒュームは、伯爵であり、また上院（貴族院）議員であった。そのため彼は、一四代続いたヒューム伯爵位を一代に限り放棄してサー・アレック・ダグラス=ヒュームとなり、そのうえで補欠選挙に当選して下院議員となった。こうして一〇月一九日、ダグラス=ヒューム保守党政権が成立するに至った。[57]

ダグラス=ヒュームは、マクミラン政権においてコモンウェルス関係相や外相を務めるなど外交面で豊富な経験を有していたものの、ヨーロッパ統合をめぐる交渉はヒースが主導していた。ダグラス=ヒュームが首相として外交において重視したのは、コモンウェルス諸国との関係の再強化であった。さらにダグラス=ヒューム政権は、ヴェトナムへの軍事介入を深めつつあったアメリカに対し、特に「スエズ以東」における軍事的関与による世界大での西側の権益防衛へのイギリスの貢献を示すことで、アメリカとの「特別な関係」を堅持することも模索した。しかし、一九六四年一〇月の総選挙で保守党は、ハロルド・ウィルソンを党首とする労働党に僅差で敗北した。ダグラス=ヒュームは、一年にも満たない短い在任期間で首相の座を退くことになったのである。[58]

第Ⅱ部　「帝国・コモンウェルスから統合ヨーロッパ」へ

――第一次ウィルソン政権の時代（一九六四～七〇年）

ハロルド・ウィルソン
（Photoshot ／時事通信フォト）

第4章　イギリスとヴェトナム戦争

第Ⅰ部で検討したように、戦後イギリス外交の再編のプロセスにおいてマクミランは、「世界大国」としての自画像が揺らぐ厳しい現実に直面したが、一九六四年に首相に就任したハロルド・ウィルソンは、なおも「世界大国」としてのノスタルジアを抱いていた。そのためウィルソンは、イギリスが国際的に重要な問題に関してアメリカに外交的影響力を行使することが可能であると見なしていた。このことが最も象徴的な形で現れた国際問題が、本章で扱うヴェトナム戦争である。

戦後イギリスの歴代政権は、旧フランス領インドシナをめぐる三つの軍事紛争である、第一次インドシナ戦争、ラオス内戦、ヴェトナム戦争に関与してきた。チャーチル政権では、第一次インドシナ戦争の休戦のためのジュネーヴ会議でソ連と共同議長国、またマクミラン政権では、ラオス中立化のためのジュネーヴ会議で再びソ連と共同議長国を務めるなど、イギリスは、インドシナをめぐる紛争に対しては軍事介入を回避して和平外交を貫いてきたのであった(1)。そして第一次ウィルソン政権は、アメリカがヴェトナム戦争に本格的に軍事介入し、戦争が国際的に重要な問題となるなかで、次のようにヴェトナム和平外交を精力的に展開したのである。

まず、首相就任当初ウィルソンは、ヴェトナム戦争への軍事介入を深めるアメリカのリンドン・B・ジョンソン大統領に介入の拡大を阻止すべく説得を試みた。しかしジョンソンは、説得を受け入れないばかりかイギリス政府に派兵を求めた。これに対しウィルソンは、派兵要請を毅然とした態度で断ったのであった（第1節）。そして、一九六五年以降イギリス政府は、ヴェトナム和平外交に本格的に乗り出し、独自のコモンウェルス・ミッション構想や同構想を実現するためのデイヴィス・ミッションの派遣などといった外交努力を尽くしたのである。しかし、コモンウェルス・ミッション構想は挫折するに至り、独自の構想に基づく和平外交を断念することとなった（第2節）。

それでもウィルソン政権は、和平外交による停戦をあきらめたわけでは決してなかった。一九六六年から六七年にかけて、ソ連とともに、アメリカと北ヴェトナムとの和平交渉実現のために仲介の役割を担おうとした。しかしイギリスは、「マリゴールド」や「サンフラワー」と銘打たれた和平工作に実質的には関与することはできなかったのであった（第3節）。

このようにウィルソン政権は、ヴェトナム戦争に派兵することなく一貫して和平を求めたが、そのことによってジョンソン政権と外交的な対立を引き起こし、アメリカに影響力を及ぼすことの限界を強く認識させられることになった。そして、ヴェトナム和平外交が挫折していったことは、ウィルソンがイギリスはすでに「世界大国」ではないという現実を受け入れる大きな契機になったと考えられる。次章で検討するようにウィルソン政権は、ヴェトナム和平外交が挫折するなかで、この現実を受け入れた戦後外交の再編に本格的に取り組むことになるのである。

1　ヴェトナム和平外交の始まり――一九六四～六五年

ヴェトナム問題をめぐる英米間の対立

一九六四年一〇月の総選挙で労働党として一三年ぶりに政権を奪取したウィルソン首相[2]は、一二月七日から九日にかけて、ワシントンでジョンソン大統領との首脳会談に臨んだ。その際ウィルソンは、ホワイトハウスにおける演説で、「我々は、あなた方との関係を特別な関係としてよりも、目的の一致と目標の一致という重要な唯一のことに規定される緊密な（close）関係であると考えています。（中略）我々は、緊密な関係にありますし、常にそのようにあり続けるでしょう」[3]と述べた。ウィルソンは、「特別」ではなく「緊密」という言葉に置き換えたように、英米関係の重要性は前提としながらも、労働党政権として独自の対米関係のあり方を模索することになるのである。

そしてウィルソン政権が、対米関係において対応を迫られた最も重要な問題は、国際問題となっていたヴェトナム戦争であった[4]。ウィルソン政権は、アメリカがヴェトナム戦争への介入を次第に深めていくなかで、その主要な同盟国として、いかに戦争に関わっていくべきなのか、という重い課題と向き合っていくことになったのである。

政権発足後まもない一〇月二七日、パトリック・ゴードン＝ウォーカー外相は、インドシナ問題について話し合うため、アメリカのディーン・ラスク国務長官と会談した。その席でラスクは、南ヴェトナム政権の崩壊を阻止するために、アメリカが今後ヴェトナムへの介入を深めていく必要があるかもしれないとの見方を示した。これに対しゴードン＝ウォーカーは、すでにイギリスはマレーシアに深く関与しているため、十分な援助はできないと回答した[5]。ウィルソン政権は前保守党政権と同様に、ヴェトナムへの直接的な軍事介入を行う意思のないことを発足直後からアメリカ側に伝えていたのである。

しかしイギリス政府は、先に触れた一二月の英米首脳会談の開催にあたって、ヴェトナム戦争へのイギリス軍の直接的関与をジョンソンから求められることを懸念していた。そのため、外務省東南アジア局が、首脳会談に備えてイギリスのヴェトナム戦争への関与のあり方について検討を行った。イギリスのヴェトナムに対する援助は、たとえば、技術支援や少額の資本援助を除けば、主にヴェトナム人警察官をマレーシアで対ゲリラ活動のために訓練させたり、イギリス人の顧問使節団やごく少数の警察官をサイゴンに駐留させたりすることなどに限られていた。東南アジア局は、アメリカ政府からの要請が予想されるヴェトナムでのイギリス軍部隊の展開は、一九五四年のインドシナ和平に関するジュネーヴ協定に違反するとの立場にあった。そのため同局は、これまでの援助を量的に拡

大する方向で勧告を行い、イギリス軍の派遣には反対すべきとの考えを打ち出した。(6)

一二月七日からワシントンで開催された英米首脳会談では、ヴェトナム問題が主要な議題の一つとなった。そして、ウィルソン政権が予想した通り、ジョンソン政権側は、イギリスが限定的な軍事プレゼンスによって、ヴェトナムでのアメリカの作戦行動に貢献することを求めてきた。しかしウィルソンは、「南ヴェトナムに関してはいかなる新たな関与も受け入れなかった」。彼は、すでにイギリスがインドネシアと対立するマレーシア政府を援助するために重い負担をしていることなどを理由に、軍事プレゼンスを求めるアメリカの要請を拒否したのであった。(7)

ウィルソンが初訪米を果たした一九六四年末の時点において、イギリスは、北ヴェトナムへのアメリカの軍事的圧力は効果を発揮しておらず、その理由はおそらく南ヴェトナム政府の継続的な政治的不安定にあると見ていた。しかし、イギリス政府はこの時点では、事態打開のために自らがイニシアティヴをとってアメリカへの外交的な支援を行う必要はないとの立場にあった。(8)

一九六五年に入ると、ヴェトナムをめぐる情勢は、イギリス政府の予想をはるかに超えた展開をみせていくことになった。当時アメリカの国防長官であったロバート・S・マクナマラが回顧録の中で述べているように、一九六五年一月から七月までの六カ月間は「アメリカのインドシナへの介入の中でも最も重要な時期」であり、この期間にジョンソンは、「アメリカをヴェトナムへの大規模な軍事介入の道にはめ込んで動けなくする運命の選択」を行ったのである。(9)

アメリカが軍事介入を拡大していった要因には、南ヴェトナムの国内情勢が悪化の一途を辿っていたという事情があった。一月になると、仏教徒を中心とする反米・反政府デモが激化し、二三日にはユエのアメリカ広報局図書館が約五〇〇〇人の学生によって襲撃を受けていた。さらに、二七日に発生したクーデターによって、アメリカの支持するチャン・ヴァン・フォン文民政権が南ヴェトナムの軍評議会によって打倒されるという事態にまで発展したのである。[10] さらにこの間、南ヴェトナム解放民族戦線（解放戦線）側は、南ヴェトナム軍と大規模な戦闘を交え、その精鋭部隊に大きな損害を与えていた。こうした敗北などによって、北ヴェトナム側からの攻撃に対して南ヴェトナム軍はもちこたえられないのではないか、との危機感をアメリカ政府は次第に抱くようになっていた。[11]

以上のような情勢のなかで、アメリカ政府は一月の終わり頃には、機会があり次第、北ヴェトナムに対して空爆を開始し、次いで持続的爆撃作戦に移行すべきである、という点でおおむね意見の一致をみていた。そして、北爆を開始する機会はすぐに訪れることになった。二月七日の解放戦線によるプレイクのアメリカ軍基地への攻撃である。この解放戦線側の攻撃に対してジョンソンは、直ちにフレーミング・ダート作戦を発動し、北ヴェトナムへの報復爆撃に乗り出していくことになった。[12]

アメリカの軍事介入拡大への危惧

ヴェトナム情勢が緊迫化していく状況下で、必要ならば核兵器の使用も含めて戦争を拡大するように求める政権幹部、議会、そして、軍部の強硬派からの圧力にジョンソンが屈してしまうことをウィルソンは危惧した。[13] そのため彼は、ゴードン＝ウォーカーの後任のマイケル・スチュアート外相らと協議し、ジョンソンと話し合うために訪米すべきとの考えを固めた。そして、駐米イギリス大使ハーレク男爵に対しウィルソンは、アメリカのヴェトナム政策を支持する用意があるが、それは大統領との会談が実現した場合であるとして、アメリカ側との話し合いを強く求める旨を伝えた。首相の意を受けたハーレクは、マクジョージ・バンディ国家安全保障問題担当大統領補佐官と調整を行ったものの、アメリカ側はウィルソンの訪米に「かなり強硬に」反対した。そのためウィルソンは、ハーレクの助言を受け入れる形で、まずはジョンソンとの電話会談に臨むことになった。[14] イギリス政府としては、ヴェトナム戦争が重要な局面を迎えている時にジョンソンと会談して自らの考えを伝えることで、国内的にも国際的にもその独自性をアピールしようとした。一方、ヴェトナム情勢に適切に対応しているとの立場をとっているアメリカ政府は、ウィルソンから助言を受けたり、彼と協議を行ったりすることは望ましくないと考えていたのであった。

ウィルソンとの直接会談に消極的なジョンソンの姿勢は、一一日の電話会談において明確に示された。解放戦線の攻撃を憂慮するウィルソンが、訪米して会談したいと述べたのに対し、ジョンソンは「テキサス人気質」をあらわにし、「私はあなたにマレーシアの運営について忠告するつもりはないので、あなたもヴェトナムへの対処の仕方について口出ししないでいただきたい」と言い放ったのである。(15) かつて朝鮮戦争の際に当時のイギリス首相クレメント・アトリーは、ワシントンを訪問してハリー・S・トルーマン大統領と会談し、戦争拡大を阻止するための外交努力を行った。(16) ヴェトナム戦争へのアメリカのいっそうの軍事介入を危惧するウィルソンの脳裏には、朝鮮戦争におけるアトリーの行動が浮かんだのかもしれない。しかしジョンソンとしては、アメリカ兵が解放戦線側の攻撃にさらされている時に、軍事行動への参加を拒否しているイギリス首相からの助言を受け入れる用意はまったくなかった。それゆえ、電話会談の際に大統領は、もしヴェトナムでアメリカを助けたいのであれば、解放戦線のゲリラと戦うための兵士を派遣すべきであるとウィルソンに怒りを込めて回答したのであった。(17)

ジョンソンの強硬な態度を受けて、外務省東南アジア局は、二月一五日付の覚書において、アメリカ政府はヴェトナム問題に関して「かなり神経質」になっているので、我々がこの問題でさらに助言を行おうとすればアメリカ側から怒りを買うことになるとの認識を示した。(18) イギリス政府は、まずはジョンソン政権のヴェトナム政策への支持を表明しつつ、情勢の悪化を阻止するために、アメリカ側との協議を模索していくことになった。(19)

しかし、三月二日にジョンソン政権は、北ヴェトナムに対して継続的爆撃を行うローリング・サンダー作戦の発動に踏み切った。さらに八日には、海兵隊二個大隊をダナンに上陸させるなど、アメリカ政府は軍事介入をいっそう強めていく道を選択していった。[20]

こうした事態を受けてウィルソン政権は、三月四日の閣議においてヴェトナム問題への対応を協議した。そして、イギリスにとって当面の最善の行動は、ソ連とともにジュネーヴ会議における共同議長国を務める政府として、南ヴェトナムでの戦闘を停止させるため、「関係国からなる会議に同意するようアメリカ政府に外交的な圧力をかけ続けること」であるとの合意に達した。[21]

また、アメリカが戦争拡大への道を突き進み始めた三月の時点で、すでにイギリス政府が、ヴェトナムにおいてアメリカがかなりの苦戦を強いられているとの認識をもち始めていたことは注目に値する。たとえば、南ヴェトナムにおける直接的な北ヴェトナムの介入の程度を明らかにしたＣＩＡ（アメリカ中央情報局）のブリーフィングに出席したスチュアートが、ウィルソンに宛てた三月一日付の覚書はその一例である。その中でスチュアートは、アメリカは、南ヴェトナムにおいて「非常に困難な立場」（hopeless position）に置かれているために勝利することは不可能であり、またアメリカの威信を国際的に、そして大統領の立場を国内的に傷つけることのないような道もいまだ見出すことができないでいる、との見解を示したのである。[22]

ヴェトナムにおける戦況を冷静に観察していたイギリス外務省は、アメリカが軍事介入を拡大することに反対であった。三月一四日付の外務省の覚書は、北ヴェトナムと解放戦線が、「交渉による解決を完全に拒絶」し、「アメリカ側が無条件で撤退することを要求」している状況下では、イギリスが、アメリカに対し軍事攻撃に頼ることをやめるように圧力をかけることは困難であるとの認識を示した。その一方で覚書は、イギリスは、「交渉ではなく、共産主義側の全面降伏を目的とするアメリカの軍事行動は支持しない」とはっきりと述べ、ヴェトナム戦争の平和的解決のために、ジュネーヴ会議の共同議長国としてソ連政府にも対応を求めつつ、できるだけ早く和平交渉を開始すべきであるとの立場を明らかにしたのである。[23]

三月二一日からはスチュアートが訪米し、ラスクらとヴェトナム問題について話し合った。一連の会談においてイギリスが最も問題としたのは、アメリカのヴェトナムにおける軍事行動の目的が、北ヴェトナムに交渉を促すものなのか、それとも降伏を迫るものなのか、ということであった(24)。二三日にもスチュアートは、ラスクとの会談をもった。その席でラスクは、アメリカの政策の目的は、北ヴェトナムに対して南ヴェトナム内の解放戦線への支援などをやめさせることにあると述べた。そのためスチュアートは、北ヴェトナムがこれらの要求に応じるのであれば、アメリカは協議や交渉に臨む用意があることを明言するように求めた。しかしラスクは、「交渉という言葉に言及することは、北ヴェトナムにアメリカが弱腰になりつつあると思わせ」、また、「南ヴェトナムにも悪影響を及ぼしかねない」ので、困難であると回答した(25)。アメリカ政府にとって、この時点における交渉による解決とは、軍事力に代わる現実的な手段ではなく、単なる「弱腰」な政策にすぎなかった。しかしジョンソン政権は、イギリスがイニシアティヴをとって和平の可能性を探ることには反対しなかったのであった(26)。

2 イギリス主導のコモンウェルス・ミッション構想——一九六五年

ジョンソンのボルチモア演説とカンボジア会議

一九六五年四月七日、ジョンソンは、ボルチモアのジョンズ・ホプキンズ大学でヴェトナム和平に関する重要な演説を行った。大統領は、無条件で話し合う用意があると述べて、和平交渉に前向きな姿勢を見せたのであった。しかし一方で、ジョンソンは、「我々は打ち負かされたりはしません。我々は（戦争に）飽きることはありません」と強硬な姿勢も示した(27)。

翌日開催された閣議では、スチュアート外相がジョンソン演説をヴェトナムにおける紛争の平和的解決に繋がるものと評価し、また、ウィルソンもこれを歓迎する旨の発言を行った。(28) イギリス政府は、同演説が交渉を目指す和解の側面とともに、南ヴェトナムのために断固として戦う意志を表明した側面もあることを承知していた。(29) それでもウィルソン政権としては、ジョンソン演説がヴェトナム和平の実現に繋がる可能性を重視したのである。

この時点でイギリス政府が最も期待したヴェトナム和平のあり方は、カンボジア問題に関する会議を利用した交渉であった。(30) ジョンソン演説に先立つ三月一五日、カンボジア政府は、一九五四年のジュネーヴ会議の共同議長国であるイギリスとソ連に対し、カンボジアの中立と領土保全のための会議を開催するように要請した。これを受ける形で、一九六五年四月三日にはソ連政府が、議長国としてジュネーヴ会議の出席国（イギリス、中国、フランス、ソ連、アメリカ、カンボジア、ラオス、北ヴェトナム、南ヴェトナム）を招待するための共同声明の草案をイギリス側に提示してきたのである。(31)

ウィルソン政権は、このいわゆるカンボジア会議を開催するよう求めるソ連側の提案を受け入れたうえで、同会議を利用してヴェトナム戦争問題を話し合う可能性を模索した。たしかに、ソ連政府がこのようにカンボジア会議を利用するというアプローチに同意するかどうかは明らかではなかった。しかしイギリス政府は、その可能性は排除されていないとの見方をとっていた。(32) イギリス外務省東南アジア局のジェームズ・ケーブルも、「カンボジア会議に関するソ連の提案を受け入れることが、ヴェトナムについて交渉を開始させるための最も見込みのあるアプローチであろう」との認識から、四月に開催予定の英米首脳会談で、このことについてアメリカ側を説得すべきとの考えを示した。その際彼は、「アメリカ側の同意をできる限り早く取りつけることが重要であり」、もし手間取った場合は、「ソ連側の提案は中国の圧力によって撤回させられることになろう」とし、中国政府への懸念もみせた。(33)

イギリス政府は、ジョンソン演説を受けて新たな和平交渉を進めつつ、四月一四日から五月四日までゴードン＝ウォーカー前外相を非公式に東南アジアへ派遣した。ゴードン＝ウォーカーには、外相の特別代理としてヴェトナム問題の関係国の「現状視察」を行うという役割が与えられていた。彼は、本国政府と連絡をとりながら、ラオス、タイ、南ヴェトナムなどの関係国を訪問してカンボジア会議に対する反応を探るなど、様々な情勢分析を行った(34)。しかし、ゴードン＝ウォーカーが訪問できたのは親西側諸国のみで、北ヴェトナム政府と中国政府からは受け入れを拒否されたのであった(35)。

四月一五日には、ウィルソンがヴェトナム問題について協議するために訪米した。まずラスク国務長官との話し合いでは、基本的には「ソ連の提案に沿う形で最善を尽くす」という理解を得ることに成功した(36)。さらに、ジョンソンとの首脳会談においてウィルソンは、ヴェトナム和平実現のための交渉の必要性、特にカンボジア会議の重要性を改めて強調した(37)。

ジョンソン政権は、イギリスの和平外交に一定の理解を示したが、戦況が悪化するなかで、軍部によるアメリカ軍の増派要求に対応する必要にも迫られた。この要求を検討するために、四月二〇日にホノルルで会議が開催された。マクナマラ国防長官、ウィリアム・バンディ国務次官補、マックスウェル・テイラー駐南ヴェトナム大使らが出席したこの会議では、「北ヴェトナム政府は、南ヴェトナムにおける戦争で勝利できないことを確信するまで和平へは向かわないであろう」との判断から、よりいっそうの軍事的圧力が必要であるとされた(38)。そして同会議では、北爆だけでは対応することができないとの現状分析に基づいて、南ヴェトナム派遣のアメリカ軍兵力を三万三〇〇〇人から八万二〇〇〇人へと大幅に増加させることになる決定が下された。これ以降アメリカは、地上戦への大規模な介入に向けて大きく歩みを進めていくことになった(39)。

ジョンソンは、ホノルル会議の決定を受けて軍事攻勢を強めていくという方針を固めたが、国内ではヴェトナム政策に対する批判が高まりをみせていた。また、カンボジア会議の開催に当初積極的であったソ連は、ヴェトナム問題に関してはアメリカの北爆停止が和平会議の前提となるとの立場に固執していた(40)。アメリカ政府は、内外に柔軟な姿勢を示すことで事態の打開を図ろうと試みたが、こうした姿勢は、五月一三日、ウィルソンとの会談の際にラスクが明らかにしたように、北爆中止の決定という形で現れた[41]。

ジョンソン政権は、一三日からの北爆停止によってソ連の前向きな対応を期待したが、結局同国をヴェトナム和平に引き込むことはできなかった。一五日のウィーンにおける英ソ外相会談において、アンドレイ・グロムイコ外相は、和平会議開催を求めるスチュワートに対し、「ソ連政府は、ヴェトナム問題について誰とも話し合いをもつ意思がありません」と述べたうえで、「アメリカは侵略をやめなければなりません」などとアメリカ政府を厳しく非難した。さらに、カンボジア会議に関してグロムイコは、構想自体については支持してきたものの、「いまやノロドム・シアヌーク国王が考えを変えてしまっています」とし、もし本当にシアヌークが開催に反対しているのであれば、会議を招集することはできないと述べたのである[42]。ソ連政府の強硬な態度や北爆停止期間に北ヴェトナム政府がなんら反応を示さなかったことに失望したジョンソンは、一八日に北爆再開を命じた[43]。

コモンウェルス・ミッション構想の実現を目指して

ウィルソン政権は、カンボジア会議に関しては六月三日の閣議において検討したように、中国政府が出席を拒否していることなどから[44]、開催は困難であるとの認識をもつに至っていた。しかし、ゴードン゠ウォーカーを派遣しつつ開催を目指してきたこのカンボジア会議が暗礁に乗り上げていただけではなく、たとえば、ソ連の協力が得られないためにジュネーヴ会議を再招集する目処もついていなかったように、イギリス政府は、これまで様々な和平外交を展開してきたものの、成果を出せずにいた。こうした閉塞状況を打開するためにウィルソン政権が着目したのが、三月一五日に出されていた非同盟諸国一七カ国による宣言であった。同宣言は、ヴェトナムにおける戦闘を「前提条件なしに交渉によって解決することを目指す」ことを関係国に求めていた[45]。四月七日のジョンソンのボルチモア演説も、この宣言を受けたものであった(46)。

非同盟諸国一七カ国による宣言の署名国には、セイロン、キプロス、ガーナ、インド、ケニア、ウガンダ、ザンビアなどのコモンウェルス諸国が含まれていた。そのためウィルソン政権は、六月一七日にロンドンで開催予定のコモンウェルス首相会議の場でこの問題を議論することによって、ヴェトナム和平のための「もう一つの扉」を開こうとしたのであった(47)。また、こうしたイギリス政府の新たな提案に対しては、アメリカ国務省も「イギリスのイニシアティヴ」で進めることを求めつつ、基本的には歓迎する意向を示した(48)。

ウィルソン政権が、コモンウェルス首相会議において提案しようとしたのは、ヴェトナム和平のためのコモンウェルス・ミッション構想であった。ウィルソンを議長として三カ国のコモンウェルスの首脳から構成されるこのミッションは、ニューヨークで国連事務総長と会見し、その後、ワシントン、モスクワ、サイゴン、ハノイ、北京といった関係国のそれぞれの首都を訪問することが予定されていた。そして、コモンウェルスの構成国の中には、反米的な立場をとるアフリカ―アジアブロックに属する諸国も含まれていた。イギリス政府にとって、この構想が、「英―米のイニシアティヴではなくコモンウェルス・イニシアティヴ」である、という形を整えることが重要であった。ウィルソン政権は、コモンウェルス・ミッションが、「西側とアフリカ―アジア諸国の幅広い意見」を反映するものであり、それゆえ、「中国や北ヴェトナムはミッションの受け入れを拒否することは困難」との見方をとっていたのである。ウィルソンは、この構想に「過度な期待を抱いていたわけではなかった」が、その実現に向けて積極的に動いていった(49)。

六月一七日、コモンウェルス首相会議は、二一カ国の首脳を迎えて予定通りロンドンで開催された。会議ではまず、コモンウェルス諸国の首脳が、「ヴェトナム情勢をめぐる危機が高まりつつあることへの深い憂慮の念とヴェトナムの人々が再び平和に生活できる状況を早急に再構築する」必要性を表明した。そして、イギリス政府が提案したコモンウェルス・ミッション構想が承認され、同ミッションは、イギリス、ガーナ、ナイジェリア、トリニダード・トバゴの四カ国首脳から構成されるとの決定がなされた。コモンウェルス・ミッションは、和平会議開催のための環境がどの程度整っているのかについて、ヴェトナム問題に関係する諸政府と接触しながら確認することを主要な目的の一つとしていた。[50] またミッションの議長には、コモンウェルス首相会議の議長を務めたウィルソンが任命された。[51]

二四日には、コモンウェルス・ミッションに参加する四カ国の首脳が声明を発表した。声明では、コモンウェルス諸国は、決して戦争のいずれの当事者にも与しないこと、そして、ヴェトナムの人々が平和に生活できる状況の早急な実現を目的とすることが改めて表明された。そのうえで、「コモンウェルスの内部ではヴェトナム問題に関する意見の相違が存在するものの、平和的な解決を見出す必要があることについては完全に一致している」とし、ミッションの任務についても、コモンウェルスの個々の構成国の見解ではなく、コモンウェルス全体のそれによって導かれることを強調したのであった。[52]

さらに、コモンウェルス・ミッションについての「ガイドライン」も明らかにされた。「ガイドライン」では、ヴェトナムにおける戦争がより大規模な戦争にエスカレートする危険が存在すること、戦争は軍事的手段のみでは解決しえないこと、そして、停戦とすべての関係者から成る会議の開催が最も理にかなった解決方法であることが確認され、次のようなミッションの目標を提示した。すなわち、アメリカの北ヴェトナムに対するあらゆる空爆の停止、北ヴェトナムによる南ヴェトナム領内への兵力や物資の移動の停止、平和的な解決を目指す会議の招集に向けた全陣営による停戦、といった目標である。さらにこの和平会議の目的は、ヴェトナムにおける戦争の終結、ヴェトナムからのすべての外国軍隊の撤退と同地域の中立化の確保、ヴェトナムにおける平和を守るための国際的な平和部隊の設立、そして、自由で国際的に監視された選挙に基づくヴェトナムの統一のための諸原則の確立であるとされた[53]。

二四日の閣議においてウィルソンは、コモンウェルス・ミッションに関する提案が、タンザニアとケニアを除くすべてのコモンウェルス諸国による支持を受けたと報告した。また、これら二カ国が不支持にまわったのは、中国の影響や近く開催されるアジア―アフリカ会議を意識したものではないか、との見方が示された[54]。

この時点でイギリス外務省は、コモンウェルス・ミッション構想に対する関係国の反応を以下のように具体的にまとめた。すなわち、①北ヴェトナムは、まだ回答していないものの、報道によるコメントは批判的であること、②南ヴェトナムは、ミッションを歓迎すると公式に回答していること、③中国は公式な回答は行っていないが、周恩来首相の六月二〇日の演説や報道のコメントは失望させられるものであること、④ソ連は、ミッションとの話し合いを拒否することを公式に回答していること、⑤アメリカからは公式な回答はまだないが、ジョンソンはミッション結成の決定を歓迎していること、といったことが各国の反応であった[55]。こうした関係国の反応が示しているように、北ヴェトナム、中国、ソ連といった共産主義側が反対しているために、コモンウェルス・ミッション構想は、当初から実現が非常に困難なことが予想された。

七月一日の閣議においてウィルソンは、共産主義側がコモンウェルス・ミッションを一体としては受け入れないものの、ガーナとナイジェリアとは交渉する姿勢をみせていることを明らかにした。そして首相は、こうした共産主義側の姿勢は容認できないものであり、北ヴェトナム政府に対しても、ミッションを一体のものとして受け入れるように圧力をかけ続ける必要があると主張した[56]。

デイヴィス・ミッションの派遣と失敗

北ヴェトナム政府になんとしてもコモンウェルス・ミッションの受け入れを認めさせたいウィルソン政権が打ち

出した外交カードが、デイヴィス・ミッションの派遣であった。年金国民保険省政務次官ハロルド・デイヴィスは、過去数回ハノイを訪問し、北ヴェトナムの指導者たちとも会見した経験のある人物であった。そして、一九六五年一月、ロンドン在住の二人の北ヴェトナム人ジャーナリストが、北ヴェトナム側はホー・チ・ミンを含む政府首脳に会えるようにする用意があるなどとデイヴィスに示唆してきたことが、このミッションを派遣するきっかけとなった。コモンウェルス・ミッションの実現が困難な状況のなかで、ウィルソンは、できるだけ早い機会にホー・チ・ミンらにイギリス側の要望を伝えることが必要と考え、また、プライヴェートな使者を派遣することに対して消極的な立場の外務省も、デイヴィスについては例外的なものとして認めた。(57)

デイヴィス・ミッションの目的は、デイヴィスが北ヴェトナム政府関係者と個人的に接触し、コモンウェルス・ミッションを受け入れるように説得することであった。その際デイヴィスには、北ヴェトナムが同国を承認する一部のコモンウェルス諸国だけではなく、ミッションを一体のものとして受け入れるように要請することが求められた。(58)ウィルソン政権は、イギリスが主導するコモンウェルス・ミッションの実現を目指していたために、北ヴェトナム政府が一部の国だけと交渉して、同ミッションを切り崩してしまうことをおそれたのであった。

七月八日の閣議でスチュアート外相は、北ヴェトナム政府との非公式な接触によってコモンウェルス・ミッションへの対応を確認する機会を得たため、デイヴィスをハノイへ派遣したことを報告した。(59)ウィルソンは、デイヴィス・ミッションが北ヴェトナム側からのイニシアティヴによるものであるため、コモンウェルス・ミッションが実現する「ドアがまだ少し開いている」と期待した。(60)

七月八日にハノイに到着したデイヴィスは、一三日まで滞在して北ヴェトナム側と交渉を行った。交渉にあたりデイヴィスは、今回の訪問の目的が、コモンウェルス・ミッションの目標に関して北ヴェトナム政府が抱いている疑念を払拭することにあると伝えた。しかし北ヴェトナム側は、コモンウェルス・ミッション構想に対して強硬な姿勢で臨んできた。まず彼らは、調停者としてのコモンウェルスの中立性に疑問を呈した。すなわち、ガーナについては信頼するものの、南ヴェトナムに軍隊を送り、あるいは送ろうとしているオーストラリアやニュージーランドもコモンウェルスの構成国であることを問題視したのであった。また北ヴェトナム側は、コモンウェルス・ミッションに関する声明についても、「アメリカの侵略に関してまったく言及せず、そして、ジュネーヴ協定を尊重することについて一言も触れていない」ことに不信感を表した。そのためデイヴィスは、一九五四年のジュネーヴ協定締結時と比較した場合、解放戦線が当時は存在していなかったように今日は状況が異なっていること、また、アメリカに対しても北爆の停止を求めていくつもりであることなどを必死に訴えて、コモンウェルス・ミッションへの理解を求めた。

しかし、「平和使節についての深刻な疑念」を解消できない北ヴェトナム政府は、さらにコモンウェルス・ミッション構想そのものがあいまいな内容を含む点についても批判を加えた。たとえば、「ガイドライン」で述べられた、ヴェトナムからのすべての外国軍隊の撤退という場合の「外国」とは何を意味するのか、あるいは国際的な平和部隊とはそもそも何なのか、などといった点を不明確であるとして取り上げたのである。また北ヴェトナム側からすれば、ウィルソンは、明らかにアメリカ政府を支持しているがゆえに、ヴェトナム和平を真摯に望みえないはずであった。

結局デイヴィスは、ホー・チ・ミンやファム・ヴァン・ドン首相といった北ヴェトナム政府首脳と会見できず、コモンウェルス・ミッションの受け入れを認めさせることもできなかった。北ヴェトナム政府は、デイヴィスを「ウィルソンの使者」としてではなく、一人の「友人」として迎え入れたにすぎなかった。デイヴィスは、成果のないまま帰国することを余儀なくされた(61)。

デイヴィス・ミッションの交渉結果については、一五日の閣議でウィルソンが報告を行った。首相は、交渉によってもコモンウェルス・ミッションを受け入れさせることができなかったことを認めたが、他方で、同ミッションの目標とヴェトナムにおける戦争に対する西側の態度を北ヴェトナム政府に伝えたという点ではデイヴィスは成功したのであり、彼のハノイ訪問は、十分に意味があったとの評価を下した(62)。デイヴィス・ミッションに対するウィルソンの評価は明らかに過大であったが、このような形でしかミッションの派遣は正当化できなかったと言えよう。

七月一二日付の「ヴェトナムと交渉」と題する覚書において、外務省のケーブルは、デイヴィスのハノイ訪問が、これまでのイギリスと他の国々による和平イニシアティヴと同様に、「ヴェトナムに関する交渉へ向けてなんら重要な進展ももたらさなかった」との見方を示した。そして彼は、こうした状況においては、イギリスのさらなる和平努力によって共産主義側の考えを変え、また、受け入れ可能な交渉のための諸条件を提示することは困難であろうと結論づけた(63)。ヴェトナム政策の策定に関わってきたケーブルとしても、イギリスのイニシアティヴによる停戦の実現は、この時点では厳しいとの認識をもたざるをえなかったのである。

ウィルソン政権による和平外交が行き詰まりをみせている状況下で、アメリカ政府は、軍事的解決を推し進めていく姿勢を明確にした。二六日、ジョンソンは、ウィルソンに宛てた書簡において、アメリカ軍の増強を行う旨を伝えた。その中で大統領は、ここ数カ月の間、イギリスを含む多くの政府によって繰り返し和平に向けた努力がなされてきたものの、北ヴェトナム政府と北京政府が断固として反対したためにヴェトナム問題を交渉のテーブルにのせることができなかったとし、交渉による解決に悲観的な考えを示した。さらに彼は、このような状況を再検討した結果、南ヴェトナムにおけるアメリカ軍の増強が必要と言わざるをえないと記したのであった(64)。

そしてジョンソン政権は、イギリスをはじめとした各国の和平努力が功を奏さないなかで、南ヴェトナムの軍事情勢が悪化していたことを理由に軍事力のいっそうの増強を決断した。二八日にアメリカ政府は、南ヴェトナム駐留のアメリカ地上軍の総兵力を一七万五〇〇〇人に増強することを発表するに至ったが、ここにヴェトナム戦争は

「名実ともにアメリカの戦争」となった[65]。

ウィルソンも、「北ヴェトナム政府が一貫して交渉を拒否するという事態に直面しているなかでは、ハノイに対して軍事的勝利という夢の無益さを知らしめるためにも、南ヴェトナムにおけるアメリカ軍の増強策しか選択肢はない」との考えから、ジョンソン政権の政策に理解を示していた[66]。しかしイギリス政府は、アメリカ政府の軍事力増強を一応支持したものの、「いかに小規模であろうと、ヴェトナムにおける戦争へのイギリスの軍事貢献は事実上ありえない[67]」といったこれまでの立場を堅持した。

たしかにイギリス政府は、一九六五年のコモンウェルス・ミッション構想の挫折によって、独自の構想に基づく和平外交は断念するに至った。しかしウィルソンは、交渉によってヴェトナム問題を解決すること自体を断念したわけでは決してなかった。彼は、八月二日付でジョンソンに宛てたメッセージの中で、イギリス政府はアメリカの政策を支持するものの、これまでのジュネーヴ会議の共同議長国としての役割、そして、コモンウェルス・イニシアティヴという手段で新たに試みた役割を果たす機会を無に帰すつもりがないことを明言し、引き続き和平努力を行っていく旨を伝えたのである[68]。

3　ヴェトナム和平外交の挫折——一九六六〜六七年

対米不信の高まり

ジョンソンは、一九六六年七月に開催された英米首脳会談の際に、「象徴的な軍隊」、たとえば「バグパイプ兵の一個小隊」の派兵でも十分であると述べて、なんらかのイギリスの軍事的な関与を改めて要請した。アメリカにとって必要なことは、ヴェトナムの地にイギリス国旗がひるがえることであり、主要な同盟国とともに戦っていることを対外的に示すことであった。ジョンソンは、イギリスの実質的な軍事貢献を求めたわけでは決してなかった。それでもウィルソンは、この大統領の要請を「丁重に、しかし決然と」断ったのである。(69)

ジョンソン政権からの派兵要請を拒否する一方で、一九六六年以降にイギリス政府は、ジュネーヴ会議の共同議長国であるソ連とともに、アメリカと北ヴェトナムとの和平交渉を実現させるための仲介の役割を担うことを目指した。北ヴェトナム政府との直接的な接触に失敗したウィルソン政権は、ソ連政府を通して間接的に交渉する方がより成果をあげることができる、と判断したのであった。(70)

ウィルソンは、二月二一日からモスクワを訪問し、ソ連政府関係者とヴェトナム問題について話し合った。ウィルソンはその席で、「ソ連政府とイギリス政府は、戦争の起源と戦争が継続している理由に関していずれもかなり異なった見解をもっています」と述べ、両国の立場の違いを認めた。そのうえで彼は、こうした立場の違いがあるがゆえに、両国はジュネーヴ会議の共同議長国として幅広い見解を反映させることができるとの考えを示し、ソ連政府に対して和平交渉に積極的に関わるよう求めたのであった。しかしアレクセイ・コスイギン首相は、「ソ連は、ヴェトナム問題の政治的解決には決して反対しませんが、何よりもまずヴェトナム自身の同意が必要です」などとして、消極的な姿勢に終始した。(71)

さらに、七月一六日からウィルソンらは再びモスクワを訪問し、共同議長国としてヴェトナム和平に取り組むように呼びかけた。これに対しコスイギンは、「アメリカには、ヴェトナムに軍隊を派兵し、侵略を行う権利はまったくありません」と述べるとともに、イギリス政府はアメリカの行動を正当化しようと企てていると指摘した。ソ連政府は、イギリスがアメリカのヴェトナム政策を非難しないでいることなどを問題視し、和平交渉を受け入れなかったのである。(72)

ウィルソンがソ連を通した停戦のための交渉を粘り強く模索しているなかで、イギリス政府には知らされないままに、一九六六年六月以降、「マリゴールド」と銘打つ和平工作が静かに進行していた。[73]「マリゴールド」工作は、国際監視委員会（ICC）のポーランド代表ヤヌシュ・ルワンドフスキやポーランド外相アダム・ラパツキらが中心となって、一二月にワルシャワでアメリカ代表と北ヴェトナム代表を会談させることを目指した和平工作であった。[74]

ジョンソンは、「マリゴールド」工作を進めつつ、九月二二日にはアーサー・ゴールドバーグ国連大使が、国連総会で和平工作に関わる演説を行うことを承認した。ゴールドバークは演説の中で、「北ヴェトナム側が、アメリカの措置に見合う形で適切な戦線縮小を早急に実施することを、非公式であれその他の形であれ保証したら、アメリカはその瞬間にも、北ヴェトナムに対するすべての爆撃を停止する」と述べた。[75]

ゴールドバーグ演説は、「段階A―段階B方式」（Phase A-Phase B Formula）と言われるヴェトナム和平工作の進め方を初めて公的に表明したものであり、ウィルソンとジョージ・ブラウン英外相もこの方式を重視した。[76]「段階A―段階B方式」とは、ハノイが事前に秘密裏に「南ヴェトナムへの浸透の停止」を約束すれば、公式にはアメリカが先に「北爆停止」を発表（段階A）し、それを受けた形でハノイが公式に「南ヴェトナムへの浸透の停止」を発表（段階B）して、そこから和平交渉に入るというものであった。[77]

ブラウンは、一一月初頭に訪米したが、その際にアメリカ政府から同月末に予定されていた彼のモスクワ訪問において、ソ連政府に対し「段階A―段階B方式」を提案することを認められた。[78]これを受けて、一一月二五日、ブラウンはモスクワにおいてコスイギンやグロムイコと会談した。しかしコスイギンは、「イギリスは、アメリカが侵略国であるとは決して言わない」ことに不満を表明した。またブラウンが、「段階A―段階B方式」に関する提案を行ったものの、ソ連側は提案には「なんら目新しいものはない」との見解を示すにとどまった。[79]

結局、「マリゴールド」工作は、一二月にアメリカが北爆を敢行したことによって失敗に終わった。しかしウィルソン政権が、「マリゴールド」工作の存在自体をアメリカ側から知らされたのは、ようやく翌年一月になってからであった。ラスク国務長官は、ブラウンに宛てたメッセージで、「アメリカ政府は、ハノイとの間の直接会談の可能性に関して、ポーランド側と協議を行ってきた」と述べたうえで、「段階A－段階B方式」の提案を含む「マリゴールド」工作の交渉全体の内容を明らかにした。そして彼は、この時点まで同工作についてイギリス政府に伝えなかったのは、「協議を通して、ポーランドが、完全に秘密にすることが絶対に必要であると強調してきた」ためであると弁明した。(80)

このようにイギリス政府が重視してきた「段階A－段階B方式」の提案は、より広い枠組みの「マリゴールド」工作の一部分にすぎなかったのである。(81) ウィルソン政権は、イギリスが同工作を知らされないままでいたことに気づいたソ連政府が、アメリカの信頼を得た仲介者ということに疑いをもち始めてしまうのをおそれた。(82) ジョンソン政権がイギリスを「マリゴールド」工作の枠外に置いていたことについて、ウィルソン政権は強い不信感を抱かざるをえなかった。(83)

和平外交の挫折

一九六七年一月一〇日、駐英アメリカ大使デイヴィッド・ブルースと会談したウィルソンは、前年一一月にブラウンがモスクワを訪問するにあたって、アメリカが完全な情報を提供しなかったことに対し、大変困惑していると述べた。また、その結果として、ブラウンによる会談自体が、ソ連と交渉を続けていくにあたって逆効果をもたらしかねないとの懸念も表明した。そして、最後に首相は、困難な時期にあるジョンソンに協力するためには、イギリス政府がアメリカ政府のパートナーとして扱われなければならないということを強調したのであった。(84)

他方、アメリカ政府のヴェトナム政策を説明するために、国務省のチェスター・クーパーがロンドンを訪問した。

一月一八日の会談でウィルソンは、予定されているコスイギンの訪英前に、イギリス政府に状況が完全に知らされることがきわめて重要であるとの認識をもって、クーパーとの話し合いに臨んだ。これに対しクーパーは、「マリゴールド」工作をイギリス政府に伝えなかったのは、交渉の当初から「秘密を保持するために最も厳しい予防措置がとられていた」ためであるとして、理解を求めた。(85)

ウィルソンは対米不信を抱きながらも、来る二月のコスイギンとの会談で、なんとか交渉を進めようとした。しかし、新たな和平工作である「サンフラワー」が進行するなかで、英米関係にはさらなる「深刻な緊張」が生じることになった。この工作には、モスクワの北ヴェトナム大使館への直接接触、ジョンソンからホー・チ・ミンへの親書、そしてイギリスに関しては、コスイギンを仲介役としたウィルソンの和平努力という三つの別々の接触が含まれていた。二月六日、コスイギンはロンドンを訪問したが、それはヴェトナムのテト（旧正月）の祝日と関連したアメリカの短期間の北爆停止が、ちょうど始まったばかりの時であった。(86)

ウィルソンは、六日にさっそくコスイギンと会談し、その席で、アメリカ政府は事態を前進させることを求めているものの、北ヴェトナム側からの友好的な意思表示なしには行えないとの見解を示した。そして、コスイギンがハノイに対して和平に向けた働きかけを行うことができるならば、ウィルソンもまたアメリカ政府に、北ヴェトナムのアプローチに対応するよう求めていく用意があることを伝えたのである。(87)

ウィルソンは、アメリカ政府と連絡を取りつつ、その後の会談でも、ロンドン滞在中のコスイギンに対してイギリスと和平交渉を進めていくよう説き続けた。しかしコスイギンは、ジュネーヴ会議を再招集するように求めるイギリス側の申し出を拒否するなど消極的な対応に終始した。ところが、一〇日午前の会談で、コスイギンは、急に「段階A―段階B方式」の提案に強い関心を示し、ウィルソンに対してそれを文書で示すように求めたのであった。(88)

そのため、ロンドンに滞在していたアメリカ国務省のクーパーが、イギリス外務省の官僚らとともに「段階A―

段階B方式」による草案を作成し、その内容についてアメリカ政府の指示を仰いだ[89]。クーパーが、ワシントンに送付した草案は、それまで議論されてきた「段階A－段階B方式」の提案に沿ったものであった。同草案ではまず、「アメリカは、南ヴェトナムに対する北ヴェトナムからの浸透が停止される（will stop）ことが保証されたらすぐに、北ヴェトナムへの爆撃を停止」（段階A）し、「爆撃停止から二、三日以内に、アメリカは南ヴェトナム内の自国の軍事力のさらなる増強を停止し、また北ヴェトナムは、南への軍事力の浸透と移動を停止する」（段階B）とした。そして、浸透の停止は検証することがかなり困難であるが、この点に関して、「アメリカは、北ヴェトナムからの公的な声明は求めない」としたのであった[90]。

ところがジョンソンは、すでに八日の時点で、ホー・チ・ミンに対して、この提案とは重大な相違点を含む新たな提案を行っていたのである[91]。ジョンソンによる新たな提案では、「アメリカは、南ヴェトナムに対する北ヴェトナムからの浸透が停止された（has stopped）ことが保証されたらすぐに、北ヴェトナムへの爆撃を停止」し、「二、三日以内に、アメリカは、南ヴェトナム内の自国の軍事力のさらなる増強を停止する」、としていたのであった。くわえて、北ヴェトナム側に浸透の停止を公にすることを、同案では求めていた[92]。

アメリカ政府の新たな提案は、ハノイが南ヴェトナムへの浸透を実際に（actually）停止したことが保証された後に（after）、アメリカは爆撃と自国の軍事力の増強を停止するとしていた点で、従来の（段階A）と（段階B）の順序がいわば逆になっていた[93]。またジョンソン政権が、南ヴェトナムへの浸透の停止を公に表明するように要求している点でも、同提案は強硬な立場に基づいたものに変わっていたのである[94]。

ウィルソン政権が、新たな提案の存在を知ったのは、コスイギンに対してすでに草案を手渡した後の一〇日の夜になってからであった[95]。ジョンソン政権が、再び単独で北ヴェトナム政府と接触したことに、イギリス政府は大きなショックを受けた。一一日、ウィルソンはクーパーらと会談した。クーパーは、アメリカ政府が新たな提案を行ったのは、北ヴェトナムがテトの停戦期間中に軍備増強をするといったような重大な問題を生じさせたためであると釈明した。もちろんイギリス側としては納得できる説明ではなかったが、ウィルソンは、英米双方ともに「もう一つのスエズ」、すなわち、かつてのスエズ戦争のような対立は望んでいないと冷静に述べた。しかし、彼は依然として、八日のアメリカの新たな提案よりも、一〇日のコスイギンへの提案を支持する立場にあることを伝えた。(96)

さらに、コスイギンが一〇日午前の会談において、以前からイギリス政府が示してきたはずの「段階A－段階B方式」の提案に急に関心を示したのは、北ヴェトナム政府がコスイギンに八日のジョンソンによる新たな提案を伝えていたからではないか、とウィルソンは推察するに至った。なぜなら、コスイギンや北ヴェトナム政府にとって、イギリス政府による提案の方が受け入れやすかったと考えられるからである。(97) ウィルソンは、イギリスが米ソ両国に対して影響力を行使できているのか自問せざるをえなかった。

アメリカ政府は、一二日になってさらなる停戦案を提示してきた。その停戦案は、「南ヴェトナムへの軍隊と補給物資のすべての移動が停止される」ことが、一三日の午前一〇時（ロンドン時間）にハノイから保証された場合は、爆撃停止が許可される、というものであった。(98) クーパーとウィルソンは、この期限は不可能なものであるとして、時間を延長するようアメリカ政府に働きかけ、なんとか午後四時とすることを認めさせた。そしてウィルソンは、この停戦案を北ヴェトナム政府に伝えるよう離英直前のコスイギンに説得した。コスイギンもこれに応え、ハノイに停戦案を伝えたものの、あまりにも期限が短すぎた。ハノイからの反応がないままに、アメリカは、一三日の午後四時が過ぎると爆撃を再開した。(99)「サンフラワー」工作は失敗し、イギリス政府によるヴェトナム和平外交も事実上ここで挫折することを余儀なくされたのであった。

ヴェトナム戦争をめぐる英米対立の要因

ヴェトナム戦争においてイギリス政府は、和平外交という非軍事的手段によって戦争の終結を目指したが、こうした政策は、第一次インドシナ戦争以来一貫したものであった。たとえば、インドシナ戦争末期の一九五四年、フランス軍がヴェトミン軍に苦戦を強いられている状況下で、アメリカのアイゼンハワー政権が米英仏三カ国による共同軍事介入を求めたのに対して、チャーチル政権はこれを拒否した。代わりにイギリスは、ソ連とともにジュネーヴ会議の共同議長国として、交渉による停戦実現のために主導的な役割を果たしたのであった。(100)

ではなぜ英米両国間には、ヴェトナム戦争をめぐって対立が生じたのだろうか。その要因はまず、アメリカが東南アジア地域における西側陣営全体の反共化を目指したのに対して、イギリスの目的は、主として直接的な権益をもつマレーシアとシンガポールを防衛するという限定的なものであったという違いに求められよう。(101) 一九六五年六月九日付のイギリス外務省の覚書で示されたように、イギリスの主要な関心は、ヴェトナム戦争を自らが巻き込まれるような世界的あるいは地域的戦争にエスカレートさせないことにあった。(102) しかしその一方で、一九六三年にインドネシアのスカルノ政権がマレーシアに対して「対決」政策を開始すると、イギリスは自らの軍事力を用いてマレーシアの防衛に乗り出していった。(103)

第二の要因は、ヴェトナム情勢をめぐる英米間の脅威認識とそれに基づく外交政策の違いにある。アメリカは、いわゆる「ドミノ理論」にみられるように、過度の反共イデオロギーに依拠した外交政策によって、大規模な軍事介入への道を選択した。たしかにイギリスも、アメリカがヴェトナムで敗北などした場合、非共産主義国である自らの国益が損なわれかねなかった。アメリカがいかに戦争を戦うのかということは、主要な同盟国であるイギリスにとっても重大な問題であった。(104)

しかしイギリスは、東南アジアにおいては自らの権益を守ることを第一義的な目標としていたために、アメリカよりも現実的な政策判断を下すことが可能な立場にあった。実際にウィルソン政権は、先に述べたように、一九六五年三月頃にはすでにアメリカが苦戦を強いられていることを把握していた。また、アメリカがヴェトナム戦争への介入の根拠としていた中国脅威論に関しても、「今までのところ、中国は自らの領土が先制攻撃されない限り、戦う意思はない」(105)との見方に立ち、懐疑的であった。ウィルソン政権の和平外交は、戦況を冷静に見極めたうえで、安易な中国脅威論を排しつつ、交渉による解決を提示することで、アメリカがヴェトナム戦争で敗北することを避けようとする現実的なもの(106)であった。それゆえに、アメリカが冷戦のレトリックを駆使して軍事介入を求めても、経験主義的な伝統を背景に現実主義的な和平外交を展開しようとするイギリスは受け入れなかったのである。

ウィルソン政権は、ジョンソン政権とヴェトナム戦争への対応をめぐって対立しながらも、停戦のための交渉を受け入れるように説き続けた。そこには、「同盟国であると同時に緊密な友人として扱われてきた」イギリスは、「アメリカの政策に影響を与えることができる独自の力を依然として保持(107)」しており、この関係を基に、ジュネーヴ会議の共同議長国の地位にあることなど、アメリカにとって役立ちうる手段(108)を用いてジョンソン政権に影響力を行使することが可能である、とのウィルソン政権の認識があった。

しかし、ウィルソン政権による和平外交には限界があった。その限界とは、イギリスが、アメリカのヴェトナム政策を基本的には支持しながら、和平外交を進めなければならなかったことである。アメリカが、ヴェトナム戦争に冷戦の論理をもちこんで戦っている以上、自由主義陣営におけるその主要な同盟国であるイギリスは、対外的にはアメリカの政策への支持を表明せざるをえなかった(109)。しかしそのために、イギリスの和平外交は、共産主義陣営からはアメリカのヴェトナム政策と同一視されることになり、停戦実現のためのイニシアティヴを発揮することができなかったのであった。たとえば、ウィルソン政権が一九六五年に打ち出したコモンウェルス・ミッション構想は、アジア―アフリカ諸国の声を反映させるという建前をとっていたものの、実際にはアメリカのヴェトナム政策を基本的には支持するイギリス主導の構想であった。それゆえに、北ヴェトナムなどの共産主義諸国は、コモンウェルス・ミッションの受け入れを拒否したのである。ここに、水本義彦が詳細な実証研究によって明らかにしたように[110]、イギリス主導の和平の実現と英米間の「特別な関係」の維持との相剋を見出すことができるのである。

こうしてヴェトナム和平外交が挫折するなかで、ウィルソン政権は、次章で考察するように、イギリスの世界的な役割を再考し、また、統合ヨーロッパへ再び接近していくことなどによって戦後外交の再編を模索することになるのである。

第5章　世界的な役割の縮小と統合ヨーロッパへの再接近

ウィルソン政権は、前章で分析したように、「世界大国」としてのノスタルジアを抱きながらヴェトナム和平外交に積極的に取り組んだものの、アメリカに影響力を行使することには限界があることを認識させられた。そのことは、ウィルソン首相がイギリスはすでに「世界大国」ではないという現実を受け入れる大きな契機になった。また、就任当初ウィルソンは、コモンウェルスとの関係を重視し、世界大での軍事的関与や国際通貨としてのポンドの地位を堅持するなどの立場を示していたが、自国の経済力の裏付けのないままでは世界的な役割を維持することは実際には困難であった。本章では、ウィルソン政権が、ヴェトナム和平外交が挫折していくなかで、もはや「世界大国」ではないという現実に基づいて戦後外交の再編を行っていったことについて考察する。

そして、「ヨーロッパか、世界か」(1)という選択を迫られたウィルソン政権による外交の再編を、主に世界的な役割の縮小と第二次EEC加盟申請(2)という二つの点から捉える。まず、世界的な役割の縮小に関しては、西ドイツでのイギリス軍の駐留は継続させたものの、一九六七年にポンドの切り下げに踏み切るとともに、六八年に「スエズ以東」からの軍事的撤退を表明したこと、次に、六七年のEEC加盟申請については、マクミラン政権と同様に、統合ヨーロッパを外交の基盤としてアメリカとの「特別な関係」を再強化するという外交の再編構想に基づいていたこと、を明らかにする。しかし、イギリスのEEC加盟申請は、再びフランスのド・ゴール大統領が拒否したことによって失敗した。このように統合ヨーロッパを外交の基盤とする再編構想が挫折したことによって、ウィルソン政権は、ヴェトナム戦争で悪化したアメリカとの「特別な関係」を再強化することはできなかったのである。以上のような分析を踏まえ、本章では最後に、ウィルソン政権による戦後外交の再編の試みに関してまとめることにする。

1　世界的な役割の再考

BAORの維持、ポンド切り下げ、「スエズ以東」からの軍事的撤退

「我々は、ヨーロッパの隣人たちとの緊密な結びつきを築き上げようとしているが、労働党は、イギリス政府の第一の責任は今なおコモンウェルスに対してあるということを確信している」(3)。ウィルソン率いる労働党は、一九六四年一〇月の総選挙のマニフェストの中で、このようにコモンウェルスとの関係の重要性を強調した。

そしてウィルソンは、首相就任から二カ月ほど経った一二月一六日、下院において、「我々は自らの世界的な役割を放棄することはできません」と表明した(4)。労働党政権は当初、コモンウェルスとの関係を重視するとともに、「スエズ以東」やヨーロッパ大陸への軍事的関与を継続し、また、国際通貨としての価値の維持のためにポンドの切り下げを回避することなどで、イギリスの世界的な役割を堅持していく姿勢を明確に示していたのであった。

アメリカ政府も、一二月にワシントンで開催された英米首脳会談において、こうしたウィルソン政権の姿勢を支持した。ウィルソンは、首脳会談から帰国後の一二月一一日の閣議で、ジョンソン大統領らが「イギリスが果たしている世界規模での軍事的役割の重要性」を評価したと述べた(5)。この点について彼は、一六日に下院においても、「世界的な平和維持国（world peacekeeping power）としての我々独自の役割」をアメリカ政府が十分に認めていると強調した(6)。ヴェトナムへの関与を深めつつあったジョンソン政権にとって、イギリスが「スエズ以東」とヨーロッ

パにおける軍事プレゼンスを維持し続けることは、いっそう重要になっていたのであった[7]。

しかし、まもなくウィルソン政権は、ヨーロッパよりコモンウェルスとの関係を重視することが、イギリスがとるべき外交上の選択肢ではもはやないことを痛感させられることになった。たとえば、イギリスの対外貿易は、コモンウェルス諸国との間で減少していたにもかかわらず、ヨーロッパ諸国との間では着実に増加していたのである。こうした経済関係のなかでは、イギリス政府としても、コモンウェルスとの関係を冷静に再評価する必要があった[8]。このことは、本章第2節で検討するように、ウィルソン政権が第二次ＥＣ加盟申請に踏み切る重要な要因ともなった。

さらにウィルソン政権は、「世界的な平和維持国」としての役割を果たすことが困難となっている現実を直視せざるをえなくなった。この世界大での軍事プレゼンスの維持に影響を与えた主要な要因は、イギリスの経済力の低下であった[9]。イギリス政府は、自国の経済を圧迫する軍事費の削減に本格的に取り組む必要に迫られたのである[10]。

そのため、デニス・ヒーリー国防大臣はまず、開発中の自国製の兵器に代えてアメリカ製兵器を購入することを検討した[11]。しかし、このことだけで軍事費削減問題を解決することは不可能であった。一九六五年二月の『国防白書』は、前保守党政権から現政権がイギリス軍の深刻なオーバー・ストレッチ（過剰拡張）の問題を引き継いだことを指摘した。そのうえで、イギリスは今まで、戦略核戦力の保持、ＮＡＴＯ内の西ヨーロッパの防衛、他の海外における平和の維持といった役割を担おうとしてきたが、国防費を見直すために「これら三つの主要な役割の間のバランスを再調整しなければならない」と論じた[12]。

このようにウィルソン政権は、軍事費を削減するためイギリス軍のオーバー・ストレッチの問題に本格的に取り組まざるをえなかった。その際、問題の焦点になったのが、「スエズ以東」への軍事的関与[13]とともに、ライン駐留イギリス陸軍（the British Army of the Rhine：ＢＡＯＲ）に関する問題である。

イギリスは、西ドイツにBAORを配備していたが、自国の経済力が低下するなかで見直しを迫られることになったのであった。このBAORの駐留経費問題は、マクミランおよびダグラス＝ヒューム保守党政権の時代から英独間の懸案となっていた。そのため保守党政権は、コンラート・アデナウアー政権およびルートヴィヒ・エアハルト政権との間で、それぞれ一九六二年六月と六四年七月に、西ドイツがオフセット（offset）による負担を行う協定を締結していた。同協定は、西ドイツがBAORの駐留経費を主にイギリス製の兵器を購入することによって実質的に負担するというものであった。また米独間では、すでに一九六一年一〇月にオフセット協定が締結されていた。そしてウィルソン政権も、西ドイツ側との交渉を継続し、一九六五年七月にオフセット協定を締結した。しかし、この協定の合意内容は、イギリス軍の駐留経費を十分に賄えるものではなかった。そのためイギリス政府は、BAORの撤退の意向も示しながら、西ドイツ政府に対していっそうの負担を求めた(14)。

他方、ジョンソン政権は、BAORの撤退には反対の立場であった。なぜなら、フランスが一九六六年七月にNATOの軍事機構から脱退し、また、アメリカ議会でも欧州駐留米軍に対する削減圧力が高まっていたからである。このような状況のなかでアメリカ政府は、NATOの結束を図り、その枠内に西ドイツを位置づけておくためにも、BAORの維持を必要としたのであった。結局、BAOR問題は、一九六六年一〇月から開始された英独米間での交渉を経て、六七年三月のワシントンにおける三カ国会談で合意に至った。英独間では、西ドイツ側が、軍事調達と非軍事政府調達によるオフセットを実施、一方、イギリス側は、BAORを一九六八年中に一個旅団撤退させるのみにとどめ、ほぼ現状の規模で維持、ということに合意した。しかし、クルト・ゲオルク・キージンガー政権が受け入れた西ドイツのオフセットの負担額は、イギリス軍のすべての駐留経費を賄えるものではなかった。それでも、困難な交渉がまとまった背景には、英独両政府が合意できないなかで、ジョンソン政権が、BAORの駐留経費の一部を事実上肩代わりするために、イギリスから兵器を購入することなどに合意したということがあった。その後も英独間でＢＡＯＲの駐留経費に関する交渉は続けられることになったが、イギリス軍は、ヨーロッパにおける冷戦の最前線である西ドイツには踏みとどまることになった[15]。

くわえてウィルソン政権は、ポンド切り下げ問題への対応を迫られた。イギリス経済は、一九六六年七月に深刻な通貨危機に陥り、金準備や株価が大幅に下落する事態となっていたのであった[16]。この時、閣内では、ジェームズ・キャラハン蔵相をはじめとして、ポンドの切り下げを求める声が高まった。しかしウィルソンは、ポンドの切り下げを回避し、代わりに政府支出の削減や賃金の上昇の完全な凍結などといった経済の引き締め策を選択した[17]。

イギリスの経済危機をめぐる問題は、七月二九日からワシントンで開催されたジョンソンとの首脳会談においても話し合われた。その際、ウィルソンは、ポンドの切り下げは行わないことを明言した[18]。しかし、翌一九六七年に再びポンド危機に直面したウィルソン政権は、一一月一三日にポンドの切り下げを最終的に決断することを余儀なくされた。イギリス政府は、「パトリアーク作戦」と名付けた、かねてから準備されていたポンド切り下げの手順に従って、市場への影響が最も小さい一八日の土曜日に切り下げを発表することとし、諸外国や国際通貨基金（ＩＭＦ）への事前通告の準備や、切り下げと同時に実行するインフレ対策などの検討を始めた。一六日に開催した閣議においても、一ポンド二・四ドルへと一四・三％切り下げることが確認された。そしてキャラハンは、予定通り一八日にポンドの切り下げを正式に発表し、あわせて、公定歩合を史上最高の八％に引き上げるなどの一連の強力な引き締め政策を打ち出した[19]。イギリス政府が、経済的なデメリットを覚悟して守ろうとしてきたポンドの国際通貨としての役割は、事実上終わることになったのである。

ウィルソン政権によるポンド切り下げの決定は、イギリスが、もはやヨーロッパ域外での軍事プレゼンスを現状の規模で維持するための経済力をもち合わせていない現実も改めて明らかにした。発足直後には「スエズ以東」の軍事的関与を維持する姿勢をみせていたウィルソン政権も、世界的な役割を見直すなかで同地域からの撤退を行わざるをえなくなったのであった。

一九六七年七月の国防大臣による『防衛政策の追加表明』では、約三年間にわたってウィルソン政権によって行われてきた防衛政策に関する見直し作業が終了したとされた。そして、「イギリスの安全保障は、とりわけヨーロッパにおける戦争を阻止することにかかっている」としたうえで、「NATOに対するイギリスの貢献の規模を大きく変える計画はない」が、軍事費の削減については、「ヨーロッパ域外のイギリスの軍事プレゼンスの大幅な削減やその配備の一定の変更によって主に達成されるであろう」と論じたのであった。[20]

イギリス政府は、「スエズ以東」からの軍事的撤退を正式に決定する前に、アメリカをはじめとする関係国にその意思を伝えた。これに対し、ジョンソンは、一九六八年一月一一日付のウィルソンへのメッセージで、イギリスが極東とペルシャ湾から撤退することに「深い失望を隠しえません」と述べ、撤退を考え直すよう強く求めたのであった。[21] しかし、ジョンソンからのこうした要請を前にしても、軍事費の削減を迫られたイギリス政府は、「スエズ以東」からの撤退を進めるしかなかった。

軍事的撤退に関する問題は、一月一五日の閣議で最終的に審議された。閣議では、コモンウェルス相のジョージ・トムソンが、マレーシア、シンガポール、オーストラリア、ニュージーランドを訪問した際に、一九七一年三月三一日までにシンガポールとマレーシアからイギリス軍を撤退させる計画を伝えたことを報告した。トムソンによると、四カ国すべての政府がイギリス軍の撤退計画に強く反発しており、なかでもシンガポールのリー・クアンユー首相は、せめて撤退時期を一九七二年三月三一日まで延期すべきであると主張していたのであった。

くわえてウィルソンが、極東とペルシャ湾からの早期撤退を表明することはアメリカと自由世界全体の安全保障に深刻な問題を引き起こしかねない、とのジョンソンからのメッセージを紹介した。その後、閣議では様々な議論が行われたが、最終的にウィルソン政権は、シンガポール、マレーシア、ペルシャ湾といった「スエズ以東」から撤退すること、撤退時期は一九七二年三月三一日とすることはできないものの、七一年末まで遅らせることを決定したのであった[22]。そして、一九六八年一月一六日、下院においてウィルソンは、「スエズ以東」に駐留するイギリス軍を七一年の終わりまでに撤退させることを正式に発表した[23]。

ウィルソンは、下院での発表前日にジョンソンに宛てたメッセージの中で、「スエズ以東」からの軍事的撤退を決定したことなどを伝えた後、この決断が、彼自身、そしておそらくはすべての閣僚たちにとって、今までで「最も困難かつ重い」ものである、という言葉を添えたのであった[24]。イギリス政府が、ヴェトナムに軍隊を派兵することを拒否したばかりでなく、「スエズ以東」からも撤退する表明を行ったことは、英米関係に摩擦を生じさせた。しかし、アメリカも一九六〇年代末以降、ヴェトナムからの撤退をはじめとして世界大の軍事的関与について見直しを迫られていくことになるのである[25]。

以上のような「スエズ以東」からの軍事的撤退表明にみられる外交の変化は、イギリス政府の機構改革にもそのまま現れた。まず、一九六六年に植民地省の職務がコモンウェルス省に移管された。そして、一九六八年にはコモンウェルス省が外務省と統合されて、新たに外務ならびにコモンウェルス省（Foreign and Commonwealth Office）となったのである[26]。

大西洋同盟の秩序再編問題

野党時代に労働党の指導部は、保守党政権の第一次ＥＥＣ加盟申請に事実上反対する姿勢をとり、さらに、総選挙の結果も過半数をわずかに上回るだけの僅差の勝利であったために、新政権として思い切った外交上のイニシアティヴをとりにくい政治状況に置かれていた。そのため、ウィルソンが首相に就任した時点では、イギリスが第二次ＥＥＣ加盟申請[27]を行う可能性は低いと見られていた[28]。こうした見方を裏づけるように、ウィルソンは、一九六五年四月二九日の下院の演説で、「ごく近い将来において、イギリスが共同市場に加盟することを求めたり、あるいは求められたりするということはありません」[29]と述べていた。

労働党政権は当初、ヨーロッパよりもコモンウェルスとの関係を重視する立場であったが、既述のように、コモンウェルスがもはやイギリスに外交の基盤を提供する存在ではなくなりつつある現実を次第に受け入れざるをえなかった。このことは、ウィルソン政権がEEC加盟を目指していくことに繋がっていくのである。

それでもウィルソン政権は、すぐにはEEC加盟を求めなかった。まずは、EFTA（欧州自由貿易連合）とEECを結ぶ大規模な自由貿易地帯の創設を目指した。この自由貿易地帯構想は、ウィルソンによって一九六五年のEFTAの会合において提案された。イギリス政府は、EECに加盟するのではなく、EFTAとEECの橋渡し役を担おうとしたのであった。しかし、EFTA側だけに大きな利益をもたらす同構想は、EEC諸国の受け入れるところとはならなかった。このようにウィルソン政権は、当初はコモンウェルスとの関係の再強化を求め、次に自由貿易地帯創設を提案し、最後にEEC加盟を模索することになった。労働党政権は、まさにマクミラン保守党政権と同じようなヨーロッパ統合政策を繰り返したのであった[30]。

また、ウィルソン政権によるEEC加盟問題は、これもマクミラン政権時代と同様に、大西洋同盟の秩序再編問題と連関し、その主要な要因もフランスのド・ゴール大統領による独自外交であった。まず、EECの固有財源の確立、欧州議会のEEC予算に対するコントロールの増大に端を発したド・ゴールと他の加盟国政府との対立が、一九六五年七月のフランス代表によるEEC機関のボイコット、いわゆる空席危機を引き起こした。空席危機は、EEC設立以来の最大の危機であった。結局この危機は、一九六六年一月にルクセンブルクで開催された閣僚理事会で、加盟国の「重要な利益」に触れる問題に関しては、全会一致方式を絶対とするのではなく、追求することを理事会の目標とするという「ルクセンブルクの妥協」と呼ばれる決定がなされたことで一応の解決をみた。しかしド・ゴールは、さらに三月にＮＡＴＯの軍事機構から脱退することを公式に発表し、フランスは七月に正式に脱退するに至った[31]。

くわえてド・ゴールは、アメリカ政府がヴェトナムへの軍事介入を深めていくことに強く反発した。彼は、戦闘の拡大ではなく、インドシナ中立化構想を主張し、中国やソ連に接近することで独自にインドシナ問題の解決に乗り出した。ここで重要なことは、ヴェトナム戦争へのフランスの対応が、アメリカの覇権に対抗し、ヨーロッパにおける自国の主導権を確立しようとするド・ゴールの外交構想の基本的方向性と一致していたことであった[32]。

このようなヨーロッパの相対的自立を主張するド・ゴールの独自外交は、アメリカ政府のヨーロッパ統合政策と摩擦を生じさせた。たしかにジョンソン政権は、ド・ゴール政権に対してＮＡＴＯの軍事機構からの撤退表明後も比較的冷静な態度をとった。しかし、戦後アメリカ政府は、統合ヨーロッパを大西洋同盟の枠組み内に押さえ込むことを一貫して目指していた。それゆえド・ゴール外交は、アメリカ主導の大西洋同盟に対する政治的挑戦となりえるものであった[33]。

ウィルソン政権にとっても、ド・ゴールの独自外交がＥＥＣに危機を生じさせることで大西洋同盟の結束を揺るがすならば、これは憂慮すべき事態であった。イギリス政府は、フランスの一方的な行動が、大西洋同盟に危機を生じさせないようにすることが重要であるとの認識をもっていた[34]。ウィルソン政権は、共産主義の脅威に対処し、国際秩序を安定化させるためには、アメリカが主導する大西洋同盟の結束を図ることが前提であるとの立場であった。

さらにド・ゴール外交は、ドイツ問題とも関連しながら、大西洋同盟の秩序再編問題に影響を与えた。戦後アメリカ政府がヨーロッパ統合を支持してきた主要な理由には、第３章で述べたように、ソ連とともに西ドイツを封じ込めるという「二重の封じ込め」ということがあった。西ドイツに対する「封じ込め」とは、同国をヨーロッパ統合、そしてNATOという枠組みの中に組み込むということであった。ジョンソン政権は、ド・ゴール外交によってEECやNATOの結束が弱まり、この「二重の封じ込め」が機能不全に陥ることを警戒したのである。[35]

五月二一日、ジョンソンはウィルソンに対し、ド・ゴール外交が西ドイツに及ぼす影響を次のように語った。大統領によると、「フランスとドイツが統合されたヨーロッパの構築のために密接に協働している限りは、ドイツの政策や態度が安定する一定の保証」があった。しかし、「フランスがもはやこの共同の努力に関与しなくなった」ために、ドイツ人に疑念や不安感を抱かせるようになったことは、ヨーロッパおよび大西洋間の関係の崩壊を導きかねない事態である。このような懸念から、ジョンソンは、安定と平和を実現するためには、より広いヨーロッパの統一体の中にドイツを包含することが必要であるとし、その際、ウィルソンが「ヨーロッパにおいて偉大なリーダーシップの役割を果たすことができます」と伝えたのである。[36]

以上のようにジョンソン政権は、大西洋同盟の結束のためにイギリス政府が果たしうる役割に期待した。そしてウィルソン政権も、EECに加盟して統合ヨーロッパにおいてイギリスがリーダーシップを発揮することで、大西洋同盟の結束を図ることが必要と認識していたのであった。

2　再び統合ヨーロッパへ

第二次EEC加盟申請

一九六六年三月に行われた総選挙では、EEC加盟問題が主要な争点となった。保守党は、親ヨーロッパ的なエドワード・ヒースが党首であり、マニフェストの中でも、「ヨーロッパ共同市場への加盟のために精力的な努力を行う」ことを明確に打ち出した。[37] 一方、労働党はマニフェストにおいて、「イギリスは、EFTA加盟諸国との協議のうえで、ＥＥＣ加盟の準備を行うべきである」との立場をとりつつ、加盟は「イギリスとコモンウェルスの重要な利益が保護される」ことを前提とするとしたのであった。そのため、保守党を「いかなる条件も保護もなしに」イギリスを共同市場に加盟させることができるかのように主張している、として批判した(38)。すなわち労働党は、原則的にはＥＥＣ加盟を目指す姿勢を示しながらも、保守党との政策の違いを明確にするために、コモンウェルスと国内農業の利益、イギリス政府による国内の経済計画立案と独自の外交政策の行使がそれぞれ保証されることなどを加盟の前提条件としたのである(39)。

総選挙の結果、労働党は議席を大幅に増やした。そしてウィルソンは、選挙中のようにＥＥＣ加盟のための厳格な条件を前面に押し出すことなく、加盟を視野に入れた態勢づくりに乗り出した。まず首相は、ランカスター公領相ジョージ・トムソンを交渉の担当者として任命し、加盟問題に対処するための内閣委員会を立ち上げた。そして八月に、マイケル・スチュアートに代わりジョージ・ブラウンを外相に就任させたが、このことは、ウィルソン政権がＥＥＣ加盟に積極的である確かな証であると国内とＥＥＣ加盟諸国からは受けとめられた(40)。

他方、アメリカ政府も、大西洋同盟の安定への貢献という観点からイギリスのＥＥＣ加盟を支持した。加盟問題を分析した七月一九日付の国務省の覚書は、「長期的には、イギリスがヨーロッパ共同体に加盟すること」は、アメリカの利益でもあるとした。さらに、「短期的には、共同体に加盟しようとするイギリスの明確な意思は、ド・ゴール主義的なフランスに対処するうえで五カ国の立場を著しく強化し、さらに間接的には、フランスが何をしようとも、一四カ国がＮＡＴＯを結束させることにも役立つ」との見解を示したのである(41)。ジョンソン政権は、大西洋同盟の危機的状況を打開するために、イギリスがＥＥＣに加盟してアメリカの意向に沿った役割を果たすことを期待したのであり、このことは、ＮＡＴＯの結束強化にも繋がると見なしていた(42)。

一一月一〇日、下院においてウィルソンは、「政府は、有益な交渉、およびそのような交渉をなしえる基盤となる諸条件が存在するかどうかについて見極めるため、新たなハイレヴェルの接触が現時点で行われるべきとの結論に達しました」と述べた(43)。彼はこの段階では、国内のEEC加盟反対派にも配慮して、公式に加盟を目指すのではなく、単に外交上の調査活動を行うことについて触れるにとどまった。しかし、外交上の調査活動だったはずの翌年一月からのEEC加盟六カ国および欧州委員会への歴訪は、非公式の加盟交渉の意味合いをもつことになったのである(44)。

そしてジョンソンは、ウィルソンのEEC加盟へ向けた姿勢を改めて支持した。一一月一五日、大統領は、イギリスの「加盟は、必ずや西側を強化し統合することに寄与するでしょう」と述べたうえで、加盟実現に向けて協力する意思があることをウィルソンに伝えたのである(45)。

翌一九六七年一月一五日のローマ訪問を皮切りに、ウィルソンはブラウンとともに三月九日までの間、EECの加盟諸国および欧州委員会を歴訪した(46)。歴訪後の三月二一日に開催された閣議でウィルソンは、加盟各国の反応を以下のようにまとめた。まず、一月二四日と二五日のフランス政府との会談に関しては、「ド・ゴールは、共同体への加盟に対する以前の政権と現政権との違いを認めており、我々のアプローチの誠実さに納得しているようです」と評価した。しかし、イギリスの加盟は共同体内のフランスの支配的な地位を脅かしかねないので、「ド・ゴールは、基本的には現時点で我々が共同体への加盟を追求しないことをよしとするでしょう」との厳しい見方も示した。その一方で、ウィルソンは、フランス以外の五カ国はすべてイギリスのEEC加盟を望んでおり、特にベネルクス諸国は切望しているとした。しかし、フランスがイギリスの加盟に反対した場合、加盟を容認するようにフランスに要求することがEECの分裂に繋がることを五カ国は回避すると考えられ、なかでも西ドイツ政府は、親密な独仏関係を脅かすような行動はとらないとの見解を明らかにした(47)。

このように歴訪に対するウィルソン政権の評価は、決して楽観的なものではなかった。それでも、加盟の是非に最も大きな影響を与えると考えられていたド・ゴールがイギリスの加盟を完全には拒否しなかったことは、ウィルソンが、パリ訪問後も歴訪を続け、また、歴訪後には加盟へ向けて取り組んでいくことにも繋がった(48)。さらにウィルソンは、歴訪を続けるなかで、ＥＥＣへの加盟申請は無条件でなければ加盟国からの合意を得ることはできないということを認識するに至ったのであった(49)。

イギリス政府は、四月末に開催された一連の閣議において、ＥＥＣ加盟の是非をめぐって激しい議論を戦わせ、結局、五月二日の閣議において申請が正式に合意されることとなった(50)。同日、ウィルソンは下院において、「イギリス政府は本日、ローマ条約二三七条に基づき、ＥＥＣ、そして同時に、欧州石炭鉄鋼共同体ならびに欧州原子力共同体への加盟申請を決定しました」と表明した。また首相は、このＥＥＣ加盟申請の決定は、「今後何十年にもわたって、イギリス、ヨーロッパ、さらには事実上世界の未来をも決めてしまう歴史的な決断」となると述べたのであった(51)。

イギリスのＥＥＣ加盟を支持してきたジョンソン政権にとっても、ウィルソン政権による加盟申請の決定は歓迎すべきことであった。アメリカ政府は、ド・ゴールが主導するＥＥＣの現状を危惧していたからである。三日の国家安全保障会議（ＮＳＣ）において、ヘンリー・フォウラー米財務長官は、「フランスは、我々をヨーロッパから完全に追い出すか、あるいは少なくとも我々の影響力を弱めようとしています。フランスは、この目的を達成するために、共同市場を利用しようとさえしているようです」と発言していた(52)。

しかし、五月一〇日に正式の加盟申請を行ったイギリス政府の前に、再びド・ゴールが立ちはだかった。早くも一六日の記者会見において、ド・ゴールは、ポンドの弱さとその準備通貨としての役割がＥＥＣにもたらす影響などを指摘することで、「柔らかな形での拒否」を表明したのであった(53)。

英仏核協力構想の模索と加盟の失敗

ＥＥＣへの加盟が危うくなる事態を憂慮したウィルソンは、一九六七年六月に予定されているド・ゴールとの首脳会談の場で事態を打開することを目指した。その際、イギリス政府は、マクミラン政権でも模索された英仏核協力構想などを通してＥＥＣ加盟のための支持をフランスから得ることを検討したのであった(54)。

ウィルソン政権は、六月一五日に開催された閣議で、一九日から開催予定の英仏首脳会談に向けて核協力問題を中心に検討を行った。閣議では、英仏二国間のみの核協力に関する交渉が公になると、イギリスのＥＥＣ加盟に前向きなフランス以外の加盟五カ国からの支援が危うくなるといった懸念や、核分野での英米間の取り決めによってフランスとの核協力には制限が課されるなどといった指摘がなされた。そしてこれらの点を踏まえて、イギリスはまもなくポラリス潜水艦計画を完了させるものの、アメリカ製の次世代のポセイドン・ミサイルは獲得しないこと、また、ポラリス計画完了後は、イギリスの将来の核政策の方向性には選択の自由があることをド・ゴールに対して明らかにすべきであるといったことなどが確認された(55)。

くわえてイギリス政府内では、水爆開発でイギリスに遅れをとっているフランスに対する協力に関しても検討がなされていた(56)。ウィルソン政権は、ポセイドン・ミサイルを獲得しないという決定によってアメリカへの依存を低下させる姿勢を示すとともに、水爆開発を含む英仏核協力の可能性を提示することで、ド・ゴールからＥＥＣ加盟のための支持を引き出すことを検討したと考えられる。

ウィルソンは、このように英仏核協力構想などについて政府内で検討したうえで、第三次中東戦争直後の六月一九日から予定通りフランスを訪問し、ド・ゴールとの首脳会談に臨んだ。一九日午前から始まった会談では、中東問題に加え、ヴェトナム戦争、イギリス軍のシンガポールなどからの撤退問題、中国による初の水爆実験などについて話し合われた。ド・ゴールは、ウィルソンがイギリスの中東や極東における政策や決定をかなり明確に説明したことを評価した。しかし彼は、依然として英米関係のあり方を問題視した。これに対してウィルソンは、「イギリスはアメリカの衛星国ではないのです。アメリカも我々にそうあるように望んではいません」と反論したが、ド・ゴールを納得させるには至らなかった[57]。

同日午後の会談でウィルソンは、イギリスが核戦力の分野においてアメリカからの依存を低下させる道を歩み始めていることを強調した。彼は、「今やイギリス政府はナッソーでの立場から急速に後退しつつあります」と述べて、マクミラン保守党政権の下で締結されたナッソー協定（第3章参照）を見直すとの考えを示した。さらに彼は、「イギリスは、アメリカ製の次世代ミサイル、すなわちポセイドンを獲得するつもりがないことをジョンソン大統領に伝えました」と述べた。さらにウィルソンは、たとえば軍用機生産の分野でのフランスとのパートナーシップの重要性を訴えつつ、ヨーロッパが米ソ両国と同等に競い合えるための技術および産業力を構築する必要性を説いたのであった。

これに対しド・ゴールは、イギリス政府がポセイドン・ミサイルを購入しないと決定したことなどにかなり関心を示した。さらに、イギリスがアメリカへの依存から脱却し、核戦力分野で行動の自由を回復したことを歓迎すべき重要な出来事と評価すると述べた。しかし、それでもド・ゴールは、イギリスのアメリカに対する政策を疑問視した。そのためウィルソンは、「すべての外交政策に関する問題について、我々は自ら決定することができる」のであり、「良きヨーロッパ人であるためには、必ずしも反米的である必要はありません」と反論したが、ド・ゴールのイギリスに対する不信感を払拭することはできなかった[58]。

ウィルソン政権にとって英仏核協力構想は、イギリスのアメリカへの依存を嫌悪するド・ゴールから信頼を獲得し、停滞していたＥＥＣ加盟交渉を進展させる構想でもあった[59]。たしかに、首脳会談でウィルソンが、アメリカ製のポセイドン・ミサイルを購入しないと明言したことは、アメリカから「自立」していく姿勢を示すものとしてド・ゴールから一定の評価を得ることができた。しかしウィルソンは、水爆開発への支援や核ミサイル開発に関する積極的な英仏協力を提案するには至らなかった。その理由は、結局はアメリカとの核協力関係の重要性などに配慮せざるをえなかったためである。[60] ここに、マクミラン政権以降、アメリカとの核分野での「特別な防衛協力関係」に深く依存するイギリスの限界があった。なおウィルソン政権は、EEC加盟問題と関連づけながら英仏核協力構想を検討することは引き続き行っていったが、[61] この「特別な防衛協力関係」は、フランスがイギリスの加盟の真意に疑念を抱く要因として残り続けた。

ド・ゴールを直接説得するという方策に成功の見込みが薄いことを知ったウィルソンは、六月の英仏首脳会談以降、他のEEC加盟国のフランスへの圧力によって加盟を目指す戦術へ転換することになった。[62] 他方、アメリカ政府は、イギリスの加盟を実現させるためのEEC加盟諸国への直接的な働きかけはしていなかったが、在英アメリカ大使館は、加盟交渉における「イギリスの戦略と戦術は、的確かつ効果的なもの」と評価していた。そして、「ド・ゴールは、少なくとも近い将来において、イギリスの加盟に対し変わることなく反対し続ける」が、「断固とした拒否権の行使は、躊躇するか、あるいはできないであろう」と幾分楽観的に分析した。[63]

しかし、七月にEEC加盟国政府とともに欧州共同体（EC）を発足させたド・ゴールは、イギリスをいまだ真のヨーロッパの一員とは見なさず、一一月二七日の記者会見の場で、加盟申請に対し再び拒否権を行使することを明らかにした。彼は、イギリスの経常収支の赤字、農業保護、資本移動に対する制限措置、また、一八日に発表されたポンドの切り下げなどといった経済的な問題を加盟拒否の主な理由として挙げた。さらに、「ヨーロッパが、アメリカの巨大な力に対して均衡をとるためには、共同体の結束と規則を弱めるのではなく、反対に強めなければなりません」と述べたように、[64] イギリスを通してアメリカの影響力がEC内に及ぶことをおそれたことも、彼が加盟を拒否する主な理由になった。

このド・ゴールの記者会見を受けてもウィルソン政権は、イギリスの加盟申請を拒否する正式な決定はまだ出されていないとの立場をとった。一二月一三日、ラスク米国務長官らと会談したブラウンは、「フランスは五カ国からの影響を受けやすい」と述べ、一八日から開催予定のECの閣僚理事会で「友好的な五カ国」が、イギリスの加盟のために果たす役割に期待を表明した。しかしアメリカ側は、もはや以前のような希望的観測に基づく判断はとらず、ブラウンの楽観的な見方に疑問を呈したのであった(65)。

閣僚理事会は、一八日から一九日にかけて開催され、イギリスの加盟問題が議論された。しかしモーリス・クーヴ・ド・ミュルヴィル仏外相は、イギリス経済の健全さを問題にするなどして、加盟を容認しなかった。そして「友好的な五カ国」も、フランスを説得することはできなかった。アメリカ政府は、このような交渉のプロセスを冷静に観察したうえで、イギリスのEC加盟は、新たなフランス大統領が就任するまで待たなければならないであろうとの認識をもったのである(66)。

一九六九年四月二八日にド・ゴールはついに辞任を発表し、六月二〇日にはジョルジュ・ポンピドゥーがフランス大統領に就任した。ポンピドゥーは、EC内で経済的政治的パワーを強化しつつある西ドイツを警戒していた。そのため彼は、ド・ゴールとは異なり、西ドイツの影響力を抑えるために、仏独枢軸を基本としながらもイギリスのEC加盟に前向きな立場であった。そして、ド・ゴールから事実上の加盟拒否をつきつけられてもなお粘り強く外交努力を続けてきたウィルソン政権にとって、ポンピドゥーの就任は好機であった。しかし結局、一九七〇年六月一八日の総選挙でヒースが率いる保守党に労働党は敗北し、ウィルソンは加盟を実現させることはできなかったのである(67)。

第Ⅱ部で検討してきたように、第一次ウィルソン政権は発足当初、依然として「世界大国」としてのノスタルジアを抱えながら、ヴェトナム戦争をめぐっては、本格的な軍事介入へと突き進むアメリカに影響を行使して停戦を実現させるべく独自の和平外交を展開した。他方で、コモンウェルスとの関係を重視するとともに、「スエズ以東」での軍事的関与を継続し、また、国際通貨としての価値の維持のためにポンドの切り下げを回避することなどで、イギリスの世界的な役割を堅持していく立場を示した。

しかしウィルソン政権は、重大な国際問題となっていたヴェトナム戦争において、ジョンソン政権に影響力を及ぼして停戦を実現させることはできなかった。ヴェトナム和平外交が挫折していったことは、ウィルソンがイギリスはもはや「世界大国」ではないという重い現実を受け入れていくことに繋がったと考えられる。そしてウィルソン政権は、世界の中での現実のイギリスの立ち位置を反映させた戦後外交の再編に本格的に取り組んでいくことになったのである。そのため、冷戦の最前線である西ドイツに駐留するＢＡＯＲは維持したものの、ポンドの切り下げを決断し、「スエズ以東」からの軍事的撤退を表明して「世界的な平和維持国」としての役割を縮小する立場を明らかにしたのであった。

戦後外交の再編のプロセスにおいてウィルソン政権は、このように世界的な役割を縮小するとともに、第二次ＥＣ加盟申請によって、帝国・コモンウェルスに代えて統合ヨーロッパを外交の基盤とすることを求めた。そのことでウィルソン政権は、もはや「世界大国」ではないにしても、西側陣営の盟主であるアメリカとの「特別な関係」を保持する大国としての地位を得るという戦後外交の再編構想の実現を目指したのであった。

そして、「特別な関係」を支える外交の基盤となる統合ヨーロッパに関する問題は、マクミラン政権期と同様に、大西洋同盟の秩序再編問題と関連しており、その主要な要因もド・ゴールによる独自外交であった。ジョンソン政権は、大西洋同盟の結束のためにイギリス政府が果たしうる役割に期待したが、ウィルソン政権も、ＥＥＣに加盟したイギリスが統合ヨーロッパにおいてリーダーシップを発揮することで、その役割を担うことが必要と認識していた。

しかし、ド・ゴールがイギリスの加盟申請を再び拒否したことによって、ウィルソン政権はEEC・ECへの加盟を果たせなかった。そのため、ヴェトナム戦争で悪化した対米関係を再強化することができないままに、戦後外交の再編のプロセスのなかでイギリス外交は、引き続き漂流することを余儀なくされたのである。

それでも、ウィルソン政権による第二次加盟申請は、次章で考察するヒース保守党政権の下でのEC加盟に繋がるものとなった。ヒース政権が発足後すぐに加盟交渉を再開し、わずか三年足らずの一九七三年に加盟を実現することができたのは、ウィルソン政権によってすでに加盟のための詰めた作業が行われていたからであった(68)。さらに、マクミラン政権による第一次加盟申請が「条件付きの加盟申請」であったのとは対照的に、今回の第二次加盟申請は事実上「無条件の加盟申請」だったのである(69)。

またウィルソン政権は、「世界的な平和維持国」としての役割を縮小せざるをえない状況のなかで、ヨーロッパ防衛を重視する立場へと転換し始めていた。一九七〇年二月の『国防白書』では、「将来のイギリス軍の主要な任務は、北大西洋同盟を通してヨーロッパの平和と安全の保障に寄与することである」と述べられていた(70)。

このようにウィルソン政権の下で、世界的な役割の縮小を決断してヨーロッパ防衛重視へと転換し始め、また、第二次EEC加盟申請はヒース政権のEC加盟実現に道を拓くものであったように、「帝国・コモンウェルスから統合ヨーロッパ」へと外交の基盤は移行しつつあった。なお、第一次ウィルソン政権によって一九六八年に「スエズ以東」からの軍事的撤退が表明されたが、実際に同地域からのイギリス軍の全面的な撤退が決定され、ヨーロッパ防衛を重視する政策に転換したのは、第二次ウィルソン政権の一九七五年頃であった(71)。

第Ⅲ部　戦後イギリス外交の再編の収束

――ヒース政権の時代（一九七〇～七四年）

EC 加盟条約の調印式に出席したエドワード・ヒース［写真中央の右から２人目］（1972 年１月 22 日，ブリュッセルにて）（dpa ／時事通信フォト）

第6章　デタントとイギリスのEC加盟

第Ⅲ部では、エドワード・ヒース保守党政権の下での戦後イギリス外交の再編の試みとその収束について考察する。まず本章では、一九七〇年に首相に就任したヒースが、ECへの加盟実現を最優先の外交課題としながら、アメリカとの「特別な関係」の維持を外交の前提としていたことを明らかにする。ヒース政権は、アメリカのリチャード・M・ニクソン政権のヴェトナム政策を明確に支持する立場をとり、ウィルソン前労働党政権との違いを際立たせた。また、一九七三年に米ソ間で締結された核戦争防止協定のアメリカ側の策定プロセスにも深く関わった。さらに、第8章で考察するように、ヒース政権は、アメリカとの核分野での「特別な防衛関係」を堅持する政策をとったのである。

その一方で、ニクソン政権が、一九七二年の第一次戦略兵器制限交渉（SALTⅠ）の妥結や米ソ首脳会談などを通してソ連との超大国デタントを成立させたことへの対処を迫られたことについて検討する。超大国デタントの成立によって両国の覇権的影響力の再強化が図られたことは、ヒースに、アメリカに対して影響力を行使する外交の基盤としての統合ヨーロッパの重要性を改めて認識させたのであった（第1節）。

次に、EC加盟交渉が、ウィルソン前政権の第二次加盟申請に基づく交渉を再開する形で一九七〇年から開始され、七三年に加盟が実現するに至った経緯を概観する。また、この時期にはヨーロッパ・デタントの進展もみられたが、ソ連への不信感を拭いきれないヒース政権は、西ドイツの新東方政策や西側同盟国のCSCE政策は大西洋同盟の結束を前提とすべきとの立場をとり、デタントには慎重に対応したのであった（第2節）。

1　超大国デタントの成立

ヒースと英米間の「特別な関係」

一九七〇年六月一九日、ウィルソン労働党政権に代わってヒース保守党政権が成立した。[1] ヒースは、戦後歴代の首相の中で最もヨーロッパとの関係を重視した首相であった。彼は、自伝の中で、「我々はイギリスを共同体に導くことのできる唯一の政党であることを確信していた」[2]と述べているように、政権獲得後、ECへの加盟を外交上の最優先課題として取り組むことになった（第2節）。

他方でヒースは、アメリカとの関係に対しては、マクミラン元首相のように「特別さ」を強調しなかった。この点について、英米関係史の専門家であるジョン・ベイリスは、ヒースがアメリカとの緊密な関係を抑えて表現するために「生来の関係」（natural relationship）という用語を使ったと指摘している。[3] また、ニクソン政権で国家安全保障問題担当大統領補佐官・国務長官の任にあったヘンリー・A・キッシンジャーも、ヒースの反米的な立場を強調する。[4] たとえば、キッシンジャーは回顧録の中で、ヒースが一九七〇年一二月に訪米し、ニクソンとの公式協議に臨んだ際のEC加盟問題に関する発言を紹介している。一七日の会談でヒースは、「なにものにも優先する目標はイギリスの共同体加入である」ことを強調し、さらに、共同市場の問題をアメリカとの二国間で交渉したくないし、「また、ヨーロッパにおけるアメリカのトロイの木馬に見られたくもありません――いわんやその役割など果たしたくありません」と明確に述べたという。このヒースの発言に対してキッシンジャーは、「今までのイギリス首相で、このようなことをアメリカ大統領に言おうと思った人物はいないであろう。（中略）今我々は、イギリスの戦後外交政策の一大変化を目の当たりにしているのだという事実は、紛れもないことであった」との評価を下している。[5] くわえて彼は、「イギリスのすべての政治指導者の中でも、ヒースは最も対米関係について、そして、たぶんアメリカ人個々との関係についても、関心の少ない人物だった」とも評している。[6]

しかしヒースは、たしかに親ヨーロッパ的な立場であったが、決して反米的ではなかった。[7] 彼は、核戦力や通常戦力における英米間の「特別な防衛関係」を所与のものとして受け入れたうえで、ウィルソン前政権の時代に悪化したアメリカとの外交関係を立て直そうとしたのであった。[8]

対米関係の現状を憂慮するヒースは、一九七〇年一〇月三日に予定されていたニクソンの訪英の際に、関係改善の足がかりをつかみたいと考えていた。この訪英を前に開催された九月三〇日の閣議では英米関係について議論され、ヒースは、今日では以前の保守党政権の時のようなアメリカとの緊密な関係が維持されていないとの認識を示した。彼は、その理由は多く存在するとしながらも、まずはウィルソン前政権のヴェトナム戦争への対応を挙げた。くわえて彼は、「世界の中でのイギリスの地位は低下している」とアメリカ側が見なしているために、「以前のようにイギリスの利害や助言に十分な注意を払おうとしない」のであろうと指摘した。[9]

一〇月三日にロンドンで開催された英米首脳会談は、会談の冒頭でニクソンが、ヒースとできるだけ緊密な個人的なコミュニケーションを維持することを望んでいる点を強調するなど、友好的な雰囲気のなかで行われた。会談では、英米間の懸案となっていたヴェトナム戦争に関しても話し合われた。ニクソンは、パリで行われている停戦交渉やカンボジア侵攻などについて具体的に言及したうえで、アメリカが敗北したという印象を与えることなくヴェトナムから撤退することが非常に重要である旨を強調した。いわゆる「名誉ある撤退」である。ヒースは、ニクソンの考えを全面的に支持した。彼によると、アメリカのヴェトナムからの撤退問題は、「ヨーロッパとの関係において大変重要であった」。なぜなら、「もしソ連政府が、東南アジアにおいてアメリカが『敗北』しつつあると主張できると考えたら、必ずヨーロッパに対する態度を再び硬化させる」からであった[10]。

ヴェトナム戦争をめぐっては、第4章で考察したように、ウィルソン前政権の時期には英米間で深刻な外交的対立が生じた。一方、ヒース政権は、派兵こそしなかったものの、アメリカのヴェトナム政策を明確に支持する立場に変わっていた。その理由として、ニクソン政権が撤退を実現させようとするなどアメリカ政府のヴェトナム政策が変わり始めていたということがあった。さらには、ヒースがソ連に対して強硬な立場にあったためである。彼は、ヴェトナムで共産主義の封じ込めに失敗することはヨーロッパにもソ連の脅威が迫ることになるといった「ドミノ理論」的な考えを、ニクソンと共有していた。そのためヒース政権は、ニクソン政権がカンボジアに戦争を拡大しても、また、ヴェトナムへの爆撃を強化しても支持したのであった[11]。

このように、英米間に大きな外交上の対立を引き起こしていたヴェトナム問題をめぐる対立が解消されるなかで、両国政府の関係は回復していった。さらに、両国の良好な関係は、核戦争防止協定に関する交渉においてもみられた。同協定については、一九七二年四月にキッシンジャーがソ連を秘密裏に訪問した際、レオニード・I・ブレジネフ書記長が、「米ソが相互に核兵器の使用を放棄する」ことを規定した協定の締結を提案したことから交渉が始まった。それ以降、米ソ間では同協定をめぐって困難な交渉が展開されることになったのである。そして、この重要な交渉プロセスにおいてキッシンジャーは、同盟国の中でイギリスとのみ緊密な協議を行った。彼は、七月にバーク・トレンド内閣官房長官がワシントンを訪問した時にソ連の草案を示し、イギリス側の助言を求めるとともに、歩調を合わせながら交渉を進めていきたいということを伝えた[12]。他方、イギリス政府も、ソ連の草案について懸念を抱いた。なぜなら、ソ連に対する核の威嚇が取り除かれることになれば、ソ連に中国への通常兵力を用いた軍事行動をとらせることに繋がり、また、NATOの安全保障に深刻な影響を与え、さらに、イギリスに「独自」の核戦力の展開を困難にさせるような政治的雰囲気をつくり出しかねないからであった[13]。

この問題に対処するためイギリス外務省は、一九七二年八月にソ連問題の専門家トマス・ブリメロー外務次官補らをワシントンに派遣した。キッシンジャーの信頼を得たブリメローは、核戦争防止協定の最終案を策定するプロセスに深く関与して具体的な提案を行うに至った。そして米ソ両国は、実質的にはブリメローらの提案した通りに、ソ連側が求めた核戦争の放棄は、義務ではなく目的であるとし、これを超大国だけではなくすべての国に適用することなどに合意した。こうして、アメリカの核抑止力が弱められることなどが回避されたのである。[14] 核戦争防止協定は、一九七三年六月二二日にワシントンにおいて米ソ間で調印されると同時に発効した。

駐米イギリス大使クローマー伯爵は、アメリカ側が自国の国務省を交渉から排除する一方で、協定の草案の策定に外国の政府を関与させたことに驚きを隠せなかった。[15] 他方、キッシンジャーも、「ブリメローが果たした役割は、現職のイギリス首相が米英間の『特別な関係』に気乗り薄だったにもかかわらず、この関係を最もよく象徴するものだった」[16]と高く評価したのであった。

米ソによる覇権的影響力の再強化

ヒース政権の成立後、英米両国は安定した関係を維持していたが、ヒースが先の一九七〇年九月三〇日の閣議で述べたように、アメリカに対する影響力が低下していることをイギリス政府は憂慮していた。九月二三日付でイギリス外務省が作成した文書では、英米関係は、「いくつかの点ではもはやアメリカ政府の政策の中心ではない」との見方が示された。その主要な要因としては、ドイツ・日本・フランスなどの台頭とイギリス経済の相対的衰退、ヴェトナム問題、前労働党政権の「スエズ以東」からの撤退の決定、イギリスによる世界の平和維持への貢献の低下、経済的な困難に伴うアメリカの内向きな傾向と自信の喪失、米ソの二国間主義的な傾向、共産主義勢力への対応の違いといったことが列挙されていた。[17]

既述のように、核戦争防止協定をめぐる交渉においてイギリスはアメリカに外交的な影響力を及ぼすことができたが、これは例外とも言える事例であり、超大国デタントに向けて進む米ソ両国は、着実に「二国間主義的な傾向」を強めつつあったのである。核軍備管理に関してニクソン政権は、一九六九年一一月からソ連との間でＳＡＬＴＩ（第一次戦略兵器制限交渉）を開始していた[18]。しかし、ＳＡＬＴＩをめぐって、「超大国間に進展した関係は、多くの点で排他的」であり、「過去の軍備管理交渉とは異なり、イギリスはもはや『交渉の最前列』に席を占めることはなかった」のである[19]。たしかにヒース政権は、一九七〇年九月三〇日の閣議においては、アメリカ政府から交渉に関して秘密裏に情報を伝えられていたこともあって、ＳＡＬＴＩに直接参加することを求めるとの立場はとっていなかった[20]。しかし、本章や第8章で検討するように、ＳＡＬＴＩで交渉されていた米ソ両国による弾道弾迎撃ミサイル（ＡＢＭ）の配備は、ソ連がイギリスの核攻撃に対する防御能力をもつことになるため、ヒース政権にとっては「独自」の核抑止力の信頼性に関わる重要な問題であった。

また一九七一年には、二つのいわゆるニクソン・ショックが引き起こされた。ニクソンは、まず七月一五日に中国を翌年訪問することを発表し、さらに八月一五日には、金とドルの交換停止や一〇％の輸入課徴金を導入することなどを一方的に発表したのである。ヒース政権は、ニクソン政権がこうした重大な外交ならびに経済政策を公式に発表するにあたって、イギリス側に事前に協議を求めなかったことに不信感を強めたのであった[21]。

そしてニクソンは、前年に発表した通り一九七二年二月に中国訪問を果たした。彼は、キッシンジャーとともに、中ソ対立を利用した巧みな「三極外交」によって、泥沼化したヴェトナム戦争から「名誉ある撤退」を図りつつ、超大国デタントに繋がる米ソ「協調」のプロセスを推進したのであった。しかし超大国デタントは、ヒース政権にとって必ずしも好ましい国際情勢ではなかった。たしかに、超大国間の調停国を自任してきたイギリス政府にとって、米ソ関係の安定化そのものは歓迎すべきことであった。しかし一方でヒース政権は、超大国デタントによって米ソによる覇権的影響力が再強化されることを懸念したのである。

ニクソンとブレジネフは、一九七二年五月二三日からモスクワで首脳会談を開催し、核軍備管理、信頼醸成措置、経済交流の拡大などについて話し合った。(22)なかでも核軍備管理に関しては、SALTIが最後の舞台を首脳会談に移して二六日に妥結し、ABM制限条約および戦略攻撃兵器制限暫定協定が締結された。米ソ両超大国は、ABM制限条約によって相手国の攻撃に無防備であり続けるという相互の脆弱性の原則を受け入れ、また、戦略攻撃兵器制限暫定協定によって戦略核兵器の量的上限を承認して一方的優位を断念することで、相互確証破壊（MAD）状況の固定化を図ったのであった。しかし戦略攻撃兵器制限暫定協定は、両超大国の戦略核戦力に対して実質的な削減を強いるものでは決してなかった。それゆえ、米ソが二国間のみでSALTIに合意したことは、両超大国による戦略核兵器寡占体制が堅持されたことを意味した。(23)

また、信頼醸成措置に関する合意としては、二九日に一二カ条から成る「米ソ関係の基本原則に関する宣言」が発表された。同宣言は、「米ソ両国は、核の時代にあって、平和共存の基盤に立った相互関係を築く以外に道はないとの共通の決意から出発する」と表明し、また、「米ソは、両国の関係を危険なまでに悪化させる状況の進展を阻止することが特に重要であると考える。それゆえ、両国は、軍事対決を回避したり、核戦争の勃発を防ぐことに最善を尽くす」と謳った。(24)この宣言の重要な柱は、米ソ両国が、自国の核戦力を相互に軍事的手段としては使用しないこと、また、直接対決を回避することを確認することによって、東西対立構造の継続を図ったことにある。

以上のようなモスクワ首脳会談の最大の成果は、キッシンジャーが述べたように、米ソ両国が「民主主義諸国とソ連体制との共存関係の基礎となるべき大枠を描き出したこと」(25)、すなわち、超大国デタントの成立を確認したことであった。(26)この超大国デタントは、単なる緊張の緩和ではなく、米ソが戦略核兵器寡占体制を堅持したように、両国による覇権の下での東西対立構造の継続、すなわち、覇権的影響力の再強化を目指すものだったのである。

こうした超大国デタントに対して、イギリス政府の中では懸念が高まっていた。統合情報委員会が今後五年間のソ連の脅威についてまとめた九月一四日付の報告書では、「ソ連の対外政策の主要な優先事項は、アメリカとの関係にある」としたうえで、米ソ関係は、基本的には対立関係でありながら、「ソ連とアメリカの二国間主義の展開」などによって緩和されると評価した[27]。またクローマーは、一一月一五日付で、ヒース政権で再び外相に就任したサー・アレック・ダグラス＝ヒュームに宛てた「アメリカの対外政策」と題する報告書において、ヨーロッパに関する諸問題はアメリカ大統領の政策において高い優先順位が与えられていると考えられるが、ニクソン政権の「主要な目的はソ連との新たな関係を強化し拡大することであり続けるであろう」と述べた。くわえて彼は、アメリカ政府が、多国間に関わる問題を時にソ連との二国間で対処しようとすることへの懸念を示した[28]。さらに、国防大臣キャリントン男爵も一一月二九日付でヒースに宛てた書簡の中で、「アメリカは現在、国際情勢をいっそうソ連との超大国関係から見るようになっており、また、この関係にヨーロッパの同盟国の利害を従属（subordinate）させかねない」との懸念をＮＡＴＯ加盟国に抱かせている、と述べた[29]。

次節で検討するように、ヒース政権は、超大国デタントによって米ソ両国の覇権的影響力が再強化されていく新たな国際秩序の中で、ＥＣへの加盟を目指していくことになった。そして、イギリスにとってＥＣ加盟は、ヨーロッパ諸国との関係だけではなく、対米関係とも密接に連関していた[30]。アメリカに対するイギリスの影響力の低下を懸念したヒースは、ＥＣに加盟し、イギリス単独ではなく統合ヨーロッパ全体を通してアメリカに対する影響力を確保しようとしたのであった。イギリス外務省も、一九七〇年から七一年にかけての対外政策の優先順位に関する文書の中で、「我々は、自らの繁栄をより求めるために、また、アメリカとのパートナーシップを維持することができる、より強くかついっそう結束した西ヨーロッパを築くためにＥＣ加盟を目指しており、それゆえヨーロッパは我々の政策の中心に位置している」との考えを示していた[31]。

2　EC加盟の実現とヨーロッパ・デタントの進展

EC加盟交渉の再開と加盟の実現

すでに述べたように、ECへの加盟はヒース政権にとって外交上の最優先課題であった。ヒース自身も、マクミラン政権が一九六一年に一回目のEECへの加盟申請を行った際に交渉の首席全権を務めるなど、加盟問題に深く関わってきていた[32]。

ヒースは、政権を獲得した時点で加盟交渉を進めるための有利な環境を得ていた。まず、第5章でも述べた通り、フランスでは過去二度にわたって加盟を阻んできたド・ゴールが退陣し、イギリスの加盟に対して前向きなポンピドゥーが一九六九年六月に後任の大統領に就任していた。ポンピドゥーは、EC内で経済的政治的パワーを拡大しつつある西ドイツを警戒し、仏独枢軸を基本としながらも、加盟したイギリスと協調することによって西ドイツへの影響力を確保しようとしたのであった。さらに、ECにおいても新たな動きがあった。一二月にEC加盟国はハーグで首脳会議を開催し、統合の「完成、深化、拡大」を謳ったハーグ・コミュニケに合意した。フランスを含む加盟国が「拡大」に合意したことは、イギリスが加盟するための環境が整いつつあることを示していた。このようななか、ヒース政権が成立してから時を経ずして、イギリス、アイルランド、デンマーク、ノルウェーの四カ国とECとの加盟交渉が、一九七〇年六月三〇日にルクセンブルクで開始された。イギリスにとってこの交渉は、一九六七年一一月のド・ゴールの加盟拒否によって中断されていた、ウィルソン前政権の第二次加盟申請に基づく交渉を再開したものであった[33]。

一九七〇年七月二一日、ECとイギリスとの第一回閣僚級会議（以下、会議）が開催された。この会議で、首席全権アンソニー・バーバー（後にジェフリー・リッポンに交代）が共通農業政策（CAP）を受け入れる用意があると述べるなど、イギリス政府は、既存のECSC（欧州石炭鉄鋼共同体）、EECおよびEURATOM（欧州原子力共同体）の設立のための諸条約とそれに基づく諸決定を受容する立場をとった。ただしイギリスにとって、ECSCとEURATOMに関しては短い移行期間で十分であるものの、EECに適応するには、より長い移行期間が必要であった。なぜなら、EECについては、共同体予算に対する分担金、（共通漁業政策も含む）農業政策、コモンウェルス諸国産の砂糖、ニュージーランド産の乳製品などの問題が複雑に関連していたからである。[34]

今回の交渉は、過去の交渉と比べてイギリスに有利な環境の下で行われることになったものの、加盟実現のために解決すべき困難な問題が山積していた。そのため、一〇月の第二回会議から翌一九七一年五月の第六回会議にかけて粘り強く交渉が行われ、畜産品、共通通商政策、コモンウェルス諸国産の砂糖、関税率などで合意が積み重ねられていった。そして、残された問題の解決については、五月二〇日から開催予定のヒースとポンピドゥーの首脳会談に委ねられることになった。[35]

他方、ヒース政権は、EC加盟国政府だけではなく、アメリカ政府にも配慮しながら加盟交渉を進めていた。たしかに、前節で触れた一九七〇年一二月一七日の英米首脳会談においてヒースは、「アメリカのトロイの木馬に見られたくありません」と述べていたが、キッシンジャーが強調するような反米的な立場を前面に押し出したわけではなかった。ヒースは、まずはECへの加盟を目指すものの、加盟後はEC内でアメリカの立場に配慮する旨をニクソンに伝えていたのであった。[36] これに対しニクソンも、ヒースにイギリスの加盟を支持する考えを示したのである。[37]

そして英仏首脳会談は、予定通り一九七一年五月二〇日と二一日、パリで開催された。二〇日の最初の会談で両首脳は、加盟交渉上の個別の問題について検討する前に、ヨーロッパを取り巻く状況などに関して意見を交換した。

その際ヒースは、米ソ両超大国に加えて今後は中国も大きな影響力をもつ世界では、ヨーロッパ諸国が個別に影響力を行使することは困難であるが、拡大された共同体を通してならば可能であろうとの見方を示した。またイギリスは、パワーの著しい違いからアメリカとは満足できるパートナーシップを築くことはできないものの、ヨーロッパ諸国とは可能であり、彼が目指すのは、世界に影響力を行使できる強いヨーロッパであると述べた[38]。さらにヒースは、自伝の中でも、「私は、たとえイギリスが望んだとしても、英米間には特別なパートナーシップは存在しえないということをポンピドゥーに納得させた」と記している[39]。

精力的な話し合いをもったヒースとポンピドゥーは、翌二一日に交渉の合意を目指した。そして両首脳は、一九六九年一二月のハーグ首脳会議の成果を踏まえながら、ヨーロッパのさらなる結束のための基盤として共同体を拡大し発展させることが共通の利益と目標であるとしたうえで、ポンド問題、ニュージーランド産の乳製品、共同体予算に対する分担金などの個別の問題について基本的に合意したのである[40]。

英仏首脳会談を受けた一九七一年六月七日の第七回閣僚級会議では、関税率に関する残りの問題やポンド問題が決着した。そしてついに、六月二一日から二三日にかけての第八回会議において、ニュージーランド産の乳製品問題と共同体予算に対する分担金などについて合意に達した。漁業問題を除いてECとイギリスとの交渉上の主要な問題は、決着するに至ったのである[41]。

このことを受けてイギリス下院では、ECへの加盟の是非に関する最終的な審議が一〇月二一日から開始され、保守党と労働党の間で激しい論争が戦わされることになった。ウィルソン率いる労働党指導部は、第二次EC加盟申請を行っていたにもかかわらず、野党になってからわずか一年のうちに加盟に反対の立場をとるようになった。労働党指導部は、EC加盟自体に原則的に反対するのではなく、保守党政権が獲得した条件での加盟は認められないとの考えであった[42]。与野党の激しい論争を終えた二八日、下院でEC加盟に関する採決が行われた。結果は賛成三五六票、反対二四四票となり、加盟が可決された(43)。

下院でEC加盟の賛成を得た後、ヒースは、一二月二〇日から二一日にかけてバミューダで英米首脳会談に臨んだ。二〇日の会談でニクソンは、イギリスは世界的な観点をもっており、また、フランスとは対照的に外向きな思考であることを理由に挙げながら、改めてイギリスのEC加盟を支持することを明言した。さらにニクソンは、イギリスが拡大ECの中でリーダーシップを発揮し、ヨーロッパの結束を図ることへの期待も示したのであった(44)。

以上のように、国内の賛成を得て、また、アメリカからの支持も再確認した後、翌一九七二年一月、イギリスは、ノルウェーの主張によって難航していた漁業問題をめぐるECとの交渉を妥結させた。結局、一九カ月の加盟交渉期間中、イギリスとECとの閣僚級会議は一三回、また、あわせて行われていた次席代表級会議は三八回も開催された(45)。

一月二二日、イギリスをはじめとする加盟申請を行った四カ国と原加盟六カ国との間でEC加盟条約が調印された。そして、翌一九七三年一月一日には同条約が発効し、イギリスは、アイルランド、デンマークとともにECへの加盟を果たした。ノルウェーは条約調印後の国民投票の結果を受けて加盟を断念することになったが、ECは九カ国に拡大したのである(46)。

ヨーロッパ・デタントとイギリス

東西ヨーロッパ諸国間では、一九六〇年代半ば以降、西ドイツの新東方政策、欧州安全保障会議構想、そして、中部ヨーロッパにおける相互均衡兵力削減（MBFR）交渉を中心に、デタントが着実な進展をみせていた(47)。

まず、このヨーロッパ・デタントを進展させるうえで大きな役割を果たしたのが、西ドイツの新東方政策であった。西ドイツは、ルートヴィヒ・エアハルト政権やクルト・ゲオルク・キージンガー政権の下で、ソ連や東ヨーロッパ諸国に対する新東方政策を打ち出した。[48] そして、一九六九年一〇月、首相に就任したヴィリー・ブラントは、東側諸国とのいっそうの関係改善のためにこの東方政策を本格化させた。[49] ブラントによると東方政策は、ヨーロッパが分断されているという現実を受け入れたうえで、この分断を東西関係の改善によって克服することを目指すものであった。彼は、同政策がＮＡＴＯの結束を弱めたり、ヨーロッパにおける自由を守るためのアメリカの関与を制限したりするものでは決してないとの立場をとっていた。[50]

ブラント政権の東方政策は、一九七〇年八月にソ連との武力不行使条約、一二月にポーランドとの関係正常化条約の調印を実現させるなど具体的な成果をあげていた。一方、ヒース政権は、東方政策を支持しつつも慎重な姿勢を崩さなかった。こうした姿勢は、次のような東側諸国への対応に関するイギリス政府の見解からもうかがうことができる。[51] たとえば、駐ソ連大使サー・ダンカン・ウィルソン（以下、Ｄ・ウィルソン）は、一九七一年二月八日、ダグラス＝ヒューム外相に対し、「我々の東方政策」(our *Ostpolitik*) を強く求めた。彼は、ブラントの東方政策などを高く評価し、「イギリス自身の東方政策」を打ち出すように主張したのである。しかし、四月六日にダグラス＝ヒュームは、「ドイツ問題に関して、我々は西ドイツよりも早く進むことはできない」との考えをＤ・ウィルソンに示した。[52] このように、より積極的なイギリスの東方政策を求めるＤ・ウィルソンの要請は、本国外務省からは消極的な反応しか得られなかった。イギリス政府は、ブラント政権よりも「一歩ひいて」(one step behind)、東側陣営に対応しようとした。[53] ヒース政権は、西ドイツが同盟国の利害を考慮せずにソ連との関係改善を一方的に進めることを警戒し、他方で、西ドイツが先を急ぎすぎることによって、イギリスがデタントに関与できなくなるという不安感を抱いていたのであった。そのためイギリス政府は、ブラント政権の東方政策に対して慎重な姿勢で臨み、さらに、大西洋同盟内の結束を図りながらデタントを進めようとしたのである。

また、東方政策やデタントに対する慎重な姿勢の背景には、ウィルソン前政権時代の一九六八年八月に、ソ連を中心としたワルシャワ条約機構（WTO）軍がチェコスロヴァキアに侵攻する事件が発生して以降、イギリス政府がソ連への不信感をいっそう強めていたという事情も存在した(54)。くわえてヒース政権下では、イギリス国内における諜報活動が明らかになったことを発端として多くのソ連人を国外追放処分にしたことによって、英ソ間の関係はかなり悪化していた(55)。それでもヒース政権は、一九七二年にブラント政権が連邦議会で東側諸国との条約の批准をめぐって困難な状況に置かれると、東方政策への慎重な対応を変化させた。イギリス政府は、東側諸国との条約の批准を実現することがヨーロッパの安定を実現させることになるとの考えから、東方政策を明確に支持したのであった(56)。

さらに、デタントへ向けた動きは、WTOとNATOの場でも始まっていた。ウィルソン前政権時代の一九六六年七月、WTOは、ブカレスト宣言を発表し、その中で欧州安全保障会議の開催を提案した。この欧州安全保障会議構想は、後に欧州安全保障協力会議（CSCE）として結実するものであった(57)。

ヒース政権は当初、ソ連の脅威を警戒して、欧州安全保障会議構想に対し消極的であった。同構想に関するイギリス政府の基本的な立場は、一九七二年二月に外務省によって「欧州安全保障会議——次の段階」と題する文書にまとめられた。同文書では、会議におけるソ連の目的を、「(a)『第二次世界大戦の諸結果』を正式なものにすること」、「(b)デタントの雰囲気を創出すること」、「(c)大西洋同盟の結びつきを弱めること」、「(d)NATOを弱体化すること」、「(e)西ヨーロッパにおけるよりいっそうの経済的、政治的、軍事的統合へ向けた動きを弱めること」、そして、「(f)貿易、科学、技術などに関する分野で利益を得ること」にあると評価した。こうしたソ連のデタント政策に対抗するために外務省は、西側の結束を堅持することの必要性を強調したのであった(58)。

イギリス政府は、ソ連がデタントのユーフォリアによって大西洋同盟の結束を揺るがし、さらに、西側諸国に戦後ヨーロッパの現状を認めさせながら、経済分野などでは利益を得ようとしていることを警戒したのであった。そのため外務省は、「会議は、望ましいというより（おそらくは）不可避なものであり、また、我々の主要な目的は防御的なものである」との立場をとったのである。[59]

このようにヒース政権は、CSCEに消極的な立場にあったが、ヨーロッパ安全保障の本質的問題と見なしていたドイツ問題は、ベルリン協定が英米仏ソ四カ国間で議論され、一九七二年六月に調印に至ったように、CSCEの枠外で交渉されていた。そのためヒース政権は、CSCEが自国やヨーロッパの安全保障に大きな影響を与えないであろうとの認識をもつようになったのであった。[60]

他方で、CSCEに対する西側諸国の対応は一致したものではなく、たとえば、ニクソン政権はこの会議を重視していなかった。[61]一九七二年七月二八日、ワシントンを訪問したトレンド内閣官房長官に対してニクソンは、消極的な立場を明らかにした。すなわち、アメリカ政府は、「決して会議を望んでいません。——もともとそれを強く求めたのはヨーロッパ諸国の一部、特にイギリス」であり、「今なすべきもっとも賢明なことは、…会議をできるだけ長引かせることです」と述べた。また、キッシンジャーも同様な見解を示した。八月一〇日、ブリメロー外務次官補と会談した際に彼は、「アメリカはそのような会議は決して望んでいません。もしアメリカが、二、三のヨーロッパ諸国から支持を得ることができていたら、会議を妨げていたでしょう」と発言したのであった。[62]

大西洋同盟内でCSCEへの対応が分かれるなかで、イギリスは、ソ連によるデタントのユーフォリアに惑わされることなく、西側の結束を図りながら東側と交渉することを目指した。少し遡るが、ウィルソン前政権時代の一九六九年にNATO内では、フランスが最初にソ連側に提案していた「人・情報・思想のより自由な移動」を欧州安全保障会議構想の議題にするとの考えが打ち出されていた。そして、この「人・情報・思想のより自由な移動」という議題についてNATO内で本格的な議論が始まったのは一九七一年以降であったが、加盟国の間で見解の相違が見られた。ブラント政権は、「人・情報・思想のより自由な移動」の議題の重要性は受け入れながらも、それは具体的であるがゆえに東側諸国と対立をもたらしかねないことを憂慮した。そのため西ドイツ政府は、同議題を穏健なものとするためにも、代替案としてCSCEの国家間関係の原則の一つに人権原則を掲げることを主張した(63)。

これに対しヒース政権は、デタントの定義に「人・情報・思想のより自由な移動」を含めることで東側の抑圧体制を改めて明らかにし、西側もデタントに建設的な立場で関与していることを国際世論に訴えようとした。すなわちイギリスは、「人・情報・思想のより自由な移動」をCSCEの議題とすることで西側の立場をまとめあげ、東側と交渉しようとしたのであった(64)。結局、一九七二年一一月にNATOが採択した方針書では、イギリスの草案を基礎とした西側の諸目的が規定された。そして、目的の一つとして、「特に、人・情報・思想のより自由な移動を促進し、また、東西間の協調の発展によってヨーロッパ内の障壁を取り除いていくことで、真の関係改善を図る」ということが謳われた(65)。このことを受けてCSCEでは、本会議を開催するために一一月二二日から多国間予備会談、そして、翌一九七三年七月三日から本会議の第一ステージ、九月一八日から第二ステージが開催されるなど、交渉が本格化していくことになった(66)。

他方、NATOは、WTO側の欧州安全保障会議構想に対抗しつつ、中部ヨーロッパの東西両陣営の通常戦力を削減するためにMBFR（相互均衡兵力削減）構想を一九六〇年代後半以降打ち出していた(67)。MBFR交渉に関してイギリス政府は、通常兵力の削減が西側同盟を弱体化させかねないことなどを懸念したが、同交渉は、ニクソン政権が、「議会で高まっていた在欧米軍の一方的削減を求める圧力に抵抗するため」の手だてになることなどの期待もあった(68)。たとえば、外務省西方機構局長のクリスピン・ティッケルは、一九七三年三月一三日付の覚書の中で、イギリスがMBFR交渉に臨むのは、「受容できるレベルでアメリカが在欧米軍を維持するのを助けるための最も良い方法」であり、また、「我々自身とヨーロッパの防衛上の権益をより効果的に守る」ことになると考えるからである、と述べた(69)。MBFRは、中部欧州相互兵力削減（MRFA）と改称して一〇月から交渉が開始されることになった[70]。
以上のようにヒース政権は、ウィルソン前政権から進展し始めていたヨーロッパ・デタントに対して、ソ連によるデタントのユーフォリアを排しつつ、一貫して大西洋同盟の結束を図ることを前提に東側諸国との交渉に臨んだのであった[71]。

ダグラス＝ヒューム外相は、一九七〇年六月二九日付の覚書で、ヒース政権の外交政策に関する考え方を示していた。同覚書ではまず、イギリスは、「主としてヨーロッパと大西洋における役割」を果たすことが適当であると指摘した。そしてイギリスの目的は、「受け入れ可能な条件でECへの加盟交渉を行う」とともに、「アメリカと調和のとれたパートナーシップを保持する」ためにも、「経済分野と同様に政治、防衛分野でいっそう緊密なヨーロッパの協調を促進すること」にあるとした。さらに彼は、「西ヨーロッパの発展によって、アメリカとの緊密な関係を保持できるようにすることが重要」との考えから、ヨーロッパをアメリカとの関係に明確に結びつけて論じた。そして注目すべきことは、彼が、「もし我々がヨーロッパにおいて新たなパワー・ベースを見出すことができなければ、我々のワシントンにおける影響力は、低下することを余儀なくされるであろう」との見解を示した点であった[72]。

この覚書でダグラス＝ヒュームが、ヨーロッパをアメリカ政府に対する影響力を保持するための「新たなパワー・ベース」として位置づけ、また、「アメリカと調和のとれたパートナーシップを保持する」ために「いっそう緊密なヨーロッパの協調を促進すること」を外交政策の目的としていたことが示すように、ヒース政権は、統合ヨーロッパを外交の基盤とする構想をもっていたのであった。

すなわちヒース政権は、ＥＣに加盟するだけではなく、第8章で検討するように、英仏核協力構想といったヨーロッパにおける防衛協力を進めることなどによって統合ヨーロッパを外交の基盤として固め、「統合ヨーロッパとアメリカの特別な関係」を構築する戦後外交の再編構想の実現を目指したのである。

第7章　大西洋同盟内の対立

イギリスがＥＣに加盟し、また、アメリカがヴェトナム和平協定に調印した一九七三年は、大西洋同盟内の関係が緊張した年となった。本章では、この大西洋同盟内における米欧間ならびにＥＣ加盟国間で生じた対立において、「統合ヨーロッパとアメリカとの特別な関係」を構築するという外交の再編構想をもったヒース政権が、いかに調停国の役割を担おうとしたのかについて考察する。

まず、四月にキッシンジャー大統領補佐官が、いわゆる「ヨーロッパの年」（Year of Europe）演説で提唱した新大西洋憲章の策定をめぐって、米欧関係の再定義に関して生じた対立を扱う。ヒース政権は、アメリカに反発するフランスや他のＥＣ加盟国を「ヨーロッパ・アイデンティティ」の下に結束させながら、ニクソン政権と粘り強く交渉を行った。しかし、米欧間での調停国としての役割を果たすことはできなかったのであった（第1節）。

次に、一〇月に勃発した第四次中東戦争とその直後に発生した第一次石油危機による新たな米欧間対立を対象とする。石油輸出国機構（ＯＰＥＣ）やアラブ石油輸出国機構（ＯＡＰＥＣ）が石油戦略を発動するなかで、中東石油への依存を深めていたイギリスをはじめとするヨーロッパ諸国は、石油供給確保を最優先課題とし、アラブ諸国との関係を重視した。そのため、石油戦略による影響が少なく、また、イスラエルを支持するアメリカと対立することとなった。しかしヒース政権は、自国のエネルギー危機が深刻化するなかで、ヨーロッパよりもアメリカとの関係を重視する政策に転換していったのである（第2節）。

1　キッシンジャーの「ヨーロッパの年」演説

米欧関係の再定義をめぐる対立

ニクソン政権は、長い交渉の末に一九七三年一月二七日、ヴェトナム和平協定に調印した。ヴェトナム戦争からの撤退という非常に困難な外交・安全保障問題の解決に目処をつけたアメリカ政府は、EC加盟国が一月一日にイギリスを含む九カ国へ拡大した状況を受けて、ヨーロッパの同盟国との関係の再定義に本格的に乗り出した。米欧関係の再定義に関するアメリカ政府の考えは、以下に述べるように、キッシンジャーの「ヨーロッパの年」演説の中で示されることになった(1)。

ニクソン政権は当初、この再定義に関する問題の協議をイギリスとの間で開始した(2)。こうしたアメリカ政府の姿勢は、二月二日にキャンプ・デーヴィッドで開催された英米首脳会談でも示された。両国首脳は、MBFR、CSCEなどの個別問題を通して東西関係全般について話し合ったが、ニクソン大統領は会談をまとめるにあたって、「ある特定の段階では、必ずしも他の同盟国に伝えることなく秘密裏に足並みを揃えながら、そして、公にはたとえ一緒ではなくても、少なくとも並んで進みつつ」、東西関係に関する諸問題を米英二国間で考えていく必要がある旨を強調したのである(3)。

また、第6章で触れたように、六月二二日に米ソ間で調印されることになる核戦争防止協定の策定プロセスにおいて、英米間ではトレンド内閣官房長官やブリメロー外務次官補とキッシンジャーとの個人的な信頼関係を基に親密な関係が築かれていた。そして、大西洋関係に関する問題については、三月五日、ワシントンにおいてキッシンジャーが、政治、軍事、経済面に関する共通の見解を作り上げるプロセスについて検討したいとブリメローに伝えた。また、彼はブリメローに対して、大西洋関係に関する「概念枠組み」を構築することは可能かと問い、そのうえで、「アメリカとイギリスはいっそう緊密な協議によってこのことをなすべきです」と述べたのであった。(4)

こうしたキッシンジャーの求めに応じてイギリス側が作成した「今後一〇年の東西関係と大西洋関係」と題する文書が、四月一二日にクローマー駐米大使に送付され、キッシンジャーへ渡されることになった。同文書では、ソ連、アメリカ、ヨーロッパ同盟国の政策などが分析された。その中でアメリカの政策については、「ソ連に対抗して西側の結束を維持することに関するアメリカの利害は、防衛負担を軽減して西側システム内での経済的立場を改善することに関する同国の利害とバランスがとれていなければならないであろう」と指摘された。一方で文書は、「政治、防衛、貿易および通貨に関する各問題の緊急性と時間の尺度は異なっており、それぞれの問題は別々に議論されなければならない」というイギリスの立場を示したのであった。(5)

以上のように、イギリス政府は政治、防衛、経済問題を個別に交渉すべきとの立場であったのに対して、アメリカ政府は一括して扱うべきとの立場であった。こうした両国の立場の違いは、これから考察していくように米欧間の立場の違いとなってあらわれ、対立が深まる大きな要因となっていくのである。

一九日、トレンドとブリメローは、ワシントンでキッシンジャーと会談した。しかしキッシンジャーは、クローマーからすでに受け取っていた先の文書について詳細にコメントすることはなかった。その一方でキッシンジャーは、「大統領が秋にヨーロッパを訪問する時までに、大西洋関係を導く諸原則に関する一般的な声明をイギリスや他のヨーロッパ諸国と合意できることをニクソン政権は望んでいます」と述べた。そして彼は、二三日にニューヨークでこのことに関する演説を行うと告げたのであった。(6)キッシンジャーは、米英二国間を中心に米欧関係の再定義に関する協議を進めてきたが、既述のように両国の立場が一致しないなかで、アメリカ主導で行う姿勢へと変わっていったのである。

キッシンジャーは、予定通り四月二三日に、ニューヨークで開催されたAP通信の昼食会で演説を行い、一九七三年は「ヨーロッパの年」であると表明した。そして彼は、「一世代前の諸決定により形成された時代が終わろう」としているなかで、今日、「新しいアプローチを必要とする新たな現実」が生み出されていると指摘した。ここでの「新たな現実」とは、西ヨーロッパの再生、東西間の戦略的軍事バランスの均衡状態への移行、日本の台頭、緊張緩和に伴う問題の出現、新しいタイプの協調行動を必要とするエネルギー供給確保などの問題の発生、であった。これらの現実を踏まえてキッシンジャーは、この年に予定されているニクソンのヨーロッパ訪問までに、「将来のための目標を定めた新大西洋憲章」を策定することを提案したのであった。

またキッシンジャーは、「大西洋関係における政治、軍事および経済問題は、事実上リンクしている」ため、ニクソン政権はこれらの問題に包括的に対処するとの立場を明確にした。さらに、アメリカが求める大西洋関係の諸原則は、対等な関係を前提とするものではなく、自国の覇権を再確認しようとするものであった。彼は、「アメリカには、全世界的な利害と責任があります。我々のヨーロッパ同盟諸国には、地域的な利害があります。これらは、必ずしも対立するものではありませんが、この新たな時代においては、自動的に一致するわけではないのです」と主張したのである。くわえて彼は、「我々にとってヨーロッパ統合」は、「西側を強化するための手段でもあります」としたうえで、「より大きな大西洋パートナーシップの構成部分としてヨーロッパ統合を支持し続けるでしょう」との見解を示した(7)。こうしてキッシンジャーは、対米「自立」に向かおうとするEC諸国を牽制したのである。

ヒース政権は、新大西洋憲章（以下、憲章）を提案したキッシンジャーの演説に対して、まずは理解する姿勢をみせた。演説の翌二四日には、さっそく外務省が「これは建設的な意図をもった明らかに重要な演説である」との声明を発表した。また、外務省北米局のビュー・オーヴァートンも二七日付の覚書で、「マーシャル・プランを事前に示したマーシャル将軍の演説と比較しうるきわめて重要な見解」をアメリカ側が提案したものと高く評価した。

他方で彼は、「次の段階では、共同体の他の加盟国との十分な議論をもたねばならず、提起された問題へのヨーロッパの対応に関しては共通の立場に達するよう努めなければならない」と論じた。(8) さらに、ダグラス=ヒューム外相は二七日の演説で、アメリカ政府が「同盟国に対する安全保障上の関与を維持」することや、「ヨーロッパ統合とそのさらなる発展を支持すること」を確認したことを歓迎したが、一方で、「共同体の共通の政策が、つねにアメリカの見解と一致するとの想定は現実的ではないでしょう」と述べた。(9)

このように、ECへの正式加盟を果たしたばかりのヒース政権は、ニクソン政権による憲章策定の提案に理解を示しながらも、他のEC加盟国と歩調を合わせながら慎重に対応する立場を示したのであった。

大西洋同盟の結束を求めて

EC加盟国の中でキッシンジャーの演説に強く反発したのが、フランスであった。駐仏イギリス大使サー・エドワード・トムキンズは、四月二六日付で、「ヨーロッパの地域的な責任と比較してアメリカには世界的な役割がある」といったような、キッシンジャー演説に一貫した見解は「横柄なもの」であり、それゆえ合意に達することはかなり困難である、といったフランス政府の見解を外務省に報告した。(10)

またトレンドは、五月二日付でヒースに宛てた覚書の中で、「アメリカとヨーロッパとの間の緊密な結びつきといった基本的な概念が、加盟国の一部、特にフランスからは必ずしも好意的な政治的反応を呼び起こさないであろう」との見方を伝えた。そして彼は、「イギリスとヨーロッパの同盟諸国との間に政治的くさびを打ち込もうとしたり、ヨーロッパにおけるワシントンの目的のための口実に我々を利用しようとしたりするいかなる試みに対しても、用心深くなければならない」(11)と述べ、ニクソン政権への警戒感も示した。

イギリスをはじめとするEC加盟国は、ニクソン政権が経済・通貨問題を安全保障問題と「リンケージ」することに反発した。なぜなら、アメリカは憲章の策定を掲げながら、在欧米軍削減の脅しの下に貿易面での譲歩や国防費の増額を要求しようとしていたからであった。ニクソン政権は、ＥＣが統合を進めて大西洋関係における立場を強める前に、安全保障上アメリカに依存していることを梃子として、加盟国に対する覇権的影響力を再強化しようとしているのではないのか。ＥＣ加盟国は、キッシンジャーによる憲章策定の提案にこのような疑いを投げかけたのであった[12]。

一方で、ヒース政権は、キッシンジャーの構想への具体的な対応を迫られた。六月二〇日に開催された閣議でダグラス＝ヒュームは、「貿易および通貨問題と防衛問題とを網羅する単一の宣言書を起草することは、非常に困難である」ことを理由に、ニクソンとＥＣの首脳との会談のコミュニケ、ならびにＮＡＴＯのコミュニケといった二つの文書を作成することを提案した[13]。すなわちヒース政権は、キッシンジャーの求めるような諸問題を包括する憲章ではフランスが同意しないであろうと見なし、「貿易・通貨問題を扱った米ＥＣ宣言」と「防衛問題を扱ったＮＡＴＯ宣言」とに分離する方針をとったのである。そして以後、ＥＣやＮＡＴＯの場で、それぞれの宣言に関して交渉が行われていくことになった[14]。

また、六月二〇日の閣議においてダグラス＝ヒュームは、アメリカに対し強硬な姿勢をみせているフランスとの間で、イギリスも意見の相違などが存在することを認めながらも、「英仏間の協調は、共同体の成功の基礎です」と述べた。さらに彼は、「我々にとって最も重要な事柄は、ヨーロッパの防衛にアメリカを繋ぎとめること」であり、「安全保障分野で次に重要な事柄は、西ドイツの継続的な関与を確保することですが、ＮＡＴＯの一員であろうとする西ドイツの決意は、もしアメリカの関与が大幅に縮小されるならば、かなり後退することになるでしょう」といった考えを表明した[15]。

七月二日、ミシェル・ジョベール仏外相がイギリスを訪問して、ヒースらと会談した。その席でジョベールは、フランス政府が憲章の策定やニクソンとの会談に消極的である旨を繰り返し述べた。これに対しヒースは、「ヨーロッパ・アイデンティティ」を確認することによってECとしての足場を固め、アメリカとの交渉に臨むべきであると説いた。さらに彼は、「もしアメリカがヨーロッパから兵力を撤退させたら、西ドイツの兵力をNATO内にとどめておくことができなくなる」との懸念も伝えたのであった。[16]

他方、ヴァルター・シェール西独外相が七月一二日にワシントンを訪問した際、「四月二三日のキッシンジャーの演説の基礎をなす考え方を受け入れる」と発言したように、西ドイツ政府はニクソン政権の考えに対して一定の理解を示した。[17] こうした西ドイツの立場も踏まえてヒース政権は、憲章策定の問題にイギリスが積極的に関わることで、米仏独間関係の安定化を図ろうとしたのであった。

七月二三日にコペンハーゲンで開催されたEC九カ国外相会議では、ジョベールも「ヨーロッパ・アイデンティティ」文書を作成することを受け入れるに至った。[18] これに対しキッシンジャーは、EC加盟国が協議なしに文書作成の作業を進めることを知り、アメリカ側は、「草案を見せられることもないし、見解を表明する機会を与えられることもない」と不信感を抱いたのであった。[19] さらにキッシンジャーは、七月三〇日にトレンドやブリメローらとワシントンで会談した際に、今まで米英両国間では重要な交渉にあたって相互に考えを伝えなかったことはなかったと述べて、ヒース政権の対応を強く批判した。[20]

こうしたキッシンジャーの発言を受けて、イギリス政府は、憲章の策定を求めるニクソン政権を失望させることは、在欧米軍の撤退とそれに伴うNATOの不安定化をもたらすことに繋がりかねないと懸念し、大西洋同盟の結束を図る米欧間の調停国としての役割を果たす必要性を再認識した。ヒースは、九月四日付のニクソンへのメッセージで、イギリスのすべての行動は、アメリカと対立することなく、米欧間の永続的な関係の基礎を築くためにヨーロッパを手助けすることにあるということを伝えた。[21] 彼は、キッシンジャーが表明した英米関係への不信感を和らげるとともに、アメリカがヨーロッパの安全保障への関心を低下させることを防ごうとしたのである。

そのうえで、イギリス政府は引き続き、「ヨーロッパ・アイデンティティ」を掲げることによってフランスを巻き込みつつ、欧州政治協力（ＥＰＣ）の枠組みも用いてアメリカとの交渉に臨むことを目指した(22)。そして九月一〇日、ＥＣ加盟国は、コペンハーゲンで開催された九カ国外相会議において、「ヨーロッパ・アイデンティティ」文書の草案などを採択したのであった(23)。

2　第四次中東戦争と第一次石油危機

新たな米欧間対立の発生

一九七三年一〇月六日、エジプト軍とシリア軍によるイスラエルへの奇襲攻撃によって、第四次中東戦争が勃発した。米欧間では、この戦争への対応をめぐって新たな対立が生じることになった(24)。

ニクソン政権は、国連安全保障理事会でのアメリカの停戦決議案をイギリスなどが支持しなかったことや、アメリカがイスラエルへの補給のために空輸を実施した際に、ポルトガル以外のヨーロッパのＮＡＴＯ諸国が消極的な立場をとったことなどを批判した(25)。

一方、ヨーロッパ諸国は、アメリカが十分な事前協議なしに、事実上平時としては最高段階の軍事即応態勢であるデフコン（DefCon）Ⅲを発令したことに反発した。アメリカ政府がデフコンⅢを発令した理由は、停戦の順守と和平をめぐるソ連の一方的な行動を阻止するためであった(26)。たしかに、イギリスに対してだけはアメリカから事前協議があった。キッシンジャーによると、事前協議は、「イギリスとの『特別な関係』を示す」ものであり、「ヒース政権がヨーロッパでできるだけアメリカとの距離を置こうとし、中東問題でも展望の違いをこれ見よがしに強調しているという事実にもかかわらず、イギリスとはしごく当然のことのように情報を交換していた」。しかし、同盟国からソ連への漏洩を回避するために、「他の同盟国とは事前協議ができなかった」と彼は回顧している。[27]

くわえて、産油国が石油戦略を発動して第一次石油危機が発生したことは、米欧間対立をいっそう先鋭化させた。石油危機は、ＯＰＥＣの原油価格の大幅引き上げとＯＡＰＥＣの原油生産量の削減によって引き起こされた。特にＯＡＰＥＣは、石油消費国を第四次中東戦争におけるアラブ側への支持の程度に応じて、「友好国」、「中立国」、「敵対国」に区分し、原油供給に差をつける戦略をとった。その結果、アメリカとオランダが禁輸措置を受けたが、イギリスは「友好国」と位置づけられた。しかし、「この『友好国』の立場を維持しようとすることからくる制約」が、イギリス政府の政策に大きな影響を与えた。ヒース政権は、中東戦争をめぐる諸問題を「石油供給確保という最重要課題」の中に位置づけていくことになったのである。[28]

また、他の西ヨーロッパ諸国も、アメリカと比べてより多くの石油を輸入に依存していた。西ヨーロッパ諸国は、石油危機に対して一枚岩的な対応をとることができたわけではなかったが、石油への「エネルギー依存は事実上ヨーロッパの姿勢における中心問題」となった。[29]

他方、第四次中東戦争へのアメリカ政府の対応は、ニクソンがいわゆるウォーターゲート事件のスキャンダルなどへの対処に追われるなかで、キッシンジャーに事実上委ねられていた。彼の政策は、基本的にはイスラエルを支持するものであった。[30]

キッシンジャーは、同盟国の対応に不満を募らせていた。一〇月二五日、クローマーと会談した際に彼は、石油に関する問題をめぐって、同盟国は、「西ヨーロッパへの軍事攻撃という最も起こりそうにない一つの出来事以外には結束することはないのです」と述べた。[31] この会談を受けてクローマーは、一一月二一日付のブリメロー宛の書簡で、アメリカ側は、西ヨーロッパ諸国の政策がアラブ諸国の石油を手段とした脅しに屈したものであることを最も問題にしているとの見方を示した(32)。

キッシンジャーは、一一月二四日のクローマーとの会談においても米欧関係に対する不満を吐露し、さらに英米関係については、「特別な関係は衰退しつつあります」と述べた。そのうえで、イギリスのEC加盟は、ヨーロッパをイギリスのレベルに引き上げるべきものであったはずであるのに、実際にはイギリスをヨーロッパのレベルに引き下げてしまっている、と批判したのであった(33)。キッシンジャーは、ECに加盟したイギリスが、大西洋同盟を結束させることよりもヨーロッパとの関係を重視していることを問題視したのである。

このように米欧関係が悪化するなか、一二月一〇日から一一日にかけて、ブリュッセルでNATO閣僚会議が開催された。会議では、大西洋関係に関する宣言の作成を継続することなどに合意するとともに、同盟の結束の必要性が再確認された(34)。

しかし、翌一二日、ロンドンの米英友好団体ピルグリムズ協会におけるキッシンジャーの演説によって、事態はさらに深刻化することになった。この演説の前半部分でキッシンジャーは、米欧関係に関して以下のように論じた。彼は、「大西洋共同体が徐々に侵食される真の危険が存在しています」と言い切ったうえで、「大西洋関係を再建し、創造性に基づく新たな行為によって我々の友好関係を安定化させるための真剣な努力がきわめて重要となっているのです」と述べた。次いで彼は、「去る四月以降、ヨーロッパは、特に政治的協調の形で、統合へ向けた長足の進歩を遂げてきています」と指摘する一方で、「ヨーロッパの統合は、大西洋共同体の犠牲のうえにあってはなりませんし、大西洋の両岸が不利益を被るものであってはならないのです」と強調した。

さらにキッシンジャーは、一二月一四日から開催予定のEC九カ国首脳会議について触れ、「ECの首脳は、間違いなく共通の政策と立場を採用するでしょう」と述べた後に、同会議を前にしたアメリカ側の立場を次のように示した。第一に、「デタントは必須なものである」が、「デタントを追求することによって、デタントを可能にした友好関係が損なわれることがないように気をつけなければなりません」。第二に、「共同防衛は必要」であり、この前提に立ったうえで、「我々は、変化する状況に適応し、責任を平等に分担する用意がなければなりません」。第三に、「ヨーロッパの統合は現実」であるが、それは「大西洋間の結び付きを強めるものでなければならないと信じます」。そして第四に、「経済的相互依存は事実である」ので、「我々は深化する相互の依存と急激に台頭してきた国家的地域的アイデンティティとの矛盾を解決しなければなりません」。以上のような立場を示した後、キッシンジャーは、EC諸国がアメリカを排除した形で共通の立場をとることに対する強い警戒感を次のように表明したのであった。

「我々――ヨーロッパ、カナダ、そしてアメリカ――には、二つの選択しかありません。それは、ともに創造力を発揮していくのか、あるいは背を向け合って疎遠となるのかです[35]」。

錯綜する同盟関係

西側同盟内では、石油危機に関する問題をめぐって対応が分かれ始めていた。一九七三年一二月一〇日付でダグラス＝ヒュームは、一四日からコペンハーゲンで開催予定のEC首脳会議に関する文書の中で、ECの今後のエネルギー政策として、消費国には石油の安定供給を、また、生産国には技術および産業上の発展を保証するような「共同体と産油国との新たな関係」を構築していくべきである、といった考えを示した[36]。しかしジョベール仏外相は、一一日のダグラス＝ヒュームとの会談で、キッシンジャーが提案すると述べていた、主要な消費国間でエネルギー問題に関する共同研究を行うよう求める宣言について触れ、フランスは消費国に限定された構想に加わることはないと述べた[37]。

一方、一二日にキッシンジャーは、先述のピルグリムズ協会における演説の後半部分で、エネルギー問題について提案を行った。その提案とは、エネルギー行動グループの設立である。ヨーロッパ、北アメリカおよび日本のメンバーから構成されるエネルギー行動グループには、「エネルギー問題の全領域における協力のための初期段階の行動計画を三カ月以内に作成すること」が求められ、また同グループの目標は、「適正な価格で必要なエネルギーの供給を確保すること」であるとされた。たしかに彼は、「エネルギー行動グループは消費国による排他的な組織であるべきではありません」とも述べたが、同グループの構成国は西側の消費国のみであった。さらに、石油危機に西側世界が結束して対処すべきと考えるキッシンジャーは、英米二国間で培ってきた特別な信頼と親密さをアメリカと統合ヨーロッパとの間にも発展させるために、イギリスが貢献することを求めたのであった[38]。

一二月一四日から一五日にかけて、予定通りコペンハーゲンでEC首脳会議が開催され、「ヨーロッパ・アイデンティティ」宣言が採択された。同宣言では、「ごく一部の大国の手中に権力と責任が集中しつつあるということは、ヨーロッパがますます一つの声でまとまり、発言しなければならないということを意味する」と表明された[39]。

コペンハーゲンEC首脳会議では、ECとしての一体性は表明されたものの、各国の石油危機への対応は一致したものではなく、先のキッシンジャーによるエネルギー行動グループ案に関しても同様であった。ヒースは、三〇日付でニクソンに対してイギリス政府は同案を支持する立場である旨を伝えた[40]。他方、フランス政府は、まずは共同体のエネルギー政策を策定すべきと主張し、エネルギー行動グループ案を支持しなかったのである[41]。

翌一九七四年一月九日にニクソンは、先のキッシンジャーの提案を受ける形でエネルギー危機問題について話し合うため、二月一一日を候補日としてワシントンで石油消費国の外相会議を開催したいという書簡をヒースに送った。ニクソンは、同様の書簡をフランス、イタリア、西ドイツ、オランダ、ノルウェー、カナダ、そして日本といった先進工業国の首脳にも送付した。この書簡でニクソンは、今後、消費国と産油国との会議も開催する用意があることを述べたうえで、ＯＰＥＣ諸国の政府首脳に対して、今回の消費国による会議の目的を理解してもらうために個人的なメッセージを送付するということもあわせて伝えた。[42]

しかしフランス政府は、この外相会議の開催についても当初反対の立場を示した。その理由は、経済協力開発機構（ＯＥＣＤ）といった別の適切な会議の場も存在すること、外相レベルの会議であること、そして、ワシントンで開催する理由が明らかではないことなどであった。[43]

このように、西側同盟内で石油危機への対応が分かれているなかで、イギリスにおけるエネルギー危機は、いっそう深刻化していた。なぜなら、主に炭鉱と発電所でのストライキに起因する国内的なエネルギー危機までもが、同時に発生したからである。[44] そのためヒース政権は、西ヨーロッパ諸国の政府がエネルギー危機に有効に対処できない状況下で、アメリカ政府との協調を模索する必要があると考えるようになった。[45]

こうした状況のなか、二月一一日から一三日にかけて、石油消費国会議（ワシントン・エネルギー会議）が開催された。会議を主宰したキッシンジャーは、「ワシントン・エネルギー会議は奇妙な集まりだった。同盟国の会議なのに、なんとなく敵対国同士の対決の場という性格を帯びていた」と回顧している。彼によると、会議を「敵対国同士の対決の場」のようにしたのは、ジョベールであった。すなわち、「ジョベールは、『ヨーロッパの年』問題の時と同じように、エネルギー問題を利用してフランスが主導権を握り、アメリカに対抗するヨーロッパのアイデンティティを確立しようとした」のであった。[46]

会議の議論の主な焦点となったのは、消費国が結束して危機に対処し、また、常設の消費国のエネルギー機関を設置すべきであるというキッシンジャーの提案であった。この提案に関しては、ダグラス＝ヒュームや日本の大平正芳外相らが賛成する一方で、ジョベールは頑強に反対した。会議では結局、フランスが反対するなかでアメリカの提案が支持され、国際エネルギー機関（ＩＥＡ）の設置も合意された。石油消費国である先進工業国は、対立関

係を内包しながらも、アメリカ主導の下で結束してエネルギー危機に対処することになったのである。(47)

ヒース政権は、「ヨーロッパの年」問題以来、ＥＣ内でフランスとの協調を図ることによって統合ヨーロッパとしての立場を固め、アメリカとの交渉を進めてきた。しかし、ワシントン・エネルギー会議開催の頃には、フランスよりもアメリカとの協調を重視する政策へ転換していた。同会議を総括した二月一四日付のダグラス＝ヒュームの文書では、「ヨーロッパにとって、アメリカとの協調は不可欠なもの」であると述べられていた。そして、その政治的な観点に基づく理由としては、アメリカのみが、問題の解決のために必要な中東、そして特にイスラエルへの影響力を保持していることを挙げていた。(48)イギリス政府は、石油供給の確保と第四次中東戦争の停戦実現のためには中東問題の解決が必要であり、この問題に最も影響力を行使できるのはフランスをはじめとするＥＣ加盟国ではなく、アメリカであると認識するに至っていたのであった。(49)

アメリカ政府も、イギリス政府がワシントン・エネルギー会議の交渉プロセスで協力したことを評価した。会議後、ニクソンはヒースに対して、ダグラス＝ヒュームらイギリス側の参加者が「大変積極的な役割」を果たしたことに感謝している旨を伝えたのである。(50)

イギリスがＥＣに加盟した一九七三年には、「ヨーロッパの年」問題、第四次中東戦争、そして第一次石油危機をめぐって、米欧間ならびにＥＣ加盟国間で対立が生じた。ヒース政権は、「ヨーロッパの年」問題については米欧間の調停国としての役割を十分に果たすことができず、また、第四次中東戦争の停戦交渉ではキッシンジャーに主導権を握られることになった。さらにイギリス政府は、第一次石油危機へ対応するプロセスにおいて、まずはフランスとの協調を軸とした外交を展開したものの、結局は、アメリカとの関係を重視する外交へ転換していくことになったのであった。

このようにヒース政権は、一九七三年に発生した一連の問題において、当初は「ヨーロッパ・アイデンティティ」の下でEC加盟国の立場をまとめるなどしてアメリカと交渉したが、次第にフランスとの立場の違いを露呈するようになった。そして、第一次石油危機の解決にあたってイギリス政府は、明らかにアメリカとの関係を重視するようになったのである。

本章で考察した「ヨーロッパの年」問題を発端とした米欧関係の再定義に関する対立は、翌一九七四年に英独仏三カ国で首脳の交代が起きたことが契機となって一応の決着をみることになった。三月にはハロルド・ウィルソンが再び首相に、五月には西ドイツでヘルムート・シュミットが首相となり、フランスでもヴァレリー・ジスカール・デスタンが大統領に就任したが、これら三カ国の首脳は、いずれも前任者よりアメリカとの関係を重視する「大西洋主義的」な立場にあったのである。(51) そして、「防衛問題を扱ったNATO宣言」に関しては、六月二六日のブリュッセルでの首脳会議で、英独仏三カ国をはじめとする加盟諸国によって「大西洋関係に関する宣言」が署名された。しかし同宣言は、北大西洋条約調印二五周年にあたってその目的と意義を再確認し、防衛、政治および経済分野での米欧間協力の必要性を謳ったものにすぎなかった。また、「貿易・通貨問題を扱った米EC宣言」については、合意には至らなかったのである。(52)

第8章　英仏核協力構想の新たな模索

ヒース首相は、ECへの加盟を外交の最優先課題としていたが、他方で彼は、加盟交渉とあわせて、英仏核協力構想を実現することを目指した[1]。本章では、マクミラン政権や第一次ウィルソン政権でも模索された英仏核協力構想（第3章と第5章を参照）を、ヒース政権の戦後イギリス外交の再編構想の観点から考察する。その際、ヒース政権による英仏核協力構想は、マクミラン政権やウィルソン政権のそれとは大きく異なり、主に、ヨーロッパにおける防衛協力の実現によって統合ヨーロッパを外交の基盤として強化することを目指すものであり、戦後外交の再編構想の重要な一部を成すものであったことを明らかにする。

またヒース政権は、この英仏核協力構想を二国間のみで完結させる構想としてではなく、核分野での「特別な防衛関係」を堅持することを前提にアメリカとの協力に基づき進めようとした。一方で、英仏核協力構想と同時進行していた「独自」の核抑止力の更新計画のためにも、イギリスはアメリカとの核協力を必要としていた。このように、マクミラン政権以降、イギリスは「特別な防衛関係」への依存を深めていたのであった。ヒース政権は結局、英仏核協力構想を実現することはできなかったが、その経緯をアメリカとの核協力を必要としたという観点から、イギリスの核抑止力の更新計画とあわせて考察する。

そして本章では最後に、第6章から第8章までの分析を踏まえて、ヒース政権の下での戦後外交の再編の収束についてまとめることにする。

1　英仏核協力構想とイギリス「独自」の核抑止力

英仏核協力構想と英米核協力

ヒース政権は、一九七〇年六月の政権成立後直ちに英仏核協力について具体的に検討するための作業を開始した(2)。一一月一八日には、ヒース、ダグラス=ヒューム外相、キャリントン国防相らが出席して、フランスとの核協力を中心とした防衛協力を議題とする会議が開催された。会議の席でヒースは、「フランスが得ようと望んでいることと我々が与えられること」について各省間の研究を行うように指示した。その際ヒースは、「もしアメリカ政府が協力する用意があるならば」という前提条件を付した。また、同様にキャリントンも、「英仏核協力を十分に進展させる鍵は、好意的なアメリカの態度にある」ことを強調した。このようにヒース政権は、英仏核協力を進めるにあたって、アメリカ政府の理解と協力が得られることを前提とした(3)。

そしてヒース政権は、フランスやアメリカ側と英仏核協力構想を実現するための交渉をすぐに本格化させようとしたわけではなかった。構想の実現のためには解決しなければならない困難な諸問題があり、イギリス政府内でも様々な意見が存在したからである。たとえば、外務省と国防省が共同で作成した「防衛分野における英仏核協力」と題する長文の文書は、慎重な姿勢を示したものであった。同文書は、「我々は、核の分野で英米関係へ非常に依存しているので、できるだけ長く現在のレベルでのアクセスを維持することが、防衛および財政上の利益となる」と述べるなど、イギリスの核抑止力がアメリカに大きく依存している現実を前提としていた。また英仏核協力は、NATOに代わるものではなくそれと補完し合うものであり、「NATOはイギリスの安全保障の土台であり続ける」とした。そして、「フランス政府は、イギリスとの核協力にまだ関心を示していない」ため、「核分野での二国間協力に対する要望は、イギリスのEC加盟の前よりもむしろ後に、フランスにおいて表明されるであろう」との見方を示した。さらに文書では、英米間の合意や部分的核実験禁止条約（PTBT）の規定が、英仏核協力を進める際に問題となることなどを指摘したうえで、「イギリス政府は、現在の状況の下でフランスやアメリカに対してイニシアティヴをとるべきではない」と勧告したのである(4)。

一一月二〇日には、英仏国防相会談が開催された。会談では、まずキャリントンが、イギリスの防衛政策におけるNATOの重要性を強調したのに対して、ミシェル・ドゥブレ仏国防相は、「フランスの防衛は自立したものでなければなりません」と述べ、NATOから距離をとる姿勢を改めて示した。また、ヨーロッパ防衛の将来について議論するなかでドゥブレは、その鍵は英仏協力にあるとの考えは受け入れながらも、イギリスとアメリカの核における関係のために「英仏二国間の核協力は困難です」と述べた。これに対しキャリントンは、たしかに現在は核協力に関して制約があるということは認めながらも、将来的には可能性が存在するとの見方を示し、英仏両国は慎重に議論を続けていく必要がある旨を伝えたのであった(5)。

イギリス政府は、「英米間の核の特別な関係」を堅持しつつ、英米間と英仏間の核協力を相互補完的に進めようとしたのである(6)。このようにヒースが、アメリカとの核協力を前提としながらも、英仏核協力構想の実現を目指したことは、「ヨーロッパにおいてイギリスのパワー・ベースを強化しようとする彼の真摯な意思を示すものであった(7)」。

たしかに、ヒース政権の英仏核協力構想には、EC加盟実現のためのフランスとの取引材料としての側面もあったことは否定できない(8)。しかし、マクミラン政権やウィルソン政権による英仏核協力構想と大きく異なるのは、この構想が単なる取引材料ではなく、ヨーロッパにおける防衛協力の実現によって統合ヨーロッパを外交の基盤として強化することを目指すヒース政権の戦後外交の再編構想の重要な一部を成していたことであった。そしてイギリス政府は、次に述べるように、英仏核協力構想がＮＡＴＯの軍事機構から撤退したフランスを同機構に再び引き寄せることを目指すものであるとともに、アメリカとの核協力を前提としていることをニクソン政権に訴え、支持を求めたのである。

核抑止力の更新計画

一九七〇年一二月一八日にキャンプ・デーヴィッドで英米首脳会談が開催され、英仏核協力構想について話し合われた。ヒースは、同構想がフランスをＮＡＴＯへより近づけるものとなることが重要との考え方を示した。これに対しニクソンも、「我々の目的は、フランスをいっそう外向きの姿勢にすることでなければならない」のであり、英仏核協力の概念がこの目的に資するものならば、「アメリカの支持を得られるでしょう」と答えた。そして、会談の最後にヒースが、同構想を進展させるにあたってはアメリカ側と緊密に連絡を取り合うということを約束したのである。(9)

また、一九七一年三月二六日付のニクソンへのメッセージで、ヒースは、英仏核協力に関して三つの基本的な見解を明らかにした。それは第一に、ヨーロッパの統合は防衛分野まで拡大されるべきであり、フランスの参加も重要になること、第二に、防衛分野で英仏協力の十分な成果を得る唯一の方法は、あらゆる段階でアメリカの支持を基礎として進めることであること、そして第三に、現在の戦略核抑止力とその向上は、アメリカ政府の支援に負っていることを常に認識していること、であった。(10) ヒース政権は、英仏核戦力構想を進めるにあたって、アメリカとの核分野での「特別な防衛関係」を前提にしていることを改めて強調したのである。

他方で、イギリス政府内には依然として、アメリカとの協力に基づく英仏核協力構想に対して慎重な対応を求める意見も存在した。四月一九日付のダグラス＝ヒュームからヒースへの覚書の中では、イギリスがアメリカの核の機密を「賄賂」としてフランスに提供することでEC加盟を実現しようとしているとアメリカ側から見られるおそれがある、とのクローマー駐米イギリス大使の懸念が紹介された。(11)

このように、英仏核協力構想の実現を模索する一方で、ヒース政権は、イギリス「独自」の核抑止力の更新計画を同時に進めていた。第5章で述べたように、ウィルソン前政権は、アメリカ製の次世代戦略核ミサイルであるポセイドンを導入しないことを決定していたが、その一方で、イギリス海軍が運用するポラリス・システムの改良計画については検討を始めていた。その主要な理由は、ソ連が配備を進めていた弾道弾迎撃ミサイル（ＡＢＭ）システムに対抗する必要に迫られたためであった。ソ連によるＡＢＭ配備は、アメリカやイギリスの核抑止力に深刻な影響を与えるおそれがあったのである。こうした状況のなかでアメリカ政府は、自国のＡＢＭシステムの開発、配備を行うとともに、ソ連のＡＢＭシステムを突破するためにポラリス・ミサイルを改良したアンテロープ（Antelope）の開発を開始した。アンテロープ・システムは、ミサイルに搭載する核弾頭の中におとり（decoys）を混入したり、核弾頭を防護するための再突入体（re-entry vehicles）をより強化してソ連の防衛網を突破することを目指す計画であった。他方、イギリス政府は、ＡＢＭの研究開発は断念したものの、アメリカ側から提供を受けたアンテロープ計画に関する情報を基に、独自の技術で同計画を改良したスーパー・アンテロープ（Super Antelope）を開発することを検討し始めた。しかし、結局ウィルソン政権は、スーパー・アンテロープ計画などに関する結論を出すには至らなかった。(12)

そのためヒース政権が、ポラリス改良計画やアメリカ製のポセイドン・ミサイルの購入も含めたイギリスの核抑止力の更新計画を引き続き検討していくことになった。(13)キャリントンは、一九七〇年七月一六日付で「ポラリス・システムの改良」と題する覚書をヒースに提出した。キャリントンは、イギリスのポラリス・システムは機能してきているものの、ソ連のＡＢＭシステムによる防衛に対抗するためには改良が必要であると進言した。彼は、スーパー・アンテロープ計画を進めるべきとの立場をとりながらも、米ソ両国がABM配備の規制についても交渉を行っているSALTⅠやソ連によるABMの配備状況も勘案して、同計画に関する決定を下すべきとの考えを示した。(14)イギリスの核抑止力の更新計画は、以下において概観するように、英仏核協力構想とも関連しつつ、スーパー・アンテロープ計画を含む様々な計画の検討を経て決定されていくことになるのである。

2 「特別な防衛関係」への依存

英仏核協力構想の停滞

イギリス政府はアメリカとの核協力を基に英仏核協力構想を実現しようとしたが、アメリカ政府も独自にフランスとの核協力を行おうとしていた。クローマーは、一九七一年四月二八日にキッシンジャーから、ニクソンがフランスとの核協力に踏み出すことを決定したことをヒースに極秘裏に伝えるよう告げられた。協力の内容は、ミサイルとそれに関連する情報の交換の促進や高速コンピューターの輸出禁止措置の再検討などであった。(15)ヒース政権は、こうしたアメリカ側の意図を計りかねていた。イギリス政府は、米仏間の核協力がフランスをNATOとの防衛協力に再び引き入れるためのものなのか、あるいは、二国間において他の目的をもつようなものなのか判断できないでいたのである。(16)五月三日付でクローマーへ宛てた電報においてダグラス゠ヒュームは、イギリスを排除した形でフランスとアメリカの二国間関係が築かれていくことになると、イギリスがきわめて重要な長期的な目標と見なしてきた核協力における英米仏三カ国関係の構築がより困難になるとの懸念を伝えた。(17)

五月二〇日には、英仏首脳会談がパリで開催された。この首脳会談は、第6章で検討したようにEC加盟交渉を妥結させる契機となった会談であったが、ヨーロッパの防衛・安全保障問題も重要な議題であった。会談の中でヒースは、「将来においてヨーロッパが、防衛分野でより効果的な影響力を行使し、また、自らの安全保障にいっそう積極的に貢献することができるようになること」は非常に重要であろうとの考えを示した。これに対してポンピドゥーは、フランスは独自に核戦力を構築しているように防衛面で「特別の立場」を貫いている点を強調した。そして彼は、フランスのアプローチは、核戦力分野でアメリカから支援を受けることを選択してそれを享受しているイギリスとは異なっているため、英仏間での核協約（nuclear entente）といったことは現時点では考えられない旨を伝えた。そのためヒースは、共同体が拡大してヨーロッパにおいてより広範な政治的組織体が発展した場合は、防衛問題に関する議論もいっそう進んでいくであろうとの期待を示すにとどまった。(18) イギリス側の積極的な姿勢とは裏腹に、フランスはこの問題についての態度を明確にすることはなかったのである。

このように英仏核協力構想が進展しないなかで、一二月にはバミューダで英米首脳会談が開催された。会談の席でニクソンは、アメリカ大統領選挙の年に他の同盟国には秘密にしていた英仏核協力に関する問題が表面化することは回避したいとの考えを示しながらも、イギリスがフランスと話し合いを始めることには反対しなかった。ただし彼は、英仏間の交渉はポンピドゥーとの首脳間だけに限定して慎重に対応するように求めた。(19)

翌一九七二年一月二八日付で、トレンド内閣官房長官は、三月に予定されている英仏首脳会談に向けてヒースに英仏核協力に関する文書を提出した。トレンドはまず、イギリスの戦略核戦力の更新問題に言及し、後継システムの開発に関するフランスとの協力の可能性についても検討する必要があるとした。他方で彼は、「フランス政府に我々の利害とフランスのそれが両立できるということを説得することは容易ではないであろう」との見方も示した。なぜならポンピドゥーは、英仏協力が既存の英米間の協力関係と調和しうるものなのか、といったことなどを疑問視すると考えられるからであった。さらにトレンドは、ＰＴＢＴに加盟していないフランスが大気圏での核実験を続けているなかで英仏協力を行うことの問題点や、フランスとの交渉に関してアメリカと緊密な情報交換を続けていく必要があることなどを指摘した。くわえて彼は、英仏両政府は、西ドイツをはじめとするヨーロッパの同盟国へのこれらの問題の公表について慎重に検討すべきであるということも進言した。[20]

三月一九日、ポンピドゥーが訪英して首脳会談が開催され、英仏核協力についても話し合われた。ヒースは、核戦力の後継システムに関する英仏間の協力に言及したが、その際、先のトレンドの見解に沿った形で西ドイツとの関係やフランスのPTBT未加盟といった問題点などを指摘した。また彼は、アメリカ大統領選挙の年に英仏核協力の問題に公に言及することは、ニクソンをかなり難しい立場に追い込むことになると述べた。それでもヒースは、英仏両国の首脳や国防大臣が極秘裏にこの問題を話し合うことは可能との見方を示した。これに対しポンピドゥーは、ソ連や西ドイツへの配慮を示しつつも英仏間で問題を慎重に議論することには同意した。しかし彼は、フランスは独立した核戦力を堅持していくとの姿勢を改めて明確にしたのであった。くわえて、会談において注目すべきことは、ヒースが核問題やヨーロッパに関する政策についてマクミラン元首相との立場の違いを明らかにしたことである。[21]ヒースは、マクミランよりもヨーロッパとの関係をいっそう重視していることを強調したのである。

一方、第6章で述べたように、米ソ両超大国は、五月の首脳会談においてSALTIを妥結させ、戦略核兵器に関する軍備管理協定やABM制限条約を締結していた。こうした事態を受けて、イギリス、そしてフランス政府は、自国の核抑止力の信頼性を強化する必要に迫られた。なぜなら、ABM制限条約が締結されたことで、英仏両国の核抑止力が低下するおそれがあったからである。[22]また、新たに交渉が進められる第二次戦略兵器制限交渉（SALTII）では、「不譲渡」条項によってイギリスの核抑止力に対するアメリカの支援が制限されたり、ソ連が英仏両国の核兵器も制限対象とするように求めることなどの懸念も高まっていた。[23]

一一月二〇日には、キャリントンとドゥブレとの間で国防相会談が開催された。まずキャリントンは、様々な選択肢を検討しているイギリスの戦略核抑止力の更新計画について説明したが、そのすべての選択肢において、地下核実験施設の利用などでアメリカからの支援を必要としているとした。そのうえで彼は、核抑止力の後継システムに関する英仏協力の可能性に触れたのであった。これに対しドゥブレも、後継ミサイルや、もし可能ならば弾頭も含むイギリスとの技術協力に関心を示した。また彼は、ＳＡＬＴの今後の行方、特にソ連が英仏両国の戦略核兵器をアメリカの規制総数に含めるように主張することを大変憂慮していると述べた。その際彼は、「フランス政府は自国の戦略核戦力に影響を与えるような諸決定が両超大国によってなされるような事態は受け入れられない」ということを強調した。さらにドゥブレは、こうした事態へ対処するために英仏核協力を実現することが必要になるかもしれない、と述べたのである。(24)

以上のようにＳＡＬＴの問題は、英仏核協力構想とも関連していた。翌一九七三年一月にＥＣへの加盟を果たしたヒース政権は、米ソ両超大国が二国間のみで核軍備管理交渉を進めることに対処するためにも、英仏核協力構想を慎重かつ着実に進めようとしたのである。

「独自」の核抑止力と対米依存

イギリス外務省は、一九七三年二月に開催予定の英米首脳会談に関する一月一八日付の文書で、「ＳＡＬＴⅡにおけるＮＡＴＯの主要な利害は、ヨーロッパ防衛へのアメリカの戦略核の関与が弱められないことやＮＡＴＯに関与するアメリカ軍にいかなる制約も課されないこと」であるとした。そして、特にイギリスにとっての利害は、自国の核戦力がソ連の防衛網を突破することが困難とならないことや、核抑止力に対するアメリカからの支援が妨げられないことが保証されることである、との見解を示した。(25) イギリス政府は、英仏核協力構想を模索しながら、アメリカのＮＡＴＯへの関与や自国の核抑止力への支援などは維持されるべきとの立場にあったのである。

他方、核抑止力の更新計画に関しては、イギリス政府内における検討やアメリカ側との交渉が粘り強く続けられていた。潜水艦発射弾道ミサイルに関するイギリス側の計画の選択肢には、次のようなものがあった。まず、既存のポラリス・ミサイルにイギリスが改良した再突入体と弾頭を装備して改修するスーパー・アンテロープ、そして、個別誘導複数目標再突入体（ＭＩＲＶ）化されたアメリカ製のポセイドン・ミサイルに独自の弾頭を装備して改造するイギリス版のポセイドン（UK Poseidon）、さらに、ＭＩＲＶ化されていないポセイドンにスーパー・アンテロープ型のイギリス製の弾頭と再突入体を装備して改造するハイブリッド（Hybrid）であった。[26] そして、このハイブリッド計画には、その後新たな暗号名としてスタッグ（Stag）が与えられることになった。[27]

二月には英米首脳会談が予定通り開催された。ワシントンでの一日の会談では、イギリスの核抑止力が議題となった。会談の冒頭でヒースは、今後も「信頼性のある独立した抑止力」を堅持していくとの考えを改めて明確に示した。また、核抑止力の更新計画に関しては、引き続きアメリカ政府からの支援を求めていきたいと述べたうえで、現時点での選択肢について次のように説明した。すなわち、スーパー・アンテロープは、ＳＡＬＴⅠで配備が容認されたソ連のＡＢＭシステムへの対処能力に問題があること、また、ポセイドンに関しては、ＭＩＲＶ化されているためにアメリカから提供を受けることには政治的困難が伴うということを認識しているとした。そのため、上記の二つの選択肢のいわば間をとったスタッグも検討していると述べたのである。これに対してニクソンも、核抑止力に関してイギリス側に協力していくとの考えを示した。[28]

さらに、こうしたイギリスの核抑止力の更新計画には、アメリカ製の弾頭を装備したＭＩＲＶ化されていないポセイドン・ミサイルを購入するといった暗号名オプションＭ（Option M）も追加され、他の選択肢とともに比較検討されていくことになった。[29]

五月二一日にはパリで英仏首脳会談が開催され、防衛問題について話し合われた。ヒースは、すでに一〇年前に仏英核抑止力（Franco/British nuclear deterrent force）を進展させることを公に提案したように、一貫して英仏核協力構想を主張してきたと述べた。そしてイギリスは、自国製の原子力潜水艦を保有しており、核兵器運搬手段はアメリカ製のポラリス・ミサイルであるものの、弾頭は自国製であることなどを強調して、核抑止力の独自性をアピールした。またヒースは、イギリスの核抑止力の更新計画にはいくつもの選択肢があり、計画の決定は今後の英仏間の協力に関するポンピドゥーの考えに影響されるとした。そして、更新計画の選択肢について簡潔に説明したうえで、英仏協力は、実現可能ならば一九七五年頃に開始する必要があるとした。これに対してポンピドゥーは、両国の技術者や専門家が、まずは、特定の分野において可能な共同研究を進めていくことについては同意したのであった。(30) ヒースは、五月二九日付のニクソンへの書簡で、二一日の英仏首脳会談の概要を伝えた。その中で彼は、ポンピドゥーが、核戦力分野での英仏両国のイニシアティヴに対する西ドイツの反応を懸念していたことなどについても明らかにしたうえで、英仏間の協力の展開については今後ともニクソンと協議していくと述べたのである。(31)

他方、核抑止力の更新計画に関しては、イギリス政府内で検討が続けられていた。たとえば、キャリントンは、七月一三日付でヒースに宛てた書簡において、計画の各選択肢に関する見解を示した。まずMIRV化されたポセイドンは、MIRV化システムという高性能技術のイギリスへの供与がソ連との関係に影響を与えることへの懸念などから、アメリカ議会が強く反対するおそれがあること、また、英仏核協力の可能性については、ポンピドゥーが依然としてそれをより長期的なものなどと見なしていると考えられること、そしてスタッグは、オプションMよりも運用、技術、補給面で劣っていることから、これら三つの計画は実現が困難との評価を示した。そのうえでキャリントンは、オプションMとスーパー・アンテロープを比較検討したが、どちらを導入すべきかについては結論を出さなかった。(32)

こうした検討が続けられるなかで、八月二九日にアメリカ国防総省で英米両国の国防関係者の会議が開催された。会議においてアメリカ側の出席者は、個人的な見解であると断りながら、ポセイドンに関する新たな状況を説明した。それは、この種の決定は高度の政治的重要性を伴うものであり、キッシンジャーの見解が鍵となるとの留保をつけたものの、MIRV化されたポセイドンの売却について合意できるであろうというものであった。[33]

このようにアメリカ側からMIRV化されたポセイドンの提供が可能との見解も示されていたものの、結局ヒース政権は、以下のようにスーパー・アンテロープを選択するに至った。

核抑止力を議題とした九月一二日の閣議で、キャリントンは、MIRV化されたポセイドンの購入をイギリスが求めたとしても、アメリカ政府が議会からの承認を得られる確証はなく、また、この問題での議会へのアプローチの失敗は、後にオプションMを獲得する可能性にも影響を及ぼしかねない、との見方を示した。さらに彼は、核抑止力に関する決定にあたっては国防費などの問題の検討も必要であると述べた。くわえてヒースが、「信頼性のある核抑止力を維持することは、より広い政治的文脈において大変重要なことであると見なされなければならない」との立場を明確にした。彼は、大国として「独自」の核抑止力を保有することは政治的にも重要であることを強調したのであった。そのうえで彼は、キャリントンと同様に更新計画を決定する前に国防費の観点からの考慮が必要とされると論じた。[34]

そして、一〇月三〇日に開催された閣議では、イギリス政府がオプションMの獲得を求めてもアメリカ政府が議会の支持を得ることができるかは疑問であり、さらにMIRV化されたポセイドンの場合はいっそう困難な見込みであることが改めて確認された。他方、スーパー・アンテロープは、オプションMと比較して運用、技術、補給面で優位性をもつわけではないものの、十分な抑止力があり、費用面でもより低く抑えられると評価された。そして、ヒースが閣議の議論をまとめ、「スーパー・アンテロープを開発することが正しい方針であるという全体的な合意がある」と結論づけたのである。[35]

ヒース政権がスーパー・アンテロープを選択した理由には、既述のことに加えて、フランス政府への配慮ということもあったと考えられる。[36]一〇月三〇日の閣議では、スーパー・アンテロープを選択した場合、「我々は、依然として多くの重要な点でアメリカ政府の支援に依存する必要があるものの、オプションMの場合よりはかなり低い程度になるであろう」と評価されていた。[37]ヒース政権は、イギリスが独自に開発を行うスーパー・アンテロープを選択することによって、できるだけ対米「自立」を目指すイギリス政府の立場をフランス側に示そうとしたのである。そこには、引き続き英仏核協力構想を実現させようとするヒース政権の意図があったと言える。

ヒース政権は、スーパー・アンテロープをポラリスの後継システムが導入されるまでの過渡的なものと見なしていた。また、アメリカ政府がアンテロープ計画を廃棄したことを受けて、イギリス政府は、スーパー・アンテロープにシェヴァリーン（Chevaline）という新たな暗号名を与えていた。[38]なお、スーパー・アンテロープが選択された主要な理由の一つは、他の更新計画と比較してコスト面でより安価であると評価されたためであったが、以後開発を進めるにしたがってその費用は高騰していくことになった。[39]

核抑止力の更新計画が事実上決定される一方で、英仏核協力構想に関しては、一一月一六日にイギリスで開催された英仏首脳会談で引き続き検討された。会談の中で、ヒースは、英仏核協力、さらにはアメリカとの三カ国間の協力の可能性に言及したが、ポンピドゥーは従来通りの慎重な立場を崩すことはなかったのであった。[40]

一九七四年の総選挙が近づいていることもあり、ヒースは、スーパー・アンテロープ計画の決定に関する公表および契約は選挙後に行うこととした。[41]しかし、ヒースが率いた保守党は総選挙で敗北し、同計画については、一九七四年三月に成立した第二次ウィルソン労働党政権に委ねられることになったのである。

第Ⅲ部で考察してきたように、ヒース政権は、超大国デタントの成立によって国際秩序において英米関係の重要性が低下するなかで、ECに加盟するだけではなく、英仏核協力構想といったヨーロッパにおける防衛協力を進めることで統合ヨーロッパを外交の基盤として固め、アメリカに対する影響力を確保することを模索した。ヒース政権は、「統合ヨーロッパとアメリカの特別な関係」を構築する戦後外交の再編構想の実現を目指したのであった。すなわち、イギリス一国ではなく統合ヨーロッパ全体を通してより対等な英米関係を実現し、そのことで超大国アメリカに影響力を行使しうる大国としての地位を確保しようとしたのであった。

しかし実際には、ヒース政権による戦後外交の再編構想は困難に直面した。まず加盟を果たしたEC自体が、国際経済環境が悪化する状況下で経済的にも政治的にも顕著な進展をみせなかった。アメリカ政府による一九七一年八月の金とドルとの交換停止などの経済政策が、戦後西側の国際経済体制であるブレトンウッズ体制を崩壊に追い込み、ECが進める経済通貨同盟などの試みにも大きな影響を及ぼしたのである。さらに、第一次石油危機以降深刻な経済危機に直面したEC加盟国は、この危機にECとしてよりも各国政府として個別に対処しようとしたことによって統合のインセンティヴを欠くようになった。そのため、一九七〇年代のヨーロッパ統合のプロセスは、停滞することを余儀なくされたのであった(42)。

また、イギリスがECに加盟した一九七三年は、大西洋同盟内で対立が生じた年となった。そのため同盟関係の安定を重視するヒース政権は、調停国の役割を果たそうとした。しかし、キッシンジャーの「ヨーロッパの年」演説をめぐっては、フランスとの協調を軸に「ヨーロッパ・アイデンティティ」の下でEC加盟国をまとめようとしたものの、アメリカとの合意を実現できなかった。そして、第四次中東戦争の停戦プロセスでは、キッシンジャーに外交的なイニシアティヴを握られ、さらに、第一次石油危機への対応の際には、次第にアメリカとの関係を重視せざるをえなくなった。

くわえて、英仏核協力構想は、結局実現することはなかった。同構想を英仏二国間のみで進めることは可能ではなく、アメリカとの核協力が不可欠であった。英仏核協力と英米核協力とを同時に進めることは、核抑止力の維持をアメリカに依存するイギリスにとっては現実的なアプローチであったとしても、アメリカからの自立に固執するフランスを巻き込んで進めることにはやはり限界があったのである。またヒース政権が、アメリカとの核協力を前提に英仏核協力構想を進めようとしたのは、核分野での「特別な防衛関係」への依存がマクミラン政権以降に深化していたことによるものであった。英仏核協力構想と関連しながら同時に進行していたイギリスの核抑止力の更新計画についても、スーパー・アンテロープ計画は、フランスに対してイギリスの一定の対米「自立」をアピールできたとしても、イギリスだけで開発を行えるわけでは決してなく、アメリカからの支援が不可欠であったのである。(43)

以上のように、ヒース政権の下では、ECへの加盟によって「帝国・コモンウェルスから統合ヨーロッパ」へと外交の基盤は移行した。しかしこのことは、統合ヨーロッパを外交の基盤とする再編構想の実現には繋がらなかった。なぜなら、ECの統合プロセスが停滞し、英仏核協力構想も実現しなかったように、さらに、エネルギー危機のなかでフランスとの協調が困難になったように、統合ヨーロッパは、より対等なアメリカとの関係をイギリスが保持できるような外交の基盤とはならなかったからである。すなわち、EC加盟によって「統合ヨーロッパとアメリカの特別な関係」の構築という再編構想が実現したのではなく、ヒース政権の意図しない結果として、対等ではないアメリカとの二国間の「特別な関係」をいっそう重視し、この関係に従属することを受け入れざるをえない形で戦後外交の再編は収束することになったのである。

終章　戦後イギリス外交の再編の試みとその収束

本章では、第Ⅰ部から第Ⅲ部までの分析を踏まえて、序章において検討した戦後イギリス外交の再編に関する分析視角とイメージ図を用いながら、まず第1節で、マクミラン政権から第一次ウィルソン政権期の再編構想について整理する。次に第2節では、ヒース政権期の再編構想に関してまとめたうえで、同政権においてEC加盟後に収束していくことになった戦後外交の再編の今日的意義について検討する。

1　漂流するイギリス外交

マクミラン政権およびダグラス=ヒューム政権の時代

一九五七年に成立した保守党のマクミラン政権は、英米間の「特別な関係」を再構築することを重要な課題とした。「特別な関係」の再構築とは、前年のスエズ戦争で悪化した英米二国間の関係を修復するとともに、両国関係の再強化のための新たな外交の基盤を帝国・コモンウェルスに代えて統合ヨーロッパに求めることであった。

たしかに、戦後の英米間の「特別な関係」は、アメリカよりもイギリスにとって重要な関係であり、その意味で両国政府における同関係の重要性は「きわめて非対称的」であったことは間違いない(1)。また、マクミラン政権が戦後外交の再編に乗り出す契機となったスエズ戦争における英米間対立と戦争終結に関わるアメリカの一方的な圧力は、「アメリカに対するイギリスの従属的地位」を改めて確認せしめるものであった。(2) マクミラン政権の成立時において、イギリスは事実上アメリカに外交的に従属していた。それにもかかわらず、マクミラン政権は、戦後外交の再編によってより対等な英米間の「特別な関係」を構築し、また、この関係を利用しながら「世界大国」としての地位を再び得ようとしたのである（序章図3参照）。

まずマクミランは、バミューダやワシントンにおいてアメリカのアイゼンハワー大統領と首脳会談を開催することなどを通して、英米二国間関係の修復を図った。その結果、戦後の両国間の核協力を妨げてきた一九四六年制定のアメリカの原子力法（マクマホン法）は改正され、歴代政権が求めてきた核戦力における英米間の「特別な防衛関係」がマクミラン政権の下で回復し、イギリスはアメリカから核兵器運搬手段の供与を受けることが可能になった。

しかし、より対等な英米間の「特別な関係」の構築を目指す再編構想は、まさにこの核戦力の分野で限界を露呈した。それは、核兵器運搬手段の供与をめぐって発生したスカイボルト・ミサイル危機がきっかけであった。この危機は、英米間に深刻な対立をもたらしたが、一九六二年一二月に締結されたナッソー協定によって新たにポラリス・ミサイルの提供が合意されたことで沈静化した。だがイギリスは、核分野での「特別な防衛関係」の回復により「独自」の核抑止力を堅持することはできたものの、安全保障面での対米依存も深めていくことになったのである。

また、マクミラン政権以降のイギリス外交は、ヨーロッパ統合への接近を特徴とした。当初マクミラン政権は、ヨーロッパ大陸における超国家的な統合の試みから距離を置いていたが、緩やかな自由貿易圏を目指すFTA構想の挫折、そしてEFTAの結成を経た後、一九六一年八月にEEC加盟申請を行った。イギリス政府による加盟申請の背景には、発展を遂げるEECとの経済的な関係を構築するという目的があった。しかし同時に、イギリスが主導する統合ヨーロッパを外交の新たな基盤として英米間の「特別な関係」を再構築する戦後外交の再編という構想が存在したことが強調されなければならない。またアメリカのケネディ政権も、フランスのド・ゴール大統領が独自外交を展開するなかで、大西洋同盟の結束のために統合ヨーロッパにおいてイギリスが果たす役割に期待し、EEC加盟を支持していた。イギリス政府は、アメリカ政府の期待に応えることで、「特別な関係」の再強化を目指したのである。

その一方でマクミランは、一九五八年に勃発した第二次ベルリン危機において、「世界大国」としての自画像を依然としてもちながら、東西間の調停国としての役割を果たすべく独自に外交努力を重ねた。しかしながら、彼が強く求めた英米仏ソ四カ国によるパリ首脳会議は、結局開催されないままに終わった。第二次ベルリン危機は、改めてイギリス政府に国際秩序の中で影響力が低下しているという現実をつきつけたのであった。

さらに一九六三年一月には、ド・ゴールが、アメリカとの「特別な関係」などを問題視してイギリスのEEC加盟申請を拒否した。統合ヨーロッパでの主導権をめぐるマクミランの外交構想とド・ゴールのそれとが対立した結果であった。このことによって、統合ヨーロッパを外交の基盤に求めるイギリスの外交の再編構想も挫折することを余儀なくされた。マクミラン政権が模索を始めた戦後外交の再編の試みは、実現しないままに漂流していくことになったのである。

戦後イギリス外交の再編という観点から言えば、マクミラン政権の下では、外交の基盤を「帝国・コモンウェルスから統合ヨーロッパ」へ移行させるプロセスは不十分なままであった。イギリス外交が漂流するなかで「世界大国」としての自画像が揺らぐ厳しい現実に直面しつつも、マクミランは、依然としてイギリスは世界的な役割を担っていると自認していた。(3) それゆえ、脱植民地化の「第二の波」は受け入れながらも、彼はコモンウェルス諸国との関係を重視し続けた。また、「スエズ以東」における軍事的関与も継続するなど世界的な役割を堅持しようとした。さらに第一次ＥＥＣ加盟申請に関しても、マクミランは、統合ヨーロッパの一国になることをためらい、「条件付きの加盟申請」という形をとったのだった。

一九六三年にマクミランの引退を受けて、後継首相となったダグラス＝ヒュームの外交は、基本的には前政権の外交を踏襲するものであった。また彼の首相在任期間は、約一年間と大変短かったため、大きな外交上の成果を出せないままに終わることになった。

第一次ウィルソン政権の時代

一九六四年に一三年ぶりに政権交代を果たした労働党のウィルソン政権は、マクミラン保守党政権に引き続き戦後イギリス外交の再編に取り組んでいくことになった。しかしウィルソン政権は、成立後直ちに戦後外交の再編に乗り出したわけではない。当初は、コモンウェルスとの関係を重視するとともに、「スエズ以東」やヨーロッパ大陸への軍事的関与を継続することなどで世界的な役割を堅持する一方で、ＥＥＣ加盟には消極的な姿勢を示していた。保守党政権とは異なる外交姿勢を示すためにも、マクミランの再編構想を引き継ぐのではなく、いま一度「世界大国」として振る舞おうとしたのであった（序章図2参照）。

「世界大国」としてのノスタルジアを抱くウィルソンが、アメリカに対して影響力を及ぼすことができると考えたのがヴェトナム戦争であった。ウィルソンは、外交による和平の実現を目指し、国際的な対立となっていたヴェトナム戦争の停戦のために尽力した。しかし、和平外交が挫折していくなかで彼は、国際的に重要な問題に関してアメリカに影響力を行使することが困難であるということを認識させられた。さらに、ポンド危機などに直面する状況下で、次第に世界的な役割を見直す必要に迫られた。こうしてウィルソンも、もはやイギリスが「世界大国」ではないという現実を受け入れざるをえなくなる。そのためウィルソン政権は、「世界大国」ではなく、西側陣営の盟主であるアメリカとの「特別な関係」を保持する大国としての地位を得るために、戦後外交の再編に本格的に取り組んでいくことになったのである。

ウィルソン政権による外交の再編は、主に世界的な役割の再考とEECへの加盟申請という形をとった。ウィルソンは、世界的な役割を縮小する一方で、帝国・コモンウェルスに代えて統合ヨーロッパを外交の基盤としてアメリカに影響力を行使しうる大国としての地位を獲得できるように外交の再編を試みたのである（序章図3参照）。まず、一九六七年にポンドを切り下げるとともに、六八年には「スエズ以東」からの軍事的撤退を表明し、イギリスの世界的な役割を見直した。また一九六七年には、第二次EEC加盟申請を行った。ウィルソン政権は、ヨーロッパ統合を積極的に推し進める考えはなかったものの、マクミラン政権とは異なり、「無条件での加盟申請」を行った。これは、「帝国・コモンウェルスから統合ヨーロッパ」へ外交の基盤を移す大きな決断であった。

ウィルソン政権がEECへの「無条件での加盟申請」を行った要因を二点挙げることができる。一つは、当初外交の基盤として期待された帝国・コモンウェルスとの関係に、もはや長期的な展望を見出せなくなったことである。いま一つは、やはりアメリカとの関係改善である。ウィルソン政権はアメリカのジョンソン政権とヴェトナム戦争をめぐって対立しており、また、イギリス軍が「スエズ以東」から撤退することにもアメリカ政府は反対であった。他方で、ジョンソン政権は、フランスのド・ゴール大統領が一九六六年七月にNATOの軍事機構から正式に脱退するなど独自外交を進めるなかで、動揺する大西洋同盟の結束のためにイギリス政府が統合ヨーロッパにおいて果たす役割に期待していた。同様に、フランスの独自外交を懸念するウィルソン政権も、EECへの「無条件での加盟申請」に踏み切ることで大西洋同盟の強化を図り、対米関係のさらなる悪化を回避しようとしたと考えられる。

だがイギリスの第二次EEC加盟申請は、再びド・ゴールが拒否したことによって失敗した。そのため、統合ヨーロッパを外交の基盤とする外交構想も挫折し、ヴェトナム戦争で悪化したアメリカとの「特別な関係」を再強化することができないままに、ウィルソン政権による外交の再編の試みは、マクミラン政権に引き続き漂流していったのである。

それでもウィルソン政権の下では、世界大での軍事的関与を縮小してヨーロッパ防衛を重視する立場をとるようになり、また、無条件での第二次ＥＣ加盟申請は、一九七三年のヒース政権のＥＣ加盟実現に道を拓くものとなった。マクミラン政権とは異なり、ウィルソン政権は、「帝国・コモンウェルスから統合ヨーロッパ」へと外交の基盤を着実に移行させ始めたのである。

2　再編の収束後のイギリス外交

ヒース政権の時代

一九七〇年に首相に就任した保守党のヒースは、戦後イギリスの首相の中で最も親ヨーロッパ的であると同時に、「頑強な冷戦の闘士」でもあった。(4) こうした政治的な立場は、ヒースの戦後外交の再編構想や外交政策にも反映されることになった。ソ連への不信感を拭いきれないヒースが、アメリカのヴェトナム政策に対してウィルソン前政権とは異なる姿勢を示したのはその一例である。派兵こそしなかったものの、彼はニクソン政権のヴェトナム政策を明確に支持した。また、東西ヨーロッパ間のデタントに関しても、ユーフォリアを排しつつ大西洋同盟の結束を堅持して進展させるべきとの立場から慎重に対応した。ヒースは、決して反米的ではなく、英米間の「特別な関係」を維持することを外交の前提としていた。

とはいえ、ヒースの最優先の外交課題は、ＥＣへの加盟であった。そして、一九六九年六月にド・ゴールに代わってイギリスの加盟に前向きなポンピドゥーがフランス大統領に就任し、また、一二月のハーグでのＥＣ首脳会議によって加盟国の拡大が合意されたことは、イギリスの加盟への大きな後押しとなった。加盟交渉は、ヒース政権成立後すぐに、ウィルソン前政権の加盟申請を再開する形で始められることになり、アメリカのニクソン政権も、ECに加盟したイギリスが大西洋同盟内の結束を図ることを求めて加盟を支持した。結局ヒースは、困難な加盟交渉をポンピドゥーとの首脳会談などで乗り切り、一九七三年一月にイギリスのEC加盟を実現させた。マクミラン政権が第一次EEC加盟申請を行ってから一〇年以上の年月が流れていた。

そしてヒース政権は、イギリス一国ではなく、イギリスが主導する統合ヨーロッパ全体を通してアメリカに影響を及ぼそうとした（序章図4参照）。また、ECに加盟するだけではなく、英仏核協力構想といったヨーロッパにおける防衛協力の実現を通して、統合ヨーロッパをより確固たるイギリス外交の基盤にすることを模索した。マクミラン政権や第一次ウィルソン政権の戦後外交の再編構想とは異なり、ヒース政権は、「統合ヨーロッパとアメリカの特別な関係」の構築によって、アメリカに影響力を行使できる大国としての地位を得ることを追求したのである。さらに、米ソ両国が超大国デタントへ向けて進むなかで、ヒース政権は、英米二国間および国際秩序における自国の影響力の低下に対処していく必要に迫られていた。このことが、アメリカに影響力を行使する外交の基盤としての統合ヨーロッパの重要性を改めてヒースに認識させたのであった。

イギリスがECに加盟した一九七三年は、「統合ヨーロッパとアメリカの特別な関係」の構築を目指すヒース政権の再編構想の真価が問われる年にもなった。この年は、大西洋同盟内で米欧関係が緊張し、その際ヒース政権が、同盟の調停国としての役割を担おうとしたからである。四月のキッシンジャーの「ヨーロッパの年」演説をめぐって米欧関係の再定義に関する対立が生じると、ヒース政権は、アメリカに反発するフランスや他のEC加盟国を「ヨーロッパ・アイデンティティ」の下に結束させつつ、ニクソン政権と粘り強い交渉を試みた。「ヨーロッパ・アイデンティティ」の下にEC加盟国を結束させようとするヒース政権の外交は、統合ヨーロッパ全体を通してアメリカに影響を及ぼそうとする再編構想に基づくものであった。しかしながらイギリスは、米欧間で調停国としての役割を果たすことはできなかった。

さらに、一九七三年は石油危機の年でもあり、一〇月に勃発した第四次中東戦争がその引き金となったが、この危機は、新たな米欧間対立のみならず、EC加盟国間の対立も引き起こすことになった。OPECやOAPECが石油戦略を発動するなかで、中東石油への依存を深めていたイギリスをはじめとするEC加盟国は、石油供給確保を最優先課題とし、アラブ諸国との関係を重視した。そのため、石油戦略による打撃が少なく、また、イスラエルを支持するアメリカと対立することとなったのである。しかし、結局ヒース政権は、深刻化する自国のエネルギー危機の解決を図るために、ヨーロッパよりもアメリカとの関係を重視する政策に転換していった。イギリス政府は、石油危機の解決やそれと関連する中東和平に対して最も影響力を行使できるのはアメリカであると見なしたのであった。

くわえて、第一次石油危機を契機として世界経済が深刻な経済危機に直面したことによって、一九七〇年代はEC自体が停滞することを余儀なくされた。また、一九六一年にマクミランがEECへの加盟を申請して以来、イギリス政府は、EEC・ECに加盟すれば仏独両国に代わってイギリスが主導権を握ることができると考えていたが、そうした認識は、ヨーロッパ統合を推進してきた仏独枢軸の現実をあまりに無視したものであった(5)。さらに、ヒース政権が追求した英仏核協力構想も実現しなかった。イギリス政府は、同構想とともに、ポラリスの後継ミサイルをめぐる「独自」の核抑止力の更新計画を実現させるにあたっても、アメリカとの核協力を前提とせざるをえず、アメリカからの自立を目指すフランスの疑念を払拭することができなかったのであった。

EC加盟の実現によって「帝国・コモンウェルスから統合ヨーロッパ」へとイギリス外交の基盤は移行したが、統合ヨーロッパ自体は、より対等なアメリカとの関係をイギリスが保持できるような外交の基盤とはならなかったのである。

ヒース政権末期からキャメロン政権の時代まで

マクミラン政権からヒース政権期の戦後外交の再編のプロセスは、序章で述べた戦後国際秩序の変容に対処するためだけではなく、イギリスがアメリカとの従属的な関係を改めて受け入れていかざるをえないプロセスでもあった。既述のようにマクミラン政権の成立時において、イギリスは事実上アメリカに外交的に従属していた。しかしマクミラン政権は、戦後外交の再編によってより対等な英米間の「特別な関係」を構築し、同関係を利用しながら「世界大国」の地位を再び得ようとした。またウィルソン政権は、「世界大国」の地位は断念したものの、アメリカに影響力を及ぼすことのできる大国としての地位を求め、そして、ヒース政権も当初は、「帝国・コモンウェルスから統合ヨーロッパ」へと外交の基盤を移行させるなかで、イギリス一国ではなく、統合ヨーロッパ全体を通してアメリカに影響を与えうる大国を目指したのであった。しかし結局、漂流を余儀なくされた戦後外交の再編の試みは、ヒース政権の下において、アメリカとの「特別な関係」をいっそう重視し、同関係への従属を受け入れざるをえない形で漂着し、収束したのである（序章図5参照）。

ヒース政権に代わって成立した第二次ウィルソン労働党政権（一九七四〜七六年）、そして後継のキャラハン労働党政権（一九七六〜七九年）[6]は、アメリカとの「特別な関係」を重視する一方で、ヨーロッパ統合に関しては慎重な立場であった。第二次ウィルソン政権は、ヒース保守党政権が獲得したEC加盟の条件に反対し、加盟国と再交渉を行ったうえで、一九七五年六月五日、加盟の是非を問うイギリス史上初の国民投票を実施した。結果は六七・二％の得票率でEC加盟賛成派が勝利を収め、EC残留が確認された[7]。またキャラハン政権は、ヨーロッパに安定的な通貨圏を形成することを目的とした欧州通貨制度（EMS）が、西ドイツのシュミット首相とフランスのジスカール・デスタン大統領が主導する形で一九七九年三月に発足した際に、独自の対応をとった。キャラハン政権は、労働党内でEMSに対する批判が高まっていることを受けて、EC加盟国の中で一国だけEMSの主要な構成要素である為替相場メカニズム（ERM）に参加しないという選択を行ったのである。(8) このように、第二次ウィルソン政権およびキャラハン政権は、ECには残留したものの、ヨーロッパ統合の進展に積極的に関わることはなかった。そこには、ECに加盟したにもかかわらず、「ヨーロッパになりきれないイギリス」の姿があった。

キャラハンに代わって一九七九年に首相に就任したのは、イギリス史上初の女性首相となった保守党のマーガレット・サッチャーであった。彼女がアメリカのロナルド・W・レーガン政権との関係をきわめて重視したことはよく知られている。たしかにサッチャーは、時にECに対して敵対的な姿勢もみせたが、市場統合を推進する立場から単一欧州議定書を締結してヨーロッパ統合の再活性化に寄与するなど、つねにアメリカを優先したわけではなかった。(9) とはいえサッチャー政権は、外交の基盤として統合ヨーロッパを重視することは決してなく、英米間の「特別な関係」を外交の要とした。(10)

そして、冷戦の終結後から本章の執筆時のデイヴィッド・キャメロン保守党政権までのイギリス外交も、ヒース政権期に収束した戦後外交の再編の結果を継承したものであると考えられる。たとえば、一九九七年に首相に就任した労働党のトニー・ブレアは、戦後イギリスでヒースと並ぶ最も親ヨーロッパ的な首相であったが、ジョージ・W・ブッシュ米政権の単独行動主義的な外交政策を懸念し、アメリカを「国際共同体」に結びつけるべく外交努力を重ねた。英米間の「特別な関係」に基づく影響力を通して、ブッシュ政権の単独行動主義的な外交政策を抑制しようと試みたのである。しかしブレア政権は、二〇〇一年のアメリカにおける同時多発テロ事件以降、〇一年のアフガニスタン戦争に続いて〇三年に始まるイラク戦争においてもアメリカの軍事介入に引きずり込まれることになった。(11) 第四章で考察した第一次ウィルソン労働党政権のヴェトナム戦争への対応とは対照的なものとなったと言える。当初は米欧間の架け橋としての役割を担うことを目指したブレアも、いわゆる「テロとの戦い」のなかで、アメリカとの二国間関係をより重視せざるをえなくなり、同関係に従属することから逃れられなかったのであった。またキャメロン保守党政権は、アメリカのバラク・オバマ政権との「特別な関係」を重視する姿勢を示す一方で、欧州連合（ＥＵ）に対してはイギリスの残留を前提としつつも独自の姿勢を貫こうとした。

以上のようなイギリス外交は、政権交代を繰り返しても、また、冷戦の終結を経て今日に至る激変した国際秩序の中でさえも、統合ヨーロッパの一国にはなりきれないままに、超大国アメリカに影響力を及ぼすことのできる大国としての地位を求めながら、実際にはアメリカに従属していくイギリスの姿を示し続けるものであった。このことは、本書で検討したマクミラン政権からヒース政権期の戦後外交の再編の帰結が、キャメロン政権までのイギリス外交に繋がっていたためであると考えられる。

［追記］　本書の校正中の二〇一六年六月二三日に実施されたＥＵからの離脱の是非を問うイギリスの国民投票では、離脱票が五一・九％に達した。イギリス国民は、キャメロン首相の意向に反する形でＥＵからの離脱を選択するに至ったのである。本書で考察してきた戦後イギリス外交の再編の枠組みがキャメロン政権後にいかなる変容を遂げていくのかについては、今後の研究課題としたい。

註

序章　戦後イギリス外交の再編の試み

（1）Henry A. Kissinger, *Diplomacy* (New York : Touchstone, 1994), p. 595, 岡崎久彦監訳『外交』下巻、日本経済新聞社、一九九六年、二一四頁。なお本書では、邦訳書のある文献を引用するにあたって、その訳文に依拠しない場合がある。

（2）佐々木雄太『イギリス帝国とスエズ戦争——植民地主義・ナショナリズム・冷戦』名古屋大学出版会、一九九七年、序章。あわせて、細谷雄一『外交による平和——アンソニー・イーデンと二十世紀の国際政治』有斐閣、二〇〇五年、第四章を参照されたい。

（3）小川浩之『英連邦——王冠への忠誠と自由な連合』中央公論新社、二〇一二年、一一五〜一一八、一七〇〜一七三頁。David Sanders, *Losing an Empire, Finding a Role : British Foreign Policy since 1945* (Basingstoke : Palgrave Macmillan, 1990), pp. 104-112.

（4）ヨーロッパ統合に関する詳細な研究として、遠藤乾編『ヨーロッパ統合史』名古屋大学出版会、二〇〇八年、および、遠藤乾編『原典　ヨーロッパ統合史——史料と解説』名古屋大学出版会、二〇〇八年を参照されたい。

（5）一九四八年以降は、英連邦（British Commonwealth of Nations）に代わってコモンウェルス（Commonwealth of Nations）という名称が用いられるようになった。この点については、小川浩之「『新コモンウェルス』と南アフリカ共和国の脱退（一九六一年）——拡大と制度変化」『国際政治』第一三六号（二〇〇四年）、九一頁。また、英連邦に関する詳細な邦語の研究として、小川『英連邦』を参照されたい。

(6) ウィンストン・S・チャーチルは、野党時代の一九四八年一〇月の保守党大会の演説の中で、「三つのサークル」とは、第一に「英連邦ならびに帝国」(British Commonwealth and Empire)、第二に「我が国、カナダ、他のイギリスの自治領、そして、アメリカが非常に重要な役割を果たす英語を母語とする世界」(English-speaking world)、第三に「統合されたヨーロッパ」(United Europe) であるとしたうえで、イギリスは各サークルの「いずれにおいても大きな役割をもつ唯一の国家」であり、その「交差するところに位置しているのです」と述べた。Winston S. Churchill (Randolph S. Churchill ed.), *Europe Unite : Speeches, 1947 and 1948* (London : Cassell, 1950), pp. 417-418.

このチャーチルの演説も含めて「三つのサークル」について詳しくは、以下を参照されたい。佐々木『イギリス帝国とスエズ戦争』、二〇～二一頁。益田実『戦後イギリス外交と対ヨーロッパ政策——「世界大国」の将来と地域統合の進展、一九四五～一九五七年』ミネルヴァ書房、二〇〇八年、一三～一五頁。細谷雄一「歴史としてのイギリス外交——国際体制の視座から」佐々木雄太・木畑洋一編『イギリス外交史』有斐閣、二〇〇五年、一五～二〇頁。小川浩之「『三つのサークル』のなかのイギリス」木畑洋一・秋田茂編著『近代イギリスの歴史——一六世紀から現代まで』ミネルヴァ書房、二〇一一年、二四一～二四四頁。Anne Deighton, "Britain and the Three Interlocking Circles," in Antonio Varsori (ed.), *Europe 1945–1990s : The End of an Era ?* (Basingstoke : Macmillan, 1995), pp. 155-169.

(7) 益田『戦後イギリス外交と対ヨーロッパ政策』、一三～一五、三二～七四、二一二～二一五頁。細谷雄一『戦後国際秩序とイギリス外交——戦後ヨーロッパの形成　一九四五年～一九五一年』創文社、二〇〇一年、七五～一〇〇、一六一～一八七頁。あわせて、以下の研究も参照されたい。Ritchie Ovendale, "William Strang and the Permanent Under-Secretary's Committee," in John Zametica (ed.), *British Officials and British Foreign Policy 1945–50* (Leicester : Leicester University Press, 1990) ; John Kent and John W. Young, "British Policy Overseas : The 'Third Force' and the Origins of NATO–In Search

of a New Perspective," in Beatrice Heuser and Robert O'Neill (eds.), *Securing Peace in Europe, 1945–62: Thoughts for the Post-Cold War Era* (Basingstoke: Macmillan, 1992).

（8）小川浩之『イギリス帝国からヨーロッパ統合へ――戦後イギリス対外政策の転換とEEC加盟申請』名古屋大学出版会、二〇〇八年、二～四、二九三～三〇三頁。小川浩之「第一次EEC加盟申請とその挫折　一九五八－六四年――『三つのサークル』ドクトリンの段階的再編」細谷雄一編『イギリスとヨーロッパ――孤立と統合の二百年』勁草書房、二〇〇九年、一五〇頁。あわせて、第一次EEC加盟申請に関する先行研究史整理として、小川『イギリス帝国からヨーロッパ統合へ』、一〇～一二頁を参照のこと。

（9）ウィルソンは、二回にわたって政権を担っている。本書では、一九六四年から七〇年の時期を第一次政権、一九七四年から七六年の時期を第二次政権と表記する。

（10）「スエズ以東」とは、シンガポール基地を中心として、香港、アラビア半島南端のアデン、アフリカ東海岸のモンバサ（ケニアの独立後、一九六四年に撤退）にあるイギリス軍基地を結ぶインド洋を中心とした地域であり、「この地域における軍事的影響力の維持をイギリス政府は戦後においても重視し続けてきた」のであった。芝崎祐典「世界的影響力維持の試み――スエズ以東からの撤退とイギリスの中東政策」木畑洋一・後藤春美編著『帝国の長い影――二〇世紀国際秩序の変容』ミネルヴァ書房、二〇一〇年、七一～七二頁。

（11）芝崎祐典「第二次EEC加盟申請とその挫折　一九六四－七〇年――イギリスの緩やかな方向転換」細谷編『イギリスとヨーロッパ』、一七五頁。

（12）Saki Dockrill, *Britain's Retreat from East of Suez: The Choice between Europe and the World?* (Basingstoke: Palgrave Macmillan, 2002).

（13）Helen Parr, *Britain's Policy towards the European Community: Harold Wilson and Britain's World Role, 1964–1967*

(London : Routledge, 2006), p.7.

(14) John W. Young, *Britain and the World in the Twentieth Century* (London : Arnold, 1997). なお、「気のすすまないヨーロッパ人」という捉え方については、David Gowland and Arthur Turner, *Reluctant Europeans : Britain and European Integration, 1945-1998* (Harlow : Pearson Education, 2000) も参照のこと。

(15) 小川『イギリス帝国からヨーロッパ統合へ』、四、三〇一頁。小川「『三つのサークル』のなかのイギリス」、二四二～二四三頁。

(16) Andrew Gamble, *Between Europe and America : The Future of British Politics* (Basingstoke : Palgrave Macmillan, 2003), p. 1.

(17) 小川『イギリス帝国からヨーロッパ統合へ』、七頁。またヴォルフラム・カイザーも、イギリスの第一次ＥＥＣ加盟申請の要因の一つに「ワシントンとの特別な関係を強固なものにする」ことを挙げている。Wolfram Kaiser, *Using Europe, Abusing the Europeans : Britain and European Integration, 1945-63* (Basingstoke : Palgrave, 1996), p. 130.

(18) Melissa Pine, "Britain, Europe and the 'Special Relationship': Finding a Role 1967-1972," in Jan Van der Harst (ed.), *Beyond the Customs Union : The European Community's Quest for Deepening, Widening and Completion, 1969-1975* (Bruxelles : Bruylant, 2007), pp. 109-110.

(19) Miriam Camps, *Britain and the European Community 1955-1963* (Princeton : Princeton University Press, 1964). 同様な見解として、Kaiser, *Using Europe, Abusing the Europeans*, p. 130.

(20) 本節で引用した研究は、主に「機能主義的」アプローチによる分析を行った研究である。アレックス・ダンチェフらは、この「機能主義的」アプローチに加えて、「根本主義的」アプローチといった分析視角なども用いている。これらの研究に関しては、以下を参照されたい。細谷雄一「パートナーとしてのアメリカ――イギリス外交の中で」押村高編『帝国アメリカのイメージ――国際社会との広がるギャップ』早稲田大学出版部、二〇〇四年、六六～九一頁。Alex Danchev, *On Specialness : Essays in Anglo-American Relations* (Basingstoke : Macmillan, 1998), pp. 1-13 ; John Baylis, *Anglo-American Relations since 1939 : The Enduring Alliance* (Manchester : Manchester University Press, 1997), pp. 1-16 ; John Baylis, *Anglo-American Defence Relations 1939-1984 : The Special Relationship*, Second Edition (Basingstoke : Macmillan, 1984), pp., xiv-xviii, 佐藤行雄・重家俊範・宮川眞喜雄訳『同盟の力学――英国と米国の防衛協力関係』東洋経済新報社、一九八八年、一～七頁。Nigel J. Ashton, *Kennedy, Macmillan and the Cold War : The Irony of Interdependence* (Basingstoke : Palgrave Macmillan, 2002), pp. 5-9.

(21) David Reynolds, "A 'Special Relationship' ? : America, Britain and the International Order since the Second World War," *International Affairs*, Vol. 62, No. 1 (1985/6), p. 2 ; David Reynolds, "Rethinking Anglo-American Relations," *International Affairs*, Vol. 65, No. 1 (1988/9), p. 98.

(22) John Dumbrell, *A Special Relationship : Anglo-American Relations in the Cold War and After* (Basingstoke : Macmillan, 2001), p. 8.

(23) Ritchie Ovendale, *Anglo-American Relations in the Twentieth Century* (Basingstoke : Macmillan, 1998), p. 162.

(24) Baylis, *Anglo-American Relations since 1939*, pp. 11-12.

(25) Reynolds, "A 'Special Relationship' ?," p. 2.

(26) Richard N. Gardner, *Sterling-Dollar Diplomacy : The Origins and the Prospects of Our International Economic Order*, New, Expanded Edition (New York : McGraw-Hill, 1969), p. xvii, 村野孝・加瀬正一訳『国際通貨体制成立史――英米の抗争と協力』上巻、東洋経済新報社、一九七三年、三頁。

(27) 細谷「パートナーとしてのアメリカ」、七五～七六頁。Ashton, *Kennedy, Macmillan and the Cold War*, pp. 6-7.

(28) 木畑洋一『支配の代償――英帝国の崩壊と「帝国意識」』東京大学出版会、一九八七年、二七五～二七六頁。木畑洋一「イギリスの帝国意識――日本との比較の視点から」木畑洋一編著『大英帝国と帝国意識――支配の深層を探る』ミネルヴァ書房、一九九八年、四～五頁。

(29) Baylis, *Anglo-American Relations since 1939*, p. 10.

(30) Christopher Thorne, *Allies of a Kind: The United States, Britain and the War against Japan, 1941-1945* (Oxford: Oxford University Press, 1978), 市川洋一訳『米英にとっての太平洋戦争』上巻・下巻、草思社、一九九五年。

(31) Robert M. Hathaway, *Ambiguous Partnership: Britain and America, 1944-1947* (New York: Columbia University Press, 1981).

(32) David Reynolds, *The Creation of the Anglo-American Alliance 1937-41: A Study in Competitive Co-operation* (Chapel Hill: University of North Carolina Press, 1981).

(33) Reynolds, *The Creation of the Anglo-American Alliance*, p. 294.

(34) Winston S. Churchill, *The Second World War and an Epilogue on the Years 1945 to 1957* (London: Cassell, 1959), p. 959, 佐藤亮一訳『第二次世界大戦』第四巻、河出書房新社、二〇〇一年、四五八～四五九頁。

(35) Dumbrell, *A Special Relationship*, p. 7; Niklas H. Rossbach, *Heath, Nixon and the Rebirth of the Special Relationship: Britain, the US and the EC, 1969-74* (Basingstoke: Palgrave Macmillan, 2009), footnote 2 in p. 223.

(36) 益田は、「三つのサークル」は、交叉する同サイズの円環からなる平面的で安定したイメージで捉えられるべきではなく、「それぞれに長さの異なる三つの柱に支えられたイギリスが、自らの世界大国の地位を維持するため危うい均衡をとるという、立体的で不安定なイメージこそが実像に近いものであった」と指摘している。益田実「超国家的統合の登場　一九五〇－五八年――イギリスは船に乗り遅れたのか？」細谷編『イギリスとヨーロッパ』、一一五頁。

（37）佐々木『イギリス帝国とスエズ戦争』、二〇〜二一頁。

（38）Kaiser, *Using Europe, Abusing the Europeans*, pp. 129–131, 216–217.

（39）Rossbach, *Heath, Nixon and the Rebirth of the Special Relationship*, p. 2. また、パインも同様な見解を示している。Pine, "Britain, Europe and the 'Special Relationship'," p. 118.

第１章　英米間の「特別な関係」の修復とスカイボルト危機

（１）Harold Macmillan, *Riding the Storm 1956–1959* (Basingstoke : Macmillan, 1971), p. 240.

（２）Kissinger, *Diplomacy*, p. 597,『外交』下巻、二一六頁。

（３）Dwight D. Eisenhower, *The White House Years : Waging Peace, 1956–1961* (New York : Doubleday, 1965), p. 120, 仲晃・佐々木謙一・渡辺靖訳『アイゼンハワー回顧録 二――平和への戦い　一九五六―一九六一』みすず書房、二〇〇〇年、一〇八頁。

（４）The National Archives, UK〔以下、TNA と略記〕, PREM11/1835, Macmillan to Lloyd, 22 January 1957.

（５）TNA, PREM11/1835, From Foreign Office〔以下、FO と略記〕to Washington, telegram no. 358〔以下、tel. no. 358 と略記〕, 25 January 1957.

（６）TNA, CAB128/31, CC (57) 4th Conclusions, 29 January 1957 ; Michael Dockrill, "Restoring the 'Special Relationship': The Bermuda and Washington Conferences, 1957," in Dick Richardson and Glyn Stone (eds.), *Decisions and Diplomacy : Essays in Twentieth-Century International History* (London : Routledge, 1995), p. 208.

（７）Baylis, *Anglo-American Defence Relations*, pp. 88,『同盟の力学』、九五頁。

（８）John Baylis, "Exchanging Nuclear Secrets : Laying the Foundations of the Anglo-American Nuclear Relationship,"

Diplomatic History, Vol. 25, No. 1 (2001), p. 35.

(9) Dockrill, "Restoring the 'Special Relationship'," pp. 206-207.

(10) Dockrill, "Restoring the 'Special Relationship'," p. 207; Baylis, "Exchanging Nuclear Secrets," pp. 39-40.

(11) TNA, PREM11/1838, Minutes of First Plenary Meeting held in the Mid-Ocean Club, 10. 30 a. m., 21 March 1957; TNA, PREM11/1838, Minutes of Second Plenary Meeting held in the Mid-Ocean Club, 3. 45 p. m., 21 March 1957.

(12) TNA, PREM11/1837, Final Communiqué from the Bermuda Conference, 25 March 1957.

(13) Dockrill, "Restoring the 'Special Relationship'," pp. 215-216; Nigel J. Ashton, "Harold Macmillan and the 'Golden Days' of Anglo-American Relations Revisited, 1957-63," *Diplomatic History*, Vol. 29, No. 4 (2005), p. 698; 泉淳『アイゼンハワー政権の中東政策』国際書院、二〇〇一年、一八二～一八九頁。

(14) Baylis, "Exchanging Nuclear Secrets," pp. 40-41, 45-46.

(15) Eisenhower, *The White House Years*, p. 124,『アイゼンハワー回顧録 二』、一一二頁。

(16) この時期の英米両国の中東政策については、以下の研究を参照されたい。芝崎祐典「マクミラン政権の対エジプト政策の転換と英米関係」『国際政治』第一七三号（二〇一三年）。泉『アイゼンハワー政権の中東政策』、第四章。Nigel J. Ashton, *Eisenhower, Macmillan and the Problem of Nasser: Anglo-American Relations and Arab Nationalism, 1955-1959* (Basingstoke: Macmillan, 1996); Stephen J. Blackwell, "A Transfer of Power? Britain, the Anglo-American Relationship and the Cold War in the Middle East, 1957-1962," in Michael F. Hopkins, Michael D. Kandiah, and Gillian Staerck (eds.), *Cold War Britain, 1945-1964: New Perspectives* (Basingstoke: Palgrave Macmillan, 2003).

(17) 梅本哲也『核兵器と国際政治　一九四五－一九九五』日本国際問題研究所、一九九六年、五八～六〇頁。Ian Clark, *Nuclear Diplomacy and the Special Relationship: Britain's Deterrent and America, 1957-1962* (Oxford: Clarendon Press, 1994),

pp. 14–15.

（18） Dockrill, "Restoring the 'Special Relationship'," pp. 217–219.

（19） TNA, PREM11/2329, Record of First Meeting held at the British Embassy, 23 October 1957.

（20） Peter Catterall (ed.), *The Macmillan Diaries, Volume II : Prime Minister and After, 1957–1966* (Basingstoke : Macmillan, 2011), pp. 65–66.

（21） TNA, PREM11/2329, Record of Second Meeting held in the White House, 24 October 1957.

（22） TNA, PREM11/2329, Record of Third Meeting held in the State Department, 25 October 1957.

（23） TNA, PREM11/2329, Record of Fourth Meeting held in the White House, 25 October 1957.

（24） TNA, PREM11/2329, "Declaration of Common Purpose" issued by the White House, 25 October 1957, on the Talks between the President and the Prime Minister.

（25） TNA, CAB128/31, CC (57), 76th Conclusions, 28 October 1957.

（26） Dockrill, "Restoring the 'Special Relationship'," pp. 219–220.

（27） 梅本『核兵器と国際政治』、四九、五七、七〇、七五頁。Andrew J. Pierre, *Nuclear Politics : The British Experience with an Independent Strategic Force, 1939–1970* (London : Oxford University Press, 1972), pp. 141–142 ; Baylis, "Exchanging Nuclear Secrets," pp. 33, 36–37, 48–49 ; Margaret Gowing, "Nuclear Weapons and the 'Special Relationship'," in Wm. Roger Louis and Hedley Bull (eds.), *The 'Special Relationship': Anglo-American Relations since 1945* (Oxford : Clarendon Press, 1986), p. 124.

なお、一九五八年の英米間の原子力協力協定については、"Agreement between the Government of the United Kingdom of Great Britain and Northern Ireland and the Government of the United States of America for Co-operation on the Uses of

Atomic Energy for Mutual Defence Purposes," Washington, 3 July 1958, Cmnd. 537 (London : Her Majesty's Stationery Office (HMSO), 1958). また、一九五九年に改正された原子力協力協定については、"Amendment to the Agreement between the Government of the United Kingdom of Great Britain and Northern Ireland and the Government of the United States of America for Co-operation on the Uses of Atomic Energy for Mutual Defence Purposes of July 3, 1958," Washington, 7 May 1959, Cmnd. 859 (London : HMSO, 1959).

(28) Pierre, *Nuclear Politics*, pp. 142–144, 304 ; Baylis, "Exchanging Nuclear Secrets," pp. 43–44, 55–61 ; Gowing, "Nuclear Weapons and the 'Special Relationship'," pp. 117–128.

(29) Baylis, *Anglo-American Defence Relations*, p. 98, 『同盟の力学』、一〇九頁 ; Pierre, *Nuclear Politics*, pp. 197–198.

(30) TNA, CAB133/243, PM (W) (60) 3rd Meeting, Record of Meeting held at Camp David, 29 March 1960.

(31) TNA, AIR2/15603, Caccia to FO, tel. no. 682, 29 March 1960.

(32) TNA, CAB131/23, D (60) 3rd Meeting, 6 April 1960.

(33) Clark, *Nuclear Diplomacy and the Special Relationship*, p. 260 ; John Baylis, *Ambiguity and Deterrence : British Nuclear Strategy 1945–1964* (Oxford : Clarendon Press, 1995), pp. 290–291.

(34) TNA, PREM11/3261, Washington to FO, tel. no. 727, 21 March 1961.

(35) David Nunnerley, *President Kennedy and Britain* (London : Bodley Head, 1972), p. 133 ; Baylis, *Anglo-American Defence Relations*, p. 99, 『同盟の力学』、一一一頁。

(36) Pierre, *Nuclear Politics*, pp. 226, 229, 230, 232.

(37) TNA, PREM11/3779, Record of Meeting, 19 September 1962.

(38) TNA, PREM11/3716, Ormsby-Gore to FO, tel. no. 2832, 8 November 1962.

(39) TNA, PREM11/3716, Hockaday to Samuel, 9 November 1962.

(40) TNA, PREM11/3716, Fraser to Thorneycroft, 14 November 1962 ; TNA, PREM11/3716, Thorneycroft to Macmillan, 7 December 1962 ; Baylis, *Ambiguity and Deterrence*, p. 315.

(41) TNA, PREM11/3716, FO to Paris, tel. no. 3320, 11 December 1962.

(42) Catterall (ed.), *The Macmillan Diaries*, p. 525.

(43) Pierre, *Nuclear Politics*, p. 224.

(44) "Skybolt Fears Deepened by London Talks," in *The Times*, 12 December 1962 ; "Britain's Independent Role 'About Played Out'," in *The Times*, 6 December 1962 ; "Mr. Acheson's Assessment Resented in London," in *The Times*, 7 December 1962.

(45) Baylis, *Anglo-American Defence Relations*, p. 103, 『同盟の力学』、一一六頁。

(46) Nunnerley, *President Kennedy and Britain*, p. 137 ; Baylis, *Anglo-American Defence Relations*, p. 100, 『同盟の力学』、一一三頁。

(47) Department of State, *Foreign Relations of the United States, 1961-1963, Volume XIII, West Europe and Canada* (Washington : United States Government Printing Office (USGPO), 1994). 〔以下、*FRUS, 1961-1963, XIII* と略記〕, Department of State Memorandum, October 31, 1962, pp. 1083-1085.

(48) *FRUS, 1961-1963, XIII*, Notes of Conversations relating to Skybolt, November 9, 1962, pp. 1085-1086.

(49) Baylis, *Anglo-American Defence Relations*, pp. 100-101, 『同盟の力学』、一一三〜一一四頁。

(50) TNA, PREM 11/3716, Thorneycroft to Macmillan, 7 December 1962.

(51) Clark, *Nuclear Diplomacy and the Special Relationship*, pp. 371-372.

(52) TNA, DEFE6/81, JP (62) 134 (Final), 3 December 1962.

(53) TNA, CAB131/23, D (60) 2, 24 February 1960.

(54) Baylis, *Ambiguity and Deterrence*, pp. 305, 307, 312, 354.

(55) Beatrice Heuser, *NATO, Britain, France and the FRG : Nuclear Strategies and Forces for Europe, 1949–2000* (Basingstoke : Macmillan, 1997), p. 17.

(56) TNA, DEFE13/394, Record of Meeting, 24 September 1958.

(57) "Robert S. McNamara, Address made at Commencement exercises at the University of Michigan, Ann Arbor, Michigan, June 16, 1962," in *Department of State Bulletin* (Washington : USGPO), July 9, 1962, p. 68.

(58) "McNamara Speech Received Coolly," in *The Times*, 19 June 1962.

(59) Harold Macmillan, *At the End of the Day 1961–1963* (Basingstoke : Macmillan, 1973), p. 343.

(60) Helga Haftendorn, *NATO and the Nuclear Revolution : A Crisis of Credibility, 1966–1967* (Oxford : Clarendon Press, 1996), p. 112.

(61) TNA, PREM11/5192, SC (61) 2, 13 February 1962 ; Donette Murray, *Kennedy, Macmillan and Nuclear Weapons* (Basingstoke : Macmillan, 2000), p. 20.

(62) Ashton, *Kennedy, Macmillan and the Cold War*, pp. 16–17 ; Ashton, "Harold Macmillan and the 'Golden Days' of Anglo-American Relations Revisited," pp. 700, 702, 720, 722.

(63) TNA, CAB133/246, PM (W) (62) 3, "Anglo-American Interdependence in Military Research and Development," Brief by the Ministry of Defence, 12 April 1962 ; Ashton, *Kennedy, Macmillan and the Cold War*, p. 17.

(64) この点に関しては，Ashton, "Harold Macmillan and the 'Golden Days' of Anglo-American Relations Revisited" が詳しい。

第2章　第二次ベルリン危機と米ソ接近

（1）第一次ベルリン危機は、ソ連が一九四八年六月にベルリン封鎖を行ったことによって発生した。そして、このベルリン封鎖が一九四九年五月に解除されたことで、同危機は終息するに至った。なお本章が対象とするのは、第二次ベルリン危機のみである。

（2）第二次ベルリン危機に対するイギリスの政策についての研究は、以下を参照されたい。齋藤嘉臣『冷戦変容とイギリス外交――デタントをめぐる欧州国際政治、一九六四～一九七五年』ミネルヴァ書房、二〇〇六年、二八～三六頁。John Gearson, *Harold Macmillan and the Berlin Wall Crisis, 1958-62: The Limits of Interests and Force* (Basingstoke: Macmillan, 1998); Nigel J. Ashton, *Kennedy, Macmillan and the Cold War: The Irony of Interdependence* (Basingstoke: Palgrave Macmillan, 2002), chapter 3; Kitty Newman, *Macmillan, Khrushchev and the Berlin Crisis, 1958-1960* (London: Routledge, 2007); John Gearson, "British Policy and the Berlin Wall Crisis, 1958-61," *Contemporary Record*, Vol. 6, No. 1 (1992); John Gearson, "Britain and the Berlin Wall Crisis, 1958-62," in John Gearson and Kori Schake (eds.), *The Berlin Wall Crisis: Perspectives on Cold War Alliances* (Basingstoke: Palgrave Macmillan, 2002).

また、同危機に対するアメリカの政策に関しては、以下の研究を参照されたい。倉科一希『アイゼンハワー政権と西ドイツ――同盟政策としての東西軍備管理交渉』ミネルヴァ書房、二〇〇八年、第五章。青野利彦『「危機の年」の冷戦と同盟――ベルリン、キューバ、デタント　一九六一―六三年』有斐閣、二〇一二年、第一章～第五章。岩間陽子「ベルリン危機とアイゼンハワー外交――『大量報復戦略』の限界」（一）・（二）『法學論叢』（京都大学）第一四一巻第一号（一九九七年）・第一四二巻第三号（一九九七年）。倉科一希「ケネディ政権の対西独政策と冷戦――一九六一年ベルリン危機を中心に」『一橋論叢』第一一九巻第一号（一九九八年）。倉科一希「ヨーロッパの冷戦と『二重の封じ込め』――アイゼンハワー政権下の第二次ベルリン危機」菅英輝編著『冷戦史の再検討――変容する秩序と冷戦の終焉』法政大学出版局、二〇一〇年。

Marc Trachtenberg, *A Constructed Peace : The Making of the European Settlement, 1945-1963* (Princeton : Princeton University Press, 1999), chapters 7-9.

(3) Gearson, *Harold Macmillan and the Berlin Wall Crisis*, p. 6.

(4) 岩間「ベルリン危機とアイゼンハワー外交」(一)、七五～七六頁。Gearson, *Harold Macmillan and the Berlin Wall Crisis*, pp. 34-35. なお、アメリカ政府宛の一一月二七日の覚書は、"Note from the Soviet Government to the United States regarding the Question of Berlin, 27 November 1958," in Gillian King (ed.), *Documents on International Affairs, 1958* (London : Oxford University Press, 1962), pp. 146-164 を参照のこと。

(5) 岩間「ベルリン危機とアイゼンハワー外交」(一)、八〇、八二～八三頁。

(6) TNA, PREM11/2715, FO to Washington, tel. no. 8113, 15 November 1958.

(7) Department of State, *Foreign Relations of the United States, 1958-1960, Volume VIII, Berlin Crisis 1958-1959* (Washington : USGPO, 1993), 〔以下、*FRUS, 1958-1960, Vol. VIII* と略記〕, Telegram from the Department of State to the Embassy in Germany, November 17, 1958, pp. 82-83. なお、エージェント案問題のように、ベルリン危機のプロセスにおいて西側同盟内では、東ドイツ承認に繋がりかねないことはすべて拒否する西ドイツの強硬な立場と、危険を冒すよりは事実上東ドイツを承認しようという姿勢を示すイギリスとの間で揺れるアメリカ、といった基本的な構図が見られた。岩間「ベルリン危機とアイゼンハワー外交」(一)、八三頁。

(8) 岩間「ベルリン危機とアイゼンハワー外交」(一)、七七～八六頁。

(9) TNA, PREM11/2715, Macmillan to Washington, T. 5/59, 1 January 1959.

(10) Gearson, "Britain and the Berlin Wall Crisis," pp. 52-53.

(11) Gearson, *Harold Macmillan and the Berlin Wall Crisis*, chapter 3 ; Newman, *Macmillan, Khrushchev and the Berlin Crisis*,

chapter 4 ; Alistair Horne, *Macmillan 1957-1986, Volume II of the Official Biography* (Basingstoke : Macmillan, 1989), pp. 122-129.

(12) Newman, *Macmillan, Khrushchev and the Berlin Crisis*, p. 63.

(13) TNA, PREM11/2690, Record of Conversation at Macmillan's formal call on Khrushchev, 21 February 1959.

(14) TNA, PREM11/2690, Record of Meeting with the Soviet Leaders at Semyonovskoye, 22 February 1959 ; Gearson, *Harold Macmillan and the Berlin Wall Crisis*, p. 68.

(15) TNA, PREM11/2690, Record of Meeting in the Prime Minister's Dacha outside Moscow, 25 February 1959.

(16) TNA, PREM11/2690, Record of Meeting in the Office of the Chairman of the Council of Ministers of the USSR in the Kremlin, 26 February 1959.

(17) Macmillan, *Riding the Storm*, p. 618.

(18) Horne, *Macmillan 1957-1986*, p. 126 ; Gearson, *Harold Macmillan and the Berlin Wall Crisis*, pp. 72-73.

(19) TNA, PREM11/2690, Record of Conversations between Lloyd and Kuznetsov in Kiev, 27 and 28 February 1959 ; Gearson, *Harold Macmillan and the Berlin Wall Crisis*, pp. 73-74.

(20) TNA, PREM11/2690, Record of Conversation between Lloyd and Gromyko in Leningrad, 1 March 1959 ; TNA, PREM11/2690, Note from the Soviet Government (Advance copy given to Lloyd by Gromyko in Leningrad on March 1).

(21) フルシチョフが最後通牒を撤回したのは、マクミランの訪ソの成果なのか、あるいは、それ以前にソ連政府はすでに決定していたのか、という点に関しては異なった見解が存在する。Gearson, *Harold Macmillan and the Berlin Wall Crisis*, p. 76.

(22) TNA, CAB128/33, CC (59) 14th Conclusions, 4 March 1959.

(23) Gearson, *Harold Macmillan and the Berlin Wall Crisis*, p. 79.

(24) Newman, *Macmillan, Khrushchev and the Berlin Crisis*, pp. 84–85, 87.

(25) TNA, PREM11/2676, Record of a Meeting at the Palais Schaumberg in Bonn, 12 March 1959.

(26) TNA, PREM11/2676, Record of a Meeting between the Prime Minister and the Federal Chancellor, 10. 15 a. m., 13 March 1959.

(27) TNA, PREM11/2676, Record of a Meeting, 3. 30 p. m., 13 March 1959.

(28) TNA, CAB128/33, CC (59) 17th Conclusions, 17 March 1959.

(29) *FRUS, 1958–1960, Vol. VIII,* Memorandum of Conversation, March 20, 1959, 6: 30–7: 30 p. m., p. 520. なお、エドワード・グレイは、当時のイギリスの外相である。

(30) Newman, *Macmillan, Khrushchev and the Berlin Crisis*, chapter 6.

(31) TNA, PREM11/2718, Note of a Meeting at 10 Downing Street, 12 noon, 14 June 1959.

(32) TNA, PREM11/2718, Macmillan to Eisenhower, tel. no. 2724, T. 326/59, 16 June 1959.

(33) TNA, PREM11/2675, Eisenhower to Macmillan, tel. no. 1689, T. 423/59, 29 July 1959.

(34) TNA, PREM11/2675, Macmillan to Eisenhower, tel. no. 3293, T. 424/59, 30 July 1959.

(35) TNA, PREM11/2675, Macmillan to Lloyd, tel. no. 639, T. 420/59, 30 July 1959.

(36) Brian White, *Britain, Détente and Changing East-West Relations* (London : Routledge, 1992), p. 73.

(37) Harold Macmillan, *Pointing the Way 1959–1961* (Basingstoke : Macmillan, 1972), pp. 79–80.

(38) TNA, PREM11/2675, Memorandum-Eisenhower's Talks with Khrushchev at Camp David, T. 541/59, 1 October 1959.

(39) 「キャンプ・デーヴィッド精神」については、Richard W. Stevenson, *The Rise and Fall of Détente : Relaxations of Tension in US-Soviet Relations, 1953–84* (Basingstoke : Macmillan, 1985), chapter 4, 滝田賢治訳『デタントの成立と変容——現代米

ソ関係の政治力学』中央大学出版部、一九八九年、第四章が詳しい。

（40） TNA, PREM11/2990, Eisenhower to Macmillan, 9 October 1959.

（41） 岩間「ベルリン危機とアイゼンハワー外交」（二）、九九～一〇一頁。Newman, *Macmillan, Khrushchev and the Berlin Crisis*, pp. 136-138.

（42） 事件の経緯については、Michael R. Beschloss, *Mayday : Eisenhower, Khrushchev and the U-2 Affair* (New York : Harper & Row, 1986), 篠原成子訳『一九六〇年五月一日――その日軍縮への道は閉ざされた』朝日新聞社、一九八七年が詳しい。

（43） Horne, *Macmillan 1957-1986*, p. 231.

（44） Ashton, *Kennedy, Macmillan and the Cold War*, chapters 1-2. なお、ラオス問題ついては、以下の研究を参照されたい。寺地功次「ラオス危機と米英のSEATO軍事介入計画」『国際政治』第一三〇号（二〇〇二年）。

（45） Arthur M. Schlesinger, Jr., *A Thousand Days : John F. Kennedy in the White House* (Boston : Houghton Mifflin, 1965), p. 380, 中屋健一訳『ケネディ――栄光と苦悩の一千日』上巻、河出書房新社、一九六六年、三九八～三九九頁。

（46） TNA, PREM11/3347, FO to Washington, tel. no. 2540, 19 April 1961.

（47） TNA, PREM11/3347, Home to Macmillan, PM/61/44, 19 April 1961.

（48） Department of State, *Foreign Relations of the United States, 1961-1963, Volume XIV, Berlin Crisis 1961-1962* (Washington : USGPO, 1993), 〔以下、*FRUS, 1961-1963, Vol. XIV* と略記〕, Memorandum of Conversation, June 4, 1961, 10: 15 a. m., pp. 88-93.

（49） *FRUS, 1961-1963, Vol. XIV*, Memorandum of Conversation, June 4, 1961, 3: 15 p. m., p. 98.

（50） *FRUS, 1961-1963, Vol. XIV*, Record of Conversation, June 5, 1961, 12: 45 p. m., pp. 98-102. ウィーン米ソ首脳会談およびロンドン英米首脳会談については、Schlesinger, *A Thousand Days*, pp. 358-378,『ケネディ』上巻、三七五～三九六頁も詳しい。

(51) Gearson, "Britain and the Berlin Wall Crisis," pp. 62-63.

(52) Horne, *Macmillan 1957-1986*, pp. 311-312.

(53) TNA, PREM11/3349, Home to Rusk, tel. no. 5664, 19 August 1961.

(54) 岩間陽子「ヨーロッパ分断の暫定的受容——一九六〇年代」臼井実稲子編『ヨーロッパ国際体系の史的展開』南窓社、二〇〇〇年、一五〇頁。*FRUS, 1961-1963, Vol. XIV*, Minutes of Meeting of the Berlin Steering Group, August 15, 1961, 10: 45 a. m., p. 334.

(55) TNA, PREM11/3338, Ormsby-Gore to Macmillan, tel. no. 3210, T. 660/61, 28 November 1961.

(56) TNA, PREM11/3338, Macmillan to Kennedy, tel. no. 8712, T. 655/61, 27 November 1961.

(57) ベルリン危機に関して本章では、一九六一年八月のベルリンの壁構築までを主な対象とした。しかし、ベルリンの壁構築によって問題が解決したわけではない。その後もベルリン問題については、一九六二年のキューバ・ミサイル危機とも連関しながら、東西間で交渉が行われていった。こうした経緯について詳しくは、青野『「危機の年」の冷戦と同盟』、第二章以下を参照されたい。

(58) Gearson, "Britain and the Berlin Wall Crisis," pp. 43-44.

(59) White, *Britain, Détente and Changing East-West Relations*, p. 108.

(60) John W. Young, *Britain and European Unity, 1945-1999*, Second Edition (Basingstoke : Macmillan, 2000), p. 66 ; Ashton, *Kennedy, Macmillan and the Cold War*, pp. 127, 131 ; Nigel J. Ashton, "'A Rear Guard Action': Harold Macmillan and the Making of British Foreign Policy, 1957-63," in T. G. Otte (ed.), *The Makers of British Foreign Policy : From Pitt to Thatcher* (Basingstoke : Palgrave Macmillan, 2002), pp. 245-246, 249-251.

第３章　英米間の「特別な関係」の再構築と統合ヨーロッパ

（1）マクミラン政権のヨーロッパ統合政策については、以下を参照されたい。小川浩之『イギリス帝国からヨーロッパ統合へ——戦後イギリス対外政策の転換とＥＥＣ加盟申請』名古屋大学出版会、二〇〇八年。力久昌幸『イギリスの選択——欧州統合と政党政治』木鐸社、一九九六年、第二章。小川浩之「第一次ＥＥＣ加盟申請とその挫折　一九五八―六四年——『三つのサークル』ドクトリンの段階的再編」細谷編『イギリスとヨーロッパ』。岡本宜高「第一次ＥＥＣ加盟申請とイギリス外交——ヨーロッパ統合と冷戦のはざまで」『政治経済史学』第四八五号（二〇〇七年）。Ashton, *Kennedy, Macmillan and the Cold War*, chapter 7; Alan S. Milward, *The UK and the European Community, Volume I: The Rise and Fall of a National Strategy 1945–1963* (London: Frank Cass, 2002); Alan S. Milward, *The European Rescue of the Nation-State*, 2nd edition (London: Routledge, 2000); Young, *Britain and European Unity*, chapter 3; David Gowland and Arthur Turner (eds.), *Britain and European Integration 1945–1998: A Documentary History* (London: Routledge, 2000); Gowland and Turner, *Reluctant Europeans*; Oliver Bange, *The EEC Crisis of 1963: Kennedy, Macmillan, de Gaulle and Adenauer in Conflict* (Basingstoke: Macmillan, 2000); George Wilkes (ed.), *Britain's Failure to enter the European Community 1961–63: The Enlargement Negotiations and Crises in European, Atlantic and Commonwealth Relations* (London: Frank Cass, 1997); N. Piers Ludlow, *Dealing with Britain: The Six and the First UK Application to the EEC* (Cambridge: Cambridge University Press, 1997); Kaiser, *Using Europe, Abusing the Europeans*; Sean Greenwood (ed.), *Britain and European Integration since the Second World War* (Manchester: Manchester University Press, 1996), chapters 3–5; Brian Brivati and Harriet Jones (eds.), *From Reconstruction to Integration: Britain and Europe since 1945* (Leicester: Leicester University Press, 1993), part II; Camps, *Britain and the European Community 1955–1963*.

（2）ＦＴＡ構想については、以下の詳細な研究がある。益田実「自由貿易地帯構想とイギリス——ヨーロッパ共同市場構想への『対抗提案』決定過程、一九五六年」（一）・（二）・（三）・（四）『法経論叢』（三重大学）第二一巻第二号（二〇〇四年）・第二二巻第二号（二〇〇五年）・第二三巻第二号（二〇〇六年）・第二四巻第一号（二〇〇六年）。あわせて、益田『戦後イギリス外交と対ヨーロッパ政策』も参照されたい。

（3）益田「自由貿易地帯構想とイギリス」（一）～（四）。力久『イギリスの選択』、六一～六四頁。Young, *Britain and European Unity*, pp. 53-61.

（4）力久『イギリスの選択』、六四～六五頁。Young, *Britain and European Unity*, pp. 61-70; Gowland and Turner, *Britain and European Integration*, p. 84. なお本章では、EEC加盟六カ国を六カ国、EFTA加盟七カ国を七カ国と略記する場合がある。

（5）アメリカ政府の対ヨーロッパ統合政策については、以下を参照されたい。小島かおる「ジョージ・W・ボールと『大西洋パートナーシップ』構想――イギリスのEEC加盟問題を中心に」『アメリカ研究』第三一号（一九九七年）。Geir Lundestad, *"Empire" by Integration: The United States and European Integration, 1945-1997* (Oxford: Oxford University Press, 1998), 河田潤一訳『ヨーロッパの統合とアメリカの戦略――統合による「帝国」への道』NTT出版、二〇〇五年。Pascaline Winand, *Eisenhower, Kennedy, and the United States of Europe* (Basingstoke: Macmillan, 1993); Douglas Brinkley and Richard T. Griffiths (eds.), *John F. Kennedy and Europe* (Baton Rouge: Louisiana State University Press, 1999).

（6）Lundestad, *"Empire" by Integration*, pp. 5-6, 13, 40, 58.『ヨーロッパの統合とアメリカの戦略』、七、一三、三九、五五頁。倉科『アイゼンハワー政権と西ドイツ』、七、二二頁。なお、「二重の封じ込め」という用語を使う際には、イデオロギーならびに軍事上対立していたソ連と主要な同盟国である西ドイツとではアメリカによる「封じ込め」の様式がそれぞれ明確に異なっていた点に留意すべきである。

（7）ド・ゴール外交について詳しくは、以下を参照されたい。川嶋周一『独仏関係と戦後ヨーロッパ国際秩序――ドゴール外交とヨーロッパの構築　一九五八－一九六九』創文社、二〇〇七年。

（8） 川嶋『独仏関係と戦後ヨーロッパ国際秩序』、三二～三三頁。

（9） TNA, PREM11/3002, Translation of Letter from de Gaulle to Macmillan, T. 503A/58, 17 September 1958 ; Department of State, *Foreign Relations of the United States, 1958-1960, Volume VII, Part 2, Western Europe* (Washington : USGPO, 1993), Letter from de Gaulle to Eisenhower, September 17, 1958, pp. 81-83.

（10） 川嶋『独仏関係と戦後ヨーロッパ国際秩序』、三三～三七頁。Lundestad, *"Empire" by Integration*, pp. 58-60,『ヨーロッパの統合とアメリカの戦略』、五五～五七頁。

（11） Lundestad, *"Empire" by Integration*, pp. 83-90,『ヨーロッパの統合とアメリカの戦略』、七七～八二頁。なお、ＦＴＡ構想やＥＦＴＡに対するアメリカの立場に関しては、Winand, *Eisenhower, Kennedy, and the United States of Europe*, pp. 114-121が詳しい。また、西ドイツやフランスの立場に関しては、Jeffrey Glen Giauque, *Grand Designs and Visions of Unity : The Atlantic Powers and the Reorganization of Western Europe, 1955-1963* (Chapel Hill : University of North Carolina Press, 2002), pp. 47-76において詳細に論じられている。

（12） TNA, PREM11/2998, "France," Lloyd to Macmillan, 15 February 1960.

（13） Winand, *Eisenhower, Kennedy, and the United States of Europe*, p. 121 ; Giauque, *Grand Designs and Visions of Unity*, pp. 74, 76.

（14） 力久『イギリスの選択』、六九～七一頁。しかし、ＥＥＣへの加盟を申請した一九六一年の時点では、イギリスとコモンウェルス諸国との貿易の総額は依然としてＥＥＣ諸国との総額を上回っていた。小川『イギリス帝国からヨーロッパ統合へ』、一一七頁。

（15） 小川「『新コモンウェルス』と南アフリカ共和国の脱退（一九六一年）」、七九～九六頁。

（16） Young, *Britain and European Unity*, p. 66 ; Ashton, *Kennedy, Macmillan and the Cold War*, pp. 127, 131 ; Ashton, "A Rear

Guard Action',” pp. 245-246, 249-251.

(17) 小川『イギリス帝国からヨーロッパ統合へ』、七頁。Ashton, *Kennedy, Macmillan and the Cold War*, pp. 132, 224.

(18) TNA, PREM11/3325, Memorandum by the Prime Minister, 29 December 1960 to 3 January 1961.

(19) マクミランのグランド・デザインに関する評価については、以下が詳しい。Bange, *The EEC Crisis of 1963*, pp. 7, 10-19; Gowland and Turner (eds.), *Britain and European Integration*, p. 85; Young, *Britain and European Unity*, p. 68; Peter Mangold, *The Almost Impossible Ally: Harold Macmillan and Charles de Gaulle* (London: I. B. Tauris, 2006), pp. 141-150; Oliver Bange, “Grand Designs and the Diplomatic Breakdown,” in Wilkes (ed.), *Britain's Failure to enter the European Community 1961-63*, pp. 191-194; 小川『イギリス帝国からヨーロッパ統合へ』、二六二～二六三、二八九頁。

(20) Lundestad, “*Empire*” *by Integration*, pp. 8, 60-63, 134,『ヨーロッパの統合とアメリカの戦略』、九、五八～五九、一二二頁。

(21) TNA, PREM11/3311, “Short Version of the Grand Design,” by Philip de Zulueta.

(22) TNA, PREM11/3322, Record of a Conversation between de Gaulle and Macmillan, 2. 30 p. m., 28 January 1961.

(23) ケネディは、イギリスのＥＥＣ加盟によって、「ドイツをより緊密に西側に結びつけることになる」ことも評価した。TNA, CAB133/244, PM (W) (61) 1st Meeting, Record of a Meeting, 11. 00 a. m., 5 April 1961.

(24) Schlesinger, *A Thousand Days*, p. 845,『ケネディ』下巻、三二六頁。

(25) *FRUS, 1961-1963, XIII*, Telegram from the Department of State to the Embassy in the United Kingdom, May 23, 1961, 3: 55 p. m., p. 20.

(26) Lundestad, “*Empire*” *by Integration*, p. 134,『ヨーロッパの統合とアメリカの戦略』、一二二頁。

(27) TNA, CAB128/35, CC (61) 24th Conclusions, 26 April 1961.

(28) イギリスのＥＥＣ加盟とフランスとの核協力に関する問題については、Wolfram Kaiser, “The Bomb and Europe: Britain,

France, and the EEC Entry Negotiations, 1961-1963," *Journal of European Integration History*, Vol. 1, No. 1（1995）が詳しい。なおマクミランは、フランスとの核兵器開発協力に関して、自らのグランド・デザインの中でも検討していた。TNA, PREM11/3325, Memorandum by the Prime Minister, 29 December 1960 to 3 January 1961.

（29） TNA, PREM11/3328, Macmillan to Kennedy, T. 247/61, Memorandum, Annex III, 28 April 1961.

（30） TNA, PREM11/3311, Kennedy to Macmillan, T. 261A/61, 8 May 1961.

（31） TNA, PREM11/3311, Macmillan to Kennedy, T. 272/61, 15 May 1961.

（32） 四月二六日の閣議において、マクミランはこうした期待を表明していた。TNA, CAB128/35, CC（61）24th Conclusions, 26 April 1961.

（33） ケネディとド・ゴールの会談の内容については、*FRUS, 1961-1963, Vol. XIII*, Memorandum of Conversation, June 2, 1961, 11: 30 a. m.-1 p. m., pp. 662-667.

（34） TNA, CAB128/35, CC（61）30th Conclusions, 6 June 1961.

（35） Young, *Britain and European Unity*, p. 70 ; Greenwood（ed.）, *Britain and European Integration since the Second World War*, pp. 128-130.

（36） TNA, CAB128/35, CC（61）42nd Conclusions, 21 July 1961.

（37） TNA, CAB128/35, CC（61）44th Conclusions, 27 July 1961.

（38） *FRUS, 1961-1963, Vol. XIII*, Message from Macmillan to Kennedy, July 28, 1961, p. 31.

（39） *Hansard, Parliamentary Debates, House of Commons*, 5th Series, Volume 645, 31 July 1961, columns 928-931.〔以下、*H. C. Debs.*, Vol. 645, 31 July 1961, cols. 928-931. と略記〕。

（40） 田中俊郎「ＥＣの拡大」細谷千博・南義清編著『欧州共同体（ＥＣ）の研究——政治力学の分析』新有堂、一九八〇年、

二二五～二二八頁。加盟交渉について詳しくは、以下を参照されたい。Milward, *The Rise and Fall of a National Strategy*, chapters 10-14.

(41) 小川『イギリス帝国からヨーロッパ統合へ』、七、二八一頁。小川「第一次ＥＥＣ加盟申請とその挫折」、一三八～一四二、一四九頁。Anne Deighton and Piers Ludlow, "'A Conditional Application': British Management of the First Attempt to seek Membership of the EEC, 1961-3," in Anne Deighton (ed.), *Building Postwar Europe : National Decision-Makers and European Institutions, 1948-63* (Basingstoke : Palgrave Macmillan, 1995), pp. 107-126.

(42) TNA, PREM11/3783, Note of a Conversation at Luncheon at the State Department, 28 April 1962.

(43) TNA, PREM11/3783, Record of a Meeting held at the White House, 3. 30 p.m., 28 April 1962.

(44) 小島「ジョージ・W・ボールと『大西洋パートナーシップ』構想」、一三〇～一三三頁。

(45) TNA, PREM11/3775, Record of a Meeting at the Chateau de Champs, 10. 30 a.m., 3 June 1962.

(46) TNA, PREM11/3775, Record of a Conversation, 3. 15 p.m., 3 June 1962.

(47) TNA, PREM11/4230, Record of a Conversation at Rambouillet, 12 noon, 16 December 1962.

(48) TNA, PREM11/4229, Text of Joint Communiqué by Kennedy and Macmillan following discussions held in Nassau, the Bahamas, 18-21 December 1962.

(49) TNA, PREM11/4229, Statement on Nuclear Defence Systems, 21 December 1962.

(50) ナッソー協定の解釈については、Baylis, *Anglo-American Defence Relations*, pp. 104-105,『同盟の力学』、一一九～一二〇頁に依拠した。

なおＭＬＦ構想は、すでにアイゼンハワー政権期にローリス・ノースタッド欧州連合軍最高司令官やクリスチャン・ハーター米国務長官によって打ち出されていた。ＭＬＦ構想に関しては、以下の研究が詳しい。川嶋『独仏関係と戦後ヨーロッ

パ国際秩序』、第三章。牧野和伴「MLF構想と同盟戦略の変容」（Ⅰ）・（Ⅱ）『法学政治学研究』（成蹊大学）第二一巻（一九九九年）・第二三巻（二〇〇〇年）。

(51) "The Point of View of France : Press Conference Statement by President Charles de Gaulle, Paris, January 14, 1963," in Richard P. Stebbins (ed.), *Documents on American Foreign Relations 1963* (New York : Published for the Council on Foreign Relations by Harper & Row, 1964), pp. 168–180.

(52) Maurice Vaïsse,"De Gaulle and the British 'Application' to join the Common Market," in Wilkes (ed.), *Britain's Failure to enter the European Community 1961–63*, pp. 65, 67.

(53) "The Point of View of France : Press Conference Statement by President Charles de Gaulle, Paris, January 14, 1963," in *Documents on American Foreign Relations 1963*, p. 172.

(54) イギリスとPTBTに関しては、以下が詳しい。Kendrick Oliver, *Kennedy, Macmillan and the Nuclear Test-Ban Debate, 1961–63* (Basingstoke : Macmillan, 1998).

(55) White, *Britain, Détente and Changing East-West Relations*, pp. 108–109.

(56) 小川浩之「脱植民地化とイギリス対外政策――公式帝国・非公式帝国・コモンウェルス」北川勝彦編著『脱植民地化とイギリス帝国』（イギリス帝国と二〇世紀　第四巻）ミネルヴァ書房、二〇〇九年、四六～五六頁。

(57) 君塚直隆『イギリス二大政党制への道――後継首相の決定と「長老政治家」』有斐閣、一九九八年、二〇五～二〇七頁。君塚直隆『女王陛下の影法師』筑摩書房、二〇〇七年、二三四～二四二頁。

(58) 小川「第一次EEC加盟申請とその挫折」、一四七～一四八頁。小川浩之「『豊かな時代』と保守党政権の盛衰――イーデン・マクミラン・ダグラス＝ヒューム政権　一九五五～六四年」梅川正美・阪野智一・力久昌幸編著『イギリス現代政治史』ミネルヴァ書房、二〇一〇年、七八～八一頁。Michael Middeke, "Britain's Global Military Role, Conventional Defence and

Anglo-American Interdependence after Nassau," *The Journal of Strategic Studies*, Vol. 24, No. 1 (2001), pp. 158–159. あわせて、以下の諸研究も参照されたい。D. R. Thorpe, *Alec Douglas-Home* (London : Politico's, 2007) ; Andrew Holt, *The Foreign Policy of the Douglas-Home Government : Britain, the United States and the End of Empire* (Basingstoke : Palgrave Macmillan, 2014); Andrew Holt, "Lord Home and Anglo-American Relations, 1961–1963," *Diplomacy and Statecraft*, Vol. 16 (2005).

第４章　イギリスとヴェトナム戦争

（1）　水本義彦『同盟の相剋——戦後インドシナ紛争をめぐる英米関係』千倉書房、二〇〇九年、序章、第一章、第三章。

（2）　ウィルソン政権の外交に関しては、以下のような先行研究がある。Richard Coopey, Steven Fielding and Nick Tiratsoo (eds.), *The Wilson Governments 1964–1970* (London : Pinter, 1995); Saki Dockrill, *Britain's Retreat from East of Suez : The Choice between Europe and the World ?* (Basingstoke : Palgrave Macmillan, 2002); John W. Young, *The Labour Governments 1964–1970 Volume 2, International Policy* (Manchester : Manchester University Press, 2003); Jonathan Colman, *A 'Special Relationship' ? : Harold Wilson, Lyndon B. Johnson and Anglo-American Relations 'at the Summit,' 1964–68* (Manchester : Manchester University Press, 2004); Peter Dorey (ed.), *The Labour Governments 1964–1970* (London : Routledge, 2006); Glen O'Hara and Helen Parr (eds.), *The Wilson Governments 1964–1970 Reconsidered* (London : Routledge, 2006); James Ellison, *The United States, Britain and the Transatlantic Crisis : Rising to the Gaullist Challenge, 1963–68* (Basingstoke : Palgrave Macmillan, 2007); Geraint Hughes, *Harold Wilson's Cold War : The Labour Government and East-West Politics, 1964–1970* (Woodbridge : Boydell Press, 2009); John W. Young, "West Germany in the Foreign Policy of the Wilson Government, 1964–67," in Saki Dockrill (ed.), *Controversy and Compromise : Alliance Politics between Great Britain, Federal Republic of Germany, and the United States of America, 1945–1967* (Bodenheim : Philo, 1998).

（3）Harold Wilson, *The Labour Government 1964-1970: A Personal Record* (London: Weidenfeld and Nicolson, 1971), p. 50.

（4）ヴェトナム戦争に関する先行研究はすでに膨大な数にのぼるが、本章で主に参照したイギリスとヴェトナム戦争に関する研究は、以下である。水本『同盟の相剋』。森聡『ヴェトナム戦争と同盟外交――英仏の外交とアメリカの選択　一九六四―一九六八年』東京大学出版会、二〇〇九年。Yoshihiko Mizumoto, "Harold Wilson's Efforts at a Negotiated Settlement of the Vietnam War, 1965-1967," *Electronic Journal of International History*, No. 9 (2005). [http://www.history.ac.uk/ejournal]; 水本義彦「書評論文　六〇年代イギリス政府のベトナム政策と英米関係」『国際政治』第一四〇号（二〇〇五年）。森聡「ヴェトナム戦争と英米関係――ウィルソン政権による対米和平外交の成果」菅英輝編著『冷戦史の再検討――変容する秩序と冷戦の終焉』法政大学出版局、二〇一〇年。田中孝彦「インドシナ介入をめぐる米英政策対立――冷戦政策の比較研究試論」『一橋論叢』第一一四巻第1号（一九九五年）。Sylvia Ellis, *Britain, America, and the Vietnam War* (Westport: Praeger, 2004); James Cable, *The Geneva Conference of 1954 on Indochina* (Basingstoke: Macmillan, 1986); John Dumbrell and Sylvia Ellis, "British Involvement in Vietnam Peace Initiatives, 1966-1967: Marigolds, Sunflowers, and 'Kosygin Week'," *Diplomatic History*, Vol. 27, No. 1 (2003); John W. Young, "Britain and 'LBJ's War,' 1964-68," *Cold War History*, Vol. 2, No. 3 (2002); John W. Young, "The Wilson Government and the Davies Peace Mission to North Vietnam, July 1965," *Review of International Studies*, Vol. 24 (1998); Rolf Steininger, "'The Americans are in a Hopeless Position': Great Britain and the War in Vietnam, 1964-65," *Diplomacy and Statecraft*, Vol. 8, No. 3 (1997).

（5）TNA, PREM13/692, Record of Conversation between Gordon-Walker and Rusk at the State Department, 27 October 1964.

（6）TNA, PREM13/692, "Suggested line if President Johnson requests more British Aid for Viet-Nam," 4 December 1964. なお、イギリスがヴェトナム戦争で行った支援については、以下も参照されたい。Young, "Britain and 'LBJ's War'," pp. 72-73.

（7）TNA, PREM13/692, Washington to FO, tel. no. 4046, 9 December 1964; TNA, CAB128/39, CC (64) 14th Conclusions, 11

December 1964.

(8) TNA, PREM13/692, FO to Washington, tel. no. 14242, 29 December 1964.

(9) Robert S. McNamara, *In Retrospect : The Tragedy and Lessons of Vietnam* (New York : Vintage, 1996), p. 169, 仲晃訳『マクナマラ回顧録——ベトナムの悲劇と教訓』共同通信社、一九九七年、二二九頁。

(10) 丸山泉「内戦政策の破綻」谷川榮彦編著『ベトナム戦争の起源』勁草書房、一九八四年、二五三、二五五頁。George C. Herring, *America's Longest War : The United States and Vietnam, 1950–1975*, Third Edition (New York : McGraw-Hill, 1996), p. 142, 秋谷昌平訳『アメリカの最も長い戦争』上巻、講談社、一九八五年、二〇一頁。(なお邦訳書は、John Wiley & Sons から一九七九年に出版された原書を翻訳したものである。)

(11) Herring, *America's Longest War*, p. 142,『アメリカの最も長い戦争』上巻、二〇一～二〇二頁。

(12) Herring, *America's Longest War*, pp. 142–143,『アメリカの最も長い戦争』上巻、二〇二～二〇三頁。

(13) Wilson, *The Labour Government*, pp. 79–80.

(14) TNA, PREM13/692, Note for the Record. South Vietnam, 11 February 1965.

(15) TNA, PREM13/692, Record of a Telephone Conversation between Wilson and Johnson, 11 February 1965 ; Wilson, *The Labour Government*, p. 80.

(16) Wilson, *The Labour Government*, p. 80.

(17) TNA, PREM13/692, Record of a Telephone Conversation between Wilson and Johnson, 11 February 1965 ; Wilson, *The Labour Government*, p. 80.

(18) TNA, FO371/180580/DV1075/17, "Seeking a Solution in Viet-Nam," Memo by Cable, 15 February 1965.

(19) TNA, FO371/180580/DV1075/17, "Viet-Nam," Comment by Peck and Caccia, 15 February 1965.

(20) Herring, *America's Longest War*, pp. 143-145,『アメリカの最も長い戦争』上巻、二〇四～二〇六頁。

(21) TNA, CAB128/39, CC (65) 14th Conclusions, 4 March 1965.

(22) TNA, PREM13/693, "Vietnam," Memo by Stewart for Wilson, 1 March 1965 ; Steininger, "'The Americans are in a Hopeless Position'," pp. 237, 258, 279.

(23) TNA, FO371/180557/DV1051/58, "Talking Points on Viet-Nam," 14 March 1965.

(24) TNA, FO371/180584/DV1075/104, "Secretary of State's Visit to Washington and New York, 21-24 March, Viet-Nam," Brief no. 12, 19 March 1965.

(25) TNA, PREM13/693, Washington to FO, tel. no. 713, 23 March 1965.

(26) TNA, CAB128/39, CC (65) 18th Conclusions, 25 March 1965.

(27) TNA, FO371/180584/DV1075/105, FO to Certain of Her Majesty's Representatives, Guidance tel. no. 155, 8 April 1965 ; McNamara, *In Retrospect*, p. 181,『マクナマラ回顧録』、二四五頁。

(28) TNA, CAB128/39, CC (65) 24th Conclusions, 8 April 1965.

(29) TNA, FO371/180585/DV1075/120, Stewart to Peck, 9 April 1965.

(30) TNA, FO371/180585/DV1075/111, "Viet-Nam. President Johnson's Speech," 8 April 1965 ; TNA, FO371/180585/DV1075/111, FO to Washington, tel. no. 2873, 8 April 1965.

(31) TNA, FO371/180541/DV103145/93, "Prime Minister's Visit to New York and Washington : April 1965, Indo-China," Main Brief by FO.

(32) TNA, FO371/180585/DV1075/111, Moscow to FO, tel. no. 735, 9 April 1965 ; TNA, CAB128/39, CC (65) 25th Conclusions, 13 April 1965.

(33) TNA, FO371/180541/DV103145/93, "Prime Minister's Visit to Washington. Indo-China," Minute by Cable, 13 April 1965.

(34) TNA, PREM13/694, Report by the Right Honourable Patrick Gordon Walker on his Fact-Finding Tour of South-East Asia as Special Representative of the Foreign Secretary, 14 April–4 May 1965, 7 May 1965.

(35) TNA, FO371/180541/DV103145/93, "Prime Minister's Visit to New York and Washington : April 1965, Indo-China," Main Brief by FO ; Young, "The Wilson Government and the Davies Peace Mission to North Vietnam," p. 548.

(36) TNA, PREM13/694, Extract of a Meeting at the White House, 15 April 1965.

(37) TNA, PREM13/694, Record of Meeting between the Prime Minister and President of the United States at the White House, 15 April 1965.

(38) TNA, PREM13/694, Washington to FO, tel. no. 1082, 23 April 1965.

(39) McNamara, *In Retrospect*, pp. 182–183, 『マクナマラ回顧録』、二四六～二四八頁。Herring, *America's Longest War*, p. 146, 『アメリカの最も長い戦争』上巻、二〇八～二〇九頁。

(40) McNamara, *In Retrospect*, p. 185, 『マクナマラ回顧録』、二五〇頁。Steininger, "'The Americans are in a Hopeless Position'," p. 273.

(41) TNA, PREM13/694, Note for the Record. Vietnam, 13 May 1965.

(42) TNA, PREM13/695, Record of a Conversation between Stewart and Gromyko at the Imperial Hotel, Vienna, 15 May 1965.

(43) McNamara, *In Retrospect*, pp. 185–186, 『マクナマラ回顧録』、二五〇～二五一頁。

(44) TNA, CAB128/39, CC (65) 32nd Conclusions, 3 June 1965.

(45) TNA, PREM13/695, FO to Washington, tel. no. 4753, 10 June 1965 ; TNA, CAB128/39, CC (65) 32nd Conclusions, 3 June 1965.

(46) TNA, FO371/180584/DV1075/105, FO to Certain of Her Majesty's Representatives, Guidance tel. no. 155, 8 April 1965.

(47) TNA, PREM13/695, FO to Washington, tel. no. 4752, 10 June 1965.

(48) TNA, PREM13/695, Washington to FO, tel. no. 1530, 12 June 1965.

(49) TNA, PREM13/695, FO to Washington, tel. no. 4890, 15 June 1965 ; TNA, PREM13/695, Commonwealth Relations Office to Nairobi, tel. no. 1419, 16 June 1965.

(50) TNA, PREM13/690, FO to Washington, tel. no. 4999, 19 June 1965.

(51) TNA, PREM13/696, FO to Vientiane, tel. no. 744, 7 July 1965.

(52) TNA, PREM13/691, "Commonwealth Mission on Viet-Nam," Statement by Mission, 24 June 1965.

(53) TNA, PREM13/691, "Commonwealth Mission on Vietnam. Guide-Lines" ; TNA, PREM13/691, FO to Washington, tel. no. 5170, 25 June 1965. なお「ガイドライン」については、その後コモンウェルス首相会議で一部文言修正がなされている。TNA, PREM13/691, FO to Washington, tel. no. 5200, 25 June 1965.

(54) TNA, CAB128/39, CC (65) 34th Conclusions, 24 June 1965.

(55) TNA, FO371/180567/DV1062/40, "Replies and Reactions to the Proposal about the Commonwealth Mission on Viet-Nam," 23 June 1965 ; TNA, FO371/180567/DV1062/40, "Points for Discussion with Secretary of State," 23 June 1965.

(56) TNA, CAB128/39, CC (65) 35th Conclusions, 1 July 1965.

(57) TNA, PREM13/696, Wilson to Williams, 6 July 1965 ; TNA, FO371/180570/DV1062/87/G, FO to Vientiane, tel. no. 716, 2 July 1965 ; TNA, FO371/180569/DV1062/74/G, "Proposed Visit by Mr. Harold Davies, M. P. to Hanoi," Minute by Stewart for Wilson, 1 July 1965. デイヴィスと接触した二人のジャーナリストは、北ヴェトナム政府のエージェントではないかと、イギリス政府は疑っていた。

(58) TNA, FO371/180569/DV1062/74/G, "Proposed Visit by Mr. Harold Davis, M. P. to Hanoi," Minute by Stewart for Wilson, 1 July 1965 ; TNA, FO371/180570/DV1062/87/G, FO to Vientiane, tel. no. 716, 2 July 1965.
(59) TNA, CAB128/39, CC (65) 36th Conclusions, 8 July 1965.
(60) TNA, PREM13/696, Wilson to Williams, 6 July 1965.
(61) デイヴィス・ミッションについては、以下を参照されたい。TNA, PREM13/696, Report from the Joint Parliamentary Secretary, Ministry of Pensions and National Insurance, to the Prime Minister, 15 July 1965 ; TNA, FO371/180570/DV1062/87/G, Note for the Record. Mr. Harold Davies, 2 July 1965 ; TNA, PREM13/696, Hanoi to FO, tel. no. 321, 12 July 1965 ; Young, "The Wilson Government and the Davies Peace Mission to North Vietnam."
(62) TNA, CAB128/39, CC (65) 38th Conclusions, 15 July 1965.
(63) TNA, FO371/180587/DV1075/165, "Viet-Nam and Negotiation," Memo by Cable, 12 July 1965.
(64) TNA, PREM13/697, Letter from Johnson to Wilson, 26 July 1965.
(65) 福田茂夫「ジョンソン大統領の派兵後のベトナム戦略――地上米軍派遣発表（一九六五・七）よりテト攻撃（六八・一）まで」『国際政治』第一三〇号（二〇〇二年）、六三頁。福田茂夫「ベトナム戦争」『アメリカ研究』第一九号（一九八五年）。
(66) TNA, PREM13/697, FO to Washington, tel. no. 5966, 30 July 1965.
(67) TNA, PREM13/697, FO to Washington, tel. no. 5967, 30 July 1965.
(68) TNA, PREM13/697, Message from Wilson to Johnson, 2 August 1965.
(69) Wilson, *The Labour Government*, pp. 263-264.
(70) Mizumoto, "Harold Wilson's Efforts at a Negotiated Settlement of the Vietnam War," p. 14.
(71) TNA, PREM13/1216, Record of a Meeting between the Prime Minister and the Chairman of the Council of Ministers of the

USSR, 10. 00 a. m., 22 February 1966.

（72） TNA, PREM13/1218, Record of a Meeting between the Prime Minister and the Chairman of the Council of Ministers of the USSR, 10. 00 a. m., 18 July 1966.

（73） 「マリゴールド」工作に繋がるプロセスは、一九五四年のジュネーヴ協定の履行を監視するため同年に設置された国際監視委員会（ＩＣＣ）のポーランド代表ヤヌシュ・ルワンドフスキが、一九六六年六月、「非常に具体的な和平提案」と彼が称するものを携えてハノイからサイゴンに戻ってきたところから始まった。ルワンドフスキは、北ヴェトナムが戦争を終結させるための「政治的妥協」を行う用意がある旨の情報を、サイゴンの各国外交団の最長老であるイタリア大使ジョバンニ・ドルランディに伝えた。そしてドルランディが、これをアメリカ大使のヘンリー・キャボット・ロッジ・ジュニアに伝達し、さらにロッジが、ワシントンに報告したことで、「マリゴールド」工作の交渉ルートが生まれたのであった。McNamara, *In Retrospect*, p. 248,『マクナマラ回顧録』、二三二～二三三頁。なお「マリゴールド」工作に関しては、以下の研究がある。James G. Hershberg, *Marigold : The Lost Chance for Peace in Vietnam*（Stanford : Stanford University Press, 2012）.

（74） Mizumoto, "Harold Wilson's Efforts at a Negotiated Settlement of the Vietnam War," pp. 22-28 ; 福田「ジョンソン大統領の派兵後のベトナム戦略」、七〇頁。

（75） George C. Herring（ed.）, *The Secret Diplomacy of the Vietnam War : The Negotiating Volumes of the Pentagon Papers*（Austin : University of Texas Press, 1983）, p. 389 ; McNamara, *In Retrospect*, pp. 248-249,『マクナマラ回顧録』、二三三頁。

（76） Dumbrell and Ellis, "British Involvement in Vietnam Peace Initiatives," p. 122. なお、一九六六年八月、スチュアートに代わりブラウンが外務大臣に就任していた。

（77） 福田「ジョンソン大統領の派兵後のベトナム戦略」、七〇頁。McNamara, *In Retrospect*, p. 249,『マクナマラ回顧録』、二三三頁。

(78) Herring (ed.), *The Secret Diplomacy of the Vietnam War*, p. 270.

(79) TNA, PREM13/1277, Record of a Meeting between the Foreign Secretary and the Chairman of the Council of Ministers of the USSR, 10. 30 a. m., 25 November 1966 ; Ellis, *Britain, America, and the Vietnam War*, p. 204.

(80) TNA, PREM13/1917, Washington to FO, tel. no. 16, 3 January 1967.

(81) Dumbrell and Ellis, "British Involvement in Vietnam Peace Initiatives," p. 123.

(82) Mizumoto, "Harold Wilson's Efforts at a Negotiated Settlement of the Vietnam War," p. 26.

(83) ブラウンは、先のラスクのメッセージへの返信の中で、自分がモスクワに行く前に「マリゴールド」工作のことを伝えて欲しかったということを強い調子で述べていた。TNA, PREM13/1917, FO to Washington, tel. no. 92, 4 January 1967.

(84) TNA, PREM13/1917, Record of Conversation between the Prime Minister and the United States Ambassador, 10 January 1967.

(85) TNA, PREM13/1917, Record of a Conversation between Wilson and Cooper, 18 January 1967.

(86) McNamara, *In Retrospect*, pp. 250–251,『マクナマラ回顧録』、三三五〜三三六頁。

(87) TNA, FCO15/633, Record of a Meeting between Wilson and Kosygin, 4. 30 p. m., 6 February 1967.

(88) TNA, PREM13/1918, Record of a Private Conversation between Wilson and Kosygin at No. 10 Downing Street after the Morning Plenary Session, 10 February 1967 ; Mizumoto, "Harold Wilson's Efforts at a Negotiated Settlement of the Vietnam War," pp. 29–30 ; Dumbrell and Ellis, "British Involvement in Vietnam Peace Initiatives," pp. 136–137.

(89) Mizumoto, "Harold Wilson's Efforts at a Negotiated Settlement of the Vietnam War," p. 30.

(90) TNA, PREM13/1918, "Vietnam," T. 25/67, 10 February 1967.

(91) Herring (ed.), *The Secret Diplomacy of the Vietnam War*, pp. 440–441, 843.

(92) TNA, PREM13/1918, Wilson to Kosygin, T. 26/67, 11. 00 p. m., 10 February 1967 ; Herring (ed.), *The Secret Diplomacy of the Vietnam War*, p. 441.

(93) Chester L. Cooper, *The Lost Crusade : America in Vietnam* (New York : Dodd, Mead, 1970), p. 361.

(94) 二つの案のそれぞれの内容と相違点については、Mizumoto, "Harold Wilson's Efforts at a Negotiated Settlement of the Vietnam War," pp. 30–32.

(95) TNA, PREM13/1918, Wilson to Kosygin, T. 26/67, 11. 00 p. m., 10 February 1967.

(96) TNA, PREM13/1918, Record of a Meeting at 10 Downing Street, 10. 40 p. m., 11 February 1967.

(97) TNA, PREM13/1918, Wilson to Johnson, T. 31/67, 12 February 1967.

(98) Rostow to Wilson, 12 February 1967, "U. S. Formula," "Memo to the President : Walt Rostow," Box 14 (2 of 2), NSF, LBJL, cited in Dumbrell and Ellis, "British Involvement in Vietnam Peace Initiatives," p. 142.

(99) Dumbrell and Ellis, "British Involvement in Vietnam Peace Initiatives," p. 142 ; Ellis, *Britain, America, and the Vietnam War*, pp. 236–237.

(100) 第一次インドシナ戦争に対するイギリスの政策については、以下を参照されたい。田中「インドシナ介入をめぐる米英政策対立」。赤木完爾『ヴェトナム戦争の起源――アイゼンハワー政権と第一次インドシナ戦争』慶應通信、一九九一年。松岡完『ダレス外交とインドシナ』同文舘、一九八八年。Cable, *The Geneva Conference of 1954 on Indochina*.

(101) Young, "Britain and 'LBJ's War'," pp. 64–65.

(102) TNA, PREM13/695, "Viet-Nam. Anglo-United States Relations," FO memo, 9 June 1965.

(103) John Subritzky, "Britain, *Konfrontasi*, and the End of Empire in Southeast Asia, 1961–65," *The Journal of Imperial and Commonwealth History*, Vol. 28, No. 3 (2000).

(104) TNA, PREM13/695, "Viet-Nam. Anglo-United States Relations," FO memo, 9 June 1965.

(105) TNA, PREM13/695, "Viet-Nam. Anglo-United States Relations," FO memo, 9 June 1965.

(106) このようなウィルソン政権の和平外交の評価としては、Steininger, "'The Americans are in a Hopeless Position'," p. 238.

(107) TNA, FO371/179557/AU1011/1, "United States : Annual Review for 1964," 4 January 1965.

(108) TNA, PREM13/695, "Viet-Nam. Anglo-United States Relations," FO memo, 9 June 1965.

(109) イギリスによるアメリカのヴェトナム政策への支持に関して、これをアメリカによるポンド救済問題と関連づけて論じた研究としては、以下がある。John Dumbrell, "The Johnson Administration and the British Labour Government : Vietnam, the Pound and East of Suez," *Journal of American Studies*, Vol. 30, Part 2 (1996).

(110) 水本『同盟の相剋』、終章。

第5章 世界的な役割の縮小と統合ヨーロッパへの再接近

(1) Dockrill, *Britain's Retreat from East of Suez.*

(2) Helen Parr and Melissa Pine, "Policy towards the European Economic Community," in Dorey (ed.), *The Labour Governments 1964–1970*, p. 128.

(3) "Labour Party General Election Manifesto 1964 : The New Britain," in Lain Dale (ed.), *Labour Party General Election Manifestos, 1900–1997* (London : Routledge, 2000), p. 120.

(4) *H. C. Debs.*, Vol. 704, 16 December 1964, cols. 423–424.

(5) TNA, CAB128/39, CC (64) 14th Conclusions, 11 December 1964.

(6) *H. C. Debs.*, Vol. 704, 16 December 1964, col. 424.

（7） Dockrill, *Britain's Retreat from East of Suez*, p. 114.

（8） Wyn Rees, "Britain's Contribution to Global Order," in Stuart Croft, Andrew Dorman, Wyn Rees, and Matthew Uttley, *Britain and Defence 1945-2000 : A Policy Re-evaluation* (Harlow : Longman, 2001), p. 39.

（9） Jeffrey Pickering, *Britain's Withdrawal from East of Suez : The Politics of Retrenchment* (Basingstoke : Macmillan, 1998), p. 140 ; Wyn Rees, "British Strategic Thinking and Europe, 1964-1970," *Journal of European Integration History*, Vol. 5, No. 1 (1999), pp. 62-64.

（10） イギリスが「世界的な平和維持国」としての役割を維持することが困難になった要因については、Rees, "Britain's Contribution to Global Order," pp. 38-40も参照のこと。

（11） イギリス政府は、たとえば、TSR－2攻撃機はF－111、HS－681輸送機はC－130、P－1154戦闘機はF－4にそれぞれ代替するなどといった方策を検討した。Andrew Dorman, "Crises and Reviews in British Defence Policy," in Croft, Dorman, Rees, and Uttley, *Britain and Defence 1945-2000*, p. 16 ; Rees, "British Strategic Thinking and Europe," p. 63 ; Ritchie Ovendale (ed.), *British Defence Policy since 1945* (Manchester : Manchester University Press, 1994), pp. 134-136 ; Sean Straw and John W. Young, "The Wilson Government and the Demise of TSR-2, October 1964-April 1965," *The Journal of Strategic Studies*, Vol. 20, No. 4 (1997), pp. 18-44.

（12） *Statement on the Defence Estimates 1965*, Cmnd. 2592 (London : HMSO, 1965) ; Dorman, "Crises and Reviews in British Defence Policy," pp. 15-16 ; Pickering, *Britain's Withdrawal from East of Suez*, pp. 140-141.

（13） 「スエズ以東」への軍事的関与に関する先行研究としては、以下を参照されたい。永野隆行「イギリスの東南アジアへの戦略的関与と英軍のスエズ以東撤退問題」『英語研究』（獨協大学）第五三号（二〇〇一年）。永野隆行「東南アジア安全保障とイギリスの戦略的関与――歴史的視点から」小島朋之・竹田いさみ編『東アジアの安全保障』南窓社、二〇〇二年。芝崎「世界的影響力維持の試み」。木畑洋一「覇権交代の陰で――ディエゴガルシアと英米関係」木畑・後藤編著『帝国の長い影』。篠崎正郎「『引き留められた帝国』としての英国――コモンウェルスからの撤退政策、一九七四―七五年」『国際政治』第一六四号（二〇一一年）。篠崎正郎「イギリス軍の撤退とペルシア湾岸の安全保障、一九六八―七一年」『国際安全保障』第四三巻第二号（二〇一五年）。佐藤尚平「ペルシャ湾保護国とイギリス帝国――脱植民地化の再検討」『国際政治』第一六四号（二〇一一年）。Dockrill, *Britain's Retreat from East of Suez*; Pickering, *Britain's Withdrawal from East of Suez*; Wm. Roger Louis, *Ends of British Imperialism: The Scramble for Empire, Suez and Decolonization* (London: I.B. Tauris, 2006) chapter 31.

（14）坂出健『イギリス航空機産業と「帝国の終焉」――軍事産業基盤と英米生産提携』有斐閣、二〇一〇年、二七七～二八三頁。Hubert Zimmermann, *Money and Security: Troops, Monetary Policy, and West Germany's Relations with the United States and Britain, 1950–1971* (Cambridge: Cambridge University Press, 2002), pp. 2, 121–207, 252–253; Dockrill, *Britain's Retreat from East of Suez*, pp. 22–26, 36–38; Young, "West Germany in the Foreign Policy of the Wilson Government," pp. 181–185. なおイギリスは、西ドイツにＢＡＯＲとともに戦術空軍（Tactical Air Force）を配備していた。

（15）坂出『イギリス航空機産業と「帝国の終焉」』、二八三～二九七頁。Zimmermann, *Money and Security*, pp. 209–233, 248; Dockrill, *Britain's Retreat from East of Suez*, pp. 164–165, 196; Young, "West Germany in the Foreign Policy of the Wilson Government," pp. 186–189. 一九六七年の三カ国の合意内容については、Department of State, *Foreign Relations of the United States, 1964–1968, Volume XIII, Western Europe Region* (Washington: USGPO, 1995),〔以下、*FRUS, 1964–1968, Vol. XIII* と略記〕, Final Report on Trilateral Talks, undated, pp. 562–570. また、この合意内容を基に英独間で協定が締結されたのは一九六七年五月五日であった。"Agreement between the Government of the United Kingdom of Great Britain and Northern Ireland and the Government of the Federal Republic of Germany for Offsetting the Foreign Exchange Expenditure on British

Forces in the Federal Republic of Germany," Bonn, 5 May 1967, Cmnd. 3293 (London : HMSO, 1967).

(16) Dockrill, *Britain's Retreat from East of Suez*, p. 160.

(17) Peter Clarke, *Hope and Glory : Britain 1900-2000*, Second Edition (London : Penguin Books, 2004), p. 310-311, 西沢保・市橋秀夫・椿建也・長谷川淳一・他訳『イギリス現代史　一九〇〇－二〇〇〇』名古屋大学出版会、二〇〇四年、三〇〇～三〇一頁。

(18) TNA, PREM13/1083, Record of a Meeting between Wilson, his advisers and Johnson, his advisers, 29 July 1966.

(19) 田所昌幸『「アメリカ」を超えたドル――金融グローバリゼーションと通貨外交』中央公論新社、二〇〇一年、一三一頁。TNA, CAB128/42, CC (67) 66th Conclusions, 16 November 1967.

(20) *Supplementary Statement on Defence Policy 1967*, Cmnd. 3357 (London : HMSO, 1967).

(21) TNA, PREM13/1999, Johnson to Wilson, T. 18/68, 11 January 1968.

(22) TNA, CAB128/43, CC (68) 7th Conclusions, 15 January 1968.

(23) *H. C. Debs*, Vol. 756, 16 January 1968, cols. 1580-1581.

(24) TNA, PREM13/1999, Wilson to Johnson, tel. no. 554, T. 23/68, 15 January 1968.

(25) Baylis, *Anglo-American Defence Relations*, p. 156,『同盟の力学』、一五三～一五四頁。

(26) Dockrill, *Britain's Retreat from East of Suez*, p. 45 ; Young, *International Policy*, p. 10 ; John W. Young, *Twentieth-Century Diplomacy : A Case Study of British Practice, 1963-1976* (Cambridge : Cambridge University Press, 2008), chapter 3. なお本書では、外務ならびにコモンウェルス省を、外務省やFCOと略称する。

(27) イギリスの第二次EEC加盟申請に関しては、以下のような詳細な諸研究がある。芝崎祐典「第二次EEC加盟申請とその挫折　一九六四－七〇年――イギリスの緩やかな方向転換」細谷編『イギリスとヨーロッパ』。芝崎祐典「ヨーロッパ統合とイギリス外交——空席危機とウィルソン政権初期の対ヨーロッパ態度」木畑洋一編『ヨーロッパ統合と国際関係』日本経済評論社、二〇〇五年。力久『イギリスの選択』、第三章。Stephen Wall, *The Official History of Britain and the European Community, Volume II : From Rejection to Referendum, 1963–1975* (London : Routledge, 2013) ; Oliver J. Daddow (ed.), *Harold Wilson and European Integration : Britain's Second Application to join the EEC* (London : Frank Cass, 2003); Gowland and Turner, *Reluctant Europeans*, chapters 11–12 ; Gowland and Turner (eds.), *Britain and European Integration 1945–1998*, chapter 6 ; Young, *Britain and European Unity*, chapter 4 ; Parr, *Britain's Policy towards the European Community* ; Anne Deighton, "The Second British Application for Membership of the EEC," in Wilfried Loth (ed.), *Crises and Compromises : The European Project 1963–1969* (Nomos : Baden-Baden, 2001).

(28) Gowland and Turner (eds.), *Britain and European Integration 1945–1998*, p. 108 ; Young, *Britain and European Unity*, p. 82.

(29) *H. C. Debs*, Vol. 711, 29 April 1965, col. 623.

(30) 力久『イギリスの選択』、一〇三～一〇四頁。

(31) 力久『イギリスの選択』、一一八～一一九頁。川嶋『独仏関係と戦後ヨーロッパ国際秩序』、一四八～一四九、二〇三～二二六頁。Ellison, *The United States, Britain and the Transatlantic Crisis*, chapters 1–2 ; James Ellison, "Dealing with de Gaulle : Anglo-American Relations, NATO and the Second Application," in Daddow (ed.), *Harold Wilson and European Integration*, pp. 172–187.

(32) 菅英輝「ベトナム戦争をめぐる国際関係」『国際政治』第一〇七号（一九九四年）、一二～一七頁。あわせて、鳥潟優子「ドゴールの外交戦略とベトナム和平仲介」『国際政治』第一五六号（二〇〇九年）を参照されたい。

(33) Lundestad, *"Empire" by Integration*, pp. 4, 58, 79–80,『ヨーロッパの統合とアメリカの戦略』、五、五五、七三～七四頁。

(34) TNA, CAB129/124, C (66) 16, "France : General de Gaulle's Foreign Policy over the next two years," Memorandum by the

Secretary of State for Foreign Affairs, 28 January 1966 ; Young, *International Policy*, pp. 130, 136.

(35) Ellison, "Dealing with de Gaulle," pp. 172-173.

(36) *FRUS, 1964-1968, Vol. XIII*, Telegram from President Johnson to Prime Minister Wilson, May 21, 1966, pp. 396-398.

(37) "Conservative Party General Election Manifesto 1966 : Action Not Words : The New Conservative Programme," in Lain Dale (ed.), *Conservative Party General Election Manifestos, 1900-1997* (London : Routledge, 2000), p. 168.

(38) "Labour Party General Election Manifesto 1966 : Time for Decision," in Dale (ed.), *Labour Party General Election Manifestos*, p. 150.

(39) Gowland and Turner (eds.), *Britain and European Integration 1945-1998*, p. 109.

(40) Gowland and Turner, *Reluctant Europeans*, pp. 157-158, 163.

(41) *FRUS, 1964-1968, Vol. XIII*, Memorandum from the Assistant Secretary of State for Economic Affairs (Solomon) and the Deputy Assistant Secretary of State for European Affairs (Stoessel) to the Under Secretary of State (Ball), "A Presidential Push on Wilson toward U. K. Membership in the Common Market-Information Memorandum," July 19, 1966, p. 438.

(42) Ellison, "Dealing with de Gaulle," pp. 172-173, 178.

(43) *H. C. Debs*, Vol. 735, 10 November 1966, cols. 1539-1540.

(44) 芝崎祐典「ウィルソン政権におけるイギリスの対ＥＥＣ政策――欧州『歴訪』と英欧関係、一九六七年」『現代史研究』第五二号（二〇〇六年）、一三一～二五頁。力久『イギリスの選択』、一〇九頁。

(45) *FRUS, 1964-1968, Vol. XIII*, Message from President Johnson to Prime Minister Wilson, November 15, 1966, p. 491.

(46) Gowland and Turner, *Reluctant Europeans*, pp. 164-165.

(47) TNA, CAB128/42, CC (67) 14th Conclusions, 21 March 1967.

（48） Young, *Britain and European Unity*, pp. 92-93.

（49） Parr and Pine, "Policy towards the European Economic Community," pp. 115, 128-129.

（50） TNA, CAB128/42, CC（67）24th Conclusions, 29 April 1967 ; TNA, CAB128/42, CC（67）25th Conclusions, 30 April 1967 ; TNA, CAB128/42, CC（67）26th Conclusions, 30 April 1967 ; TNA, CAB128/42, CC（67）27th Conclusions, 2 May 1967 ; Gowland and Turner, *Reluctant Europeans*, p. 166 ; Young, *Britain and European Unity*, pp. 93-94.

（51） *H. C. Debs*, Vol. 746, 2 May 1967, cols. 310, 314. なお本章では、イギリス政府が第二次ＥＥＣ加盟申請を決断した要因を、主に戦後外交の再編構想の観点から考察するが、他にも経済的、国内的な諸要因が存在していた。詳しくは、以下を参照されたい。力久『イギリスの選択』、二二三～二二六頁 ; Young, *Britain and European Unity*, pp. 88-89.

（52） *FRUS, 1964-1968, Vol. XIII*, Summary Notes of the 569th Meeting of the National Security Council, May 3, 1967, p. 572.

（53） Gowland and Turner（eds.）, *Britain and European Integration 1945-1998*, pp. 111, 123.

（54） 第一次ウィルソン政権のフランスに対する核政策に関しては、Kristan Stoddart, "Nuclear Weapons in Britain's Policy towards France, 1960-1974," *Diplomacy and Statecraft*, Vol. 18, No. 4（2007）, pp. 724-730が詳しい。また、マクミラン政権の下で締結されたナッソー協定に盛り込まれた多角的核戦力（ＭＬＦ）構想をめぐる問題は、イギリス「独自」の核抑止力に関わる重要な問題であった（第３章を参照のこと）。このＭＬＦ構想に対してウィルソン政権は、代替案として大西洋核戦力（ＡＮＦ）構想を提示した。同構想は、ＡＮＦにイギリスの戦略核戦力を提供するというＮＡＴＯの核戦力構想であり、注目すべき点は、ＭＬＦ構想とは異なり、参加国に核兵器の使用に関する拒否権を与えていることであった。このようにウィルソン政権が、イギリスの核抑止力の「独自」性の放棄を真剣に検討したことは、マクミラン政権の核政策との違いを際立たせた。しかし結局、ＭＬＦ構想もＡＮＦ構想も、一九六〇年代半ば頃には立ち消えていくことになった。芝崎祐典「多角的核戦力（ＭＬＦ）構想とウィルソン政権の外交政策、一九六四年」『ヨーロッパ研究』第三号（二〇〇四年）、六三～七九頁。小川健一「核抑止力の『自立』を巡るウィルソン政権内の相克——大西洋核戦力（ＡＮＦ）構想の立案・決定過程の解明」『国際政治』第一七四号（二〇一三年）、一五三〜一六六頁。小林弘幸「第一次ハロルド・ウィルソン政権の大西洋核戦力構想」『法学政治学論究』（慶應義塾大学大学院）第九七号（二〇一三年）、一八五〜二〇四頁。

（55） TNA, CAB130/325, MISC 153 (67) 1st Meeting, "Prime Minister's Talks with General de Gaulle : The Nuclear Aspects of Technological Co-operation," 15 June 1967.

（56） Parr, *Britain's Policy towards the European Community*, p. 158 ; Stoddart, "Nuclear Weapons in Britain's Policy towards France," pp. 724–728.

（57） TNA, PREM13/1731, Record of a Discussion held at the Grand Trianon, Versailles, 11. 00 a. m., 19 June 1967.

（58） TNA, PREM13/1731, Record of a Conversation between the Prime Minister and the President of France at the Grand Trianon, Versailles, 4. 00 p. m., 19 June 1967.

（59） たとえば、六月の英仏首脳会談の場で、ウィルソンはド・ゴールに対して、核分野も含む英仏協力の実現は、イギリスがＥＥＣとＥＵＲＡＴＯＭに加盟することにかかっているとの考えを明らかにしていた。TNA, PREM13/2489, Note for the Record, 14 September 1967 ; Stoddart, "Nuclear Weapons in Britain's Policy towards France," p. 727.

（60） Parr, *Britain's Policy towards the European Community*, p. 158.

（61） Stoddart, "Nuclear Weapons in Britain's Policy towards France," p. 728.

（62） Young, *Britain and European Unity*, pp. 94–95 ; Parr, *Britain's Policy towards the European Community*, p. 160.

（63） *FRUS, 1964–1968, Vol. XIII*, Telegram from the Embassy in the United Kingdom to the Department of State, October 25, 1967, p. 630.

（64） "Extract from President de Gaulle's Press Conference, 27 November 1967," in Uwe Kitzinger, *The Second Try : Labour and the EEC* (Oxford : Pergamon Press, 1968), pp. 311-317 ; 力久『イギリスの選択』、一三〇頁。

(65) *FRUS, 1964-1968, Vol. XIII*, Telegram from Secretary of State Rusk to the Department of State, December 13, 1967, pp. 648-650.

(66) *FRUS, 1964-1968, Vol. XIII*, Intelligence Note No. 1020, "French 'Pocket Veto' of UK Common Market Bid causes Some Friction, but No Crisis," December 26, 1967, pp. 654-658.

(67) 橋口豊「デタントのなかのＥＣ　一九六九－七九年――ハーグから新冷戦へ」遠藤乾編『ヨーロッパ統合史』名古屋大学出版会、二〇〇八年、一九五～二〇二頁。Young, *International Policy*, pp. 157-159.

(68) 芝崎「第二次ＥＥＣ加盟申請とその挫折」、一七四～一七五頁。Parr and Pine, "Policy towards the European Economic Community," p. 129.

(69) 小川「第一次ＥＥＣ加盟申請とその挫折」、一五〇頁。N. Piers Ludlow, *The European Community and the Crises of the 1960s : Negotiating the Gaullist Challenge* (London : Routledge, 2006), p. 139.

(70) *Statement on the Defence Estimates 1970*, Cmnd. 4290 (London : HMSO, 1970); Young, *International Policy*, pp. 49, 54.

(71) 篠﨑「『引き留められた帝国』としての英国」、三七～三八頁。小川『英連邦』、二一〇～二一一頁。また、一九七五年三月の『国防白書』では、「イギリスの安全保障の要であるＮＡＴＯは、防衛に利用可能な資源を投入する最優先分野とされるべきであること」や、「同盟域外へのイギリスの関与は、兵力のオーバー・ストレッチを避けるために、可能な限り削減されるべきであること」などが明示されていた。*Statement on the Defence Estimates 1975*, Cmnd. 5976 (London : HMSO, 1975).

第6章 デタントとイギリスのEC加盟

（1）ヒース政権の外交に関する研究については、以下を参照されたい。Thomas Robb, *A Strained Partnership?: US-UK Relations in the Era of Détente, 1969-77* (Manchester: Manchester University Press, 2013); Andrew Scott, *Allies Apart: Heath, Nixon and the Anglo-American Relationship* (Basingstoke: Palgrave Macmillan, 2011); Niklas H. Rossbach, *Heath, Nixon and the Rebirth of the Special Relationship: Britain, the US and the EC, 1969-74* (Basingstoke: Palgrave Macmillan, 2009); Daniel Möckli, *European Foreign Policy during the Cold War: Heath, Brandt, Pompidou and the Dream of Political Unity* (London: I. B. Tauris, 2009); Catherine Hynes, *The Year that Never Was: Heath, the Nixon Administration and the Year of Europe* (Dublin: University College Dublin Press, 2009); R. Gerald Hughes and Thomas Robb, "Kissinger and the Diplomacy of Coercive Linkage in the 'Special Relationship' between the United States and Great Britain, 1969-1977," *Diplomatic History*, Vol. 37, No. 4 (2013); Alex Spelling, "Edward Heath and Anglo-American Relations 1970-1974: A Reappraisal," *Diplomacy and Statecraft*, Vol. 20, No. 4 (2009); Christopher Hill and Christopher Lord, "The Foreign Policy of the Heath Government," in Stuart Ball and Anthony Seldon (eds.), *The Heath Government 1970-1974: A Reappraisal* (London: Longman, 1996); 益田実「ヨーロッパ・アメリカ・ポンド――EC加盟と通貨統合をめぐるヒース政権の大西洋外交、一九七〇～一九七四年」益田実・池田亮・青野利彦・齋藤嘉臣編著『冷戦史を問いなおす――「冷戦」と「非冷戦」の境界』ミネルヴァ書房、二〇一五年。岡本宜高「ヒース政権期のイギリス外交――欧州統合とデタントの間」『西洋史学』第二四〇号（二〇一一年）。

（2）Edward Heath, *The Course of My Life: My Autobiography* (London: Hodder and Stoughton, 1998), p. 356.

（3）Baylis, *Anglo-American Defence Relations*, pp. 164, 252,『同盟の力学』、一五九、二五六～二五七頁。

（4）Spelling, "Edward Heath and Anglo-American Relations 1970-1974," p. 639. またアンドリュー・スコットも、ヒース政権期

に英米関係は悪化したが、その責任は主にニクソン政権の側にあったと主張している。Scott, *Allies Apart*.

（5） Henry A. Kissinger, *White House Years* (Boston: Little, Brown and Company, 1979), p. 937, 桃井眞監修、斎藤彌三郎・小林正文・大朏人一・鈴木康雄訳『キッシンジャー秘録』第四巻、小学館、一九八〇年、三一頁。

（6） Henry A. Kissinger, *Years of Upheaval* (London: Weidenfeld and Nicolson, 1982), p. 141, 桃井眞監修、読売新聞・調査研究本部訳『キッシンジャー激動の時代』第一巻、小学館、一九八二年、一七八頁。

（7） この点については、Spelling, "Edward Heath and Anglo-American Relations 1970–1974" が詳しい。

（8） たとえば、ヒース政権下での緊密な英米間の防衛協力関係に関しては、以下を参照されたい。TNA, PREM15/718, "Facilities for the U.S.A.," Home to Heath, PM/70/106, 18 September 1970; TNA, PREM15/718, Annex "Facilities made available to the United States Forces and Information Exchange, Co-operative, Reciprocal, Shared and Joint Planning Arrangements."

（9） TNA, PREM15/714, "President Nixon's Visit," Note of a Meeting held at 10 Downing Street, 30 September 1970.

（10） TNA, PREM15/714, Record of a Meeting between Heath and Nixon at Chequers, 3 October 1970.

（11） Rossbach, *Heath, Nixon and the Rebirth of the Special Relationship*, p. 164; Spelling, "Edward Heath and Anglo-American Relations 1970–1974," pp. 640, 646–647.

（12） Kissinger, *Years of Upheaval*, pp. 274–278,『キッシンジャー激動の時代』第一巻、三四二〜三四六頁。

（13） Keith Hamilton and Patrick Salmon (eds.), *Documents on British Policy Overseas, Series III, Volume IV, The Year of Europe: America, Europe and the Energy Crisis, 1972–1974* (London: Routledge, 2006)［以下、*DBPO, III, IV* と略記］, Introduction, p. 5. なお、核戦争防止協定の交渉に関するアメリカとの協議には、「ハラバルー作戦」(Operation Hullabaloo) という暗号名が与えられた。

（14） Kissinger, *Years of Upheaval*, pp. 278, 281, 283–285,『キッシンジャー激動の時代』第一巻、三四六、三五〇、三五二〜三五

三頁。またヒースも、一九七三年二月二日のキャンプ・デーヴィッドでの英米首脳会談において、ソ連側の提案にかなり慎重に対処すべきとの考えを示していた。*DBPO, III, IV*, No. 22, Record of discussion : Heath/Nixon, 2 February 1973.

（15） *DBPO, III, IV*, No. 44, Letter : Cromer to Brimelow, 7 March 1973.

（16） Kissinger, *Years of Upheaval*, pp. 281-282,『キッシンジャー激動の時代』第1巻、三五〇頁。

（17） TNA, FCO7/1839, "Anglo/United States Relations," Brief by FCO, 23 September 1970.

（18） SALTⅠが開始された背景とその交渉プロセスについては、以下を参照されたい。佐藤栄一『現代の軍備管理・軍縮——核兵器と外交　一九六五－一九八五年』東海大学出版会、一九八九年、一〇九～一五〇頁。John Newhouse, *Cold Dawn : The Story of SALT* (New York : Holt, Rinehart and Winston, 1973), chapter 5 ; Condoleezza Rice, "SALT and the Search for a Security Regime," in Alexander L. George, Philip J. Farley and Alexander Dallin (eds.), *U. S.-Soviet Security Cooperation : Achievements, Failures, Lessons* (New York : Oxford University Press, 1988).

（19） Baylis, *Anglo-American Defence Relations*, p. 167,『同盟の力学』、一六三頁。また、既述のようにホワイトは、一九六三年の部分的核実験禁止条約成立に対する貢献を最後のピークとして、イギリスは東西関係における影響力を低下させたと指摘している。White, *Britain, Détente and Changing East-West Relations*, p. 108.

（20） TNA, PREM15/714, "President Nixon's Visit," Note of a Meeting held at 10 Downing Street, 30 September 1970.

（21） Rossbach, *Heath, Nixon and the Rebirth of the Special Relationship*, pp. 60-64, 128, 172-173 ; Spelling, "Edward Heath and Anglo-American Relations 1970-1974," p. 643. ニクソンの訪中に関しては、Keith Hamilton, "A 'Week that Changed the World': Britain and Nixon's China Visit of 21-28 February 1972," *Diplomacy and Statecraft*, Vol. 15. No. 1 (2004), pp. 117-135 も参照されたい。

（22） 会談内容は、Department of State, *Foreign Relations of the United States, 1969-1976, Volume XIV, Soviet Union, October*

1971–May 1972（Washington : USGPO, 2006）に収録されている。

(23)　ＡＢＭ制限条約および戦略攻撃兵器制限暫定協定に関する具体的な評価については、以下に依拠している。佐藤『現代の軍備管理・軍縮』、一五〇～一六三、三七三～三七八頁。John B. Rhinelander, "The SALT I Agreements," in Mason Willrich and John B. Rhinelander（eds.）, *SALT : The Moscow Agreements and Beyond*（New York : Free Press, 1974）, pp. 125–159.

また、ＡＢＭ制限条約および戦略攻撃兵器制限暫定協定の合意内容については、以下を参照されたい。Department of State, *Foreign Relations of the United States, 1969–1976, Volume XXXII, SALT I, 1969–1972*（Washington : USGPO, 2010）, "Treaty between the United States of America and the Union of Soviet Socialist Republics on the Limitation of Anti-Ballistic Missile Systems," May 26, 1972, pp. 908–913 ; *Ibid.*, "Interim Agreement between the Union of Soviet Socialist Republics and the United States of America on Certain Measures with respect to the Limitation of Strategic Offensive Arms," May 26, 1972, pp. 913–915 ; *Ibid.*, "Protocol to the Interim Agreement between the United States of America and the Union of Soviet Socialist Republics on Certain Measures with respect to the Limitation of Strategic Offensive Arms," May 26, 1972, pp. 916–917.

(24)　"Basic Principles of Mutual Relations between the United States of America and the Union of Soviet Socialist Republics," signed in Moscow May 29, 1972, in Richard P. Stebbins and Elaine P. Adam（eds.）, *American Foreign Relations 1972 : A Documentary Record*（New York : New York University Press, 1976）, pp. 75–78.

(25)　Kissinger, *White House Years*, p. 1253,『キッシンジャー秘録』第五巻、七九～八〇頁。

(26)　橋口「米ソ・デタントと新冷戦」（一）、第二章。

(27)　Gill Bennett and Keith Hamilton（eds.）, *Documents on British Policy Overseas, Series III, Volume I, Britain and the Soviet Union, 1968–72*（London : HMSO, 1997）［以下、*DBPO, III, I* と略記］, Appendix, Report by Joint Intelligence Committee（A）on the Soviet Threat, JIC（A）（72）34, 14 September 1972.

(28) *DBPO, III, IV*, No. 2, "US Foreign Policy," Diplomatic Report No. 480/72, 15 November 1972.

(29) *DBPO, III, IV*, No. 3, Letter : Carrington to Heath, 29 November 1972.

(30) Pine, "Britain, Europe and the 'Special Relationship'," pp. 109–110, 118 ; Robb, *A Strained Partnership ?*, p. 48 ; Scott, *Allies Apart*, p. 15.

(31) TNA, PREM15/1376, "Priorities for British Interests Overseas, 1970/1," by FCO, undated ; TNA, PREM15/1376, "Priorities for British Interests Overseas," Home to Heath, 18 March 1971.

(32) Heath, *The Course of My Life*, chapter 8.

(33) 橋口「デタントのなかのEC」、一九五～二〇二頁。あわせて、以下を参照されたい。Alan S. Milward, "The Hague Conference of 1969 and the United Kingdom's Accession to the European Economic Community," *Journal of European Integration History*, Vol. 9, No. 2 (2003).

(34) Commission of the European Communities, "The Enlarged Community : Outcome of the Negotiations with the Applicant States," in *Bulletin of the European Communities*, Supplement, No. 1/72, January 1972, p. 20 ; 田中「ECの拡大」、二二九～二三〇頁。David Hannay (ed.), *Britain's Entry into the European Community : Report by Sir Con O'Neill on the Negotiations of 1970–1972* (London : Whitehall History Publishing in association with Frank Cass, 2000), pp. 66–67.

(35) 田中「ECの拡大」、二三〇頁。伊藤勝美「拡大ECとイギリス——EC加盟交渉とイギリス政治へのインパクト」（一）『比較法政』第三号（一九七三年）、二一～三二頁。Hannay (ed.), *Britain's Entry into the European Community*, pp. 67–74.

(36) Department of State, *Foreign Relations of the United States, 1969–1976, Volume XLI, Western Europe ; NATO, 1969–1972* (Washington : USGPO, 2012), Memorandum of Conversation, Washington, December 17, 1970, p. 998.

(37) TNA, PREM15/161, Record of a Meeting between Heath and Nixon at the White House, 10. 30 a. m., 17 December 1970.

(38) TNA, PREM15/2241, Record of a Conversation between the Prime Minister and the President of the French Republic in the Elysée Palace, Paris, 10. 00 a. m., 20 May 1971.

(39) Heath, *The Course of My Life*, p. 370.

(40) TNA, PREM15/2241, Record of Conclusions of the Meetings between the President of the French Republic and the Prime Minister of the United Kingdom held at Le Palais de l'Elysée, Paris, 20 and 21 May 1971.

(41) 田中「ECの拡大」、二三〇～二三二頁。伊藤「拡大ECとイギリス」（一）、二一一～二二一頁。Hannay (ed.), *Britain's Entry into the European Community*, pp. 74-75.

(42) 力久『イギリスの選択』、一四一～一五三頁。

(43) *H. C. Debs.*, Vol. 823, 28 October 1971, cols. 2076-2217. [http://hansard.millbanksystems.com/commons/1971/oct/28/european-communities].

(44) TNA, PREM15/1268, Record of a Meeting at Government House, Bermuda, 1. 30 p. m., 20 December 1971.

(45) Commission of the European Communities, "The Enlarged Community : Outcome of the Negotiations with the Applicant States," in *Bulletin of the European Communities*, Supplement, No. 1/72, January 1972, p. 25.

(46) 田中「ECの拡大」、二三一～二三九頁。伊藤勝美「拡大ECとイギリス――EC加盟交渉とイギリス政治へのインパクト」（二）『比較法政』第四号（一九七四年）、一七～二五頁。Hannay (ed.), *Britain's Entry into the European Community*, pp. 76-82.

(47) ヨーロッパ・デタントに関するイギリス外交については、日本においても以下のような詳細な実証研究がなされている。齋藤嘉臣『冷戦変容とイギリス外交――デタントをめぐる欧州国際政治、一九六四～一九七五年』ミネルヴァ書房、二〇〇六年。山本健『同盟外交の力学――ヨーロッパ・デタントの国際政治史　一九六八－一九七三』勁草書房、二〇一〇年。山本健「ＣＳＣＥにおける人の移動の自由および人権条項の起源――ＮＡＴＯによるデタントの変容、一九六九―一九七二年」『現代史研究』第五三号（二〇〇七年）。

（48）高橋進「西欧のデタント――東方政策試論」犬童一男・山口定・馬場康雄・高橋進編『戦後デモクラシーの変容』岩波書店、一九九一年、一八～二六頁。

（49）ブラントの新東方政策に関する詳細な実証研究としては、妹尾哲志『戦後西ドイツ外交の分水嶺――東方政策と分断克服の戦略、一九六三～一九七五年』晃洋書房、二〇一一年がある。

（50）Willy Brandt, "German Policy toward the East," *Foreign Affairs*, Vol. 46, No. 3 (1968), pp. 476–477. なお、ブラントの新東方政策に関する評価については、妹尾『戦後西ドイツ外交の分水嶺』、二三一～二四三頁を参照されたい。また、イギリス政府が、エアハルト政権、キージンガー政権、そしてブラント政権の時期に、ソ連や東ヨーロッパ諸国に対する独自のデタント政策や構想を打ち出していたことに関しては、齋藤『冷戦変容とイギリス外交』、第二～五章。

（51）Roger Morgan, "Willy Brandt's 'Neue Ostpolitik': British Perceptions and Positions, 1969–1975," in Adolf M. Birke, Magnus Brechtken and Alaric Searle (eds.), *An Anglo-German Dialogue: The Munich Lectures on the History of International Relations* (München: K. G. Saur, 2000), p. 190.

（52）*DBPO, III, I*, No. 60, Sir D. Wilson (Moscow) to Sir A. Douglas-Home, 8 February 1971 and footnote 22; Morgan, "Willy Brandt's 'Neue Ostpolitik'," pp. 190–191.

（53）Morgan, "Willy Brandt's 'Neue Ostpolitik'," pp. 187, 191.

（54）齋藤『冷戦変容とイギリス外交』、一一四～一一九、一三四～一三五、一四五～一四七、一七六～一七七頁。

（55）この問題については、たとえば、*DBPO, III, I*, No. 70, Memorandum from Mr. Maudling and Sir A. Douglas-Home to the Prime Minister, 30 July 1971 を参照されたい。

(56) Morgan, "Willy Brandt's 'Neue Ostpolitik'," pp. 180, 192–193.

(57) 欧州安全保障会議構想およびCSCEについては、以下の諸研究を参照されたい。百瀬宏・植田隆子編『欧州安全保障協力会議（CSCE）一九七五―九二』日本国際問題研究所、一九九二年。吉川元『ヨーロッパ安全保障協力会議（CSCE）――人権の国際化から民主化支援への発展過程の考察』三嶺書房、一九九四年。宮脇昇『CSCE人権レジームの研究――「ヘルシンキ宣言」は冷戦を終わらせた』国際書院、二〇〇三年。齋藤『冷戦変容とイギリス外交』。山本『同盟外交の力学』。なお本章では、欧州安全保障会議構想およびCSCEという用語を特に区別なく用いる。

(58) Gill Bennett and Keith Hamilton (eds.), *Documents on British Policy Overseas, Series III, Volume II, The Conference on Security and Cooperation in Europe, 1972–75* (London: HMSO, 1997) [以下、*DBPO, III, II* と略記], No. 1, Draft FCO Position Paper, February 1972.

(59) *DBPO, III, II*, No. 3, Minute from Mr. Wiggin to Sir T. Brimelow, 14 March 1972; 齋藤『冷戦変容とイギリス外交』、一五三～一五四頁。Keith Hamilton, *The Last Cold Warriors: Britain, Détente and the CSCE, 1972–1975* (Oxford: European Interdependence Research Unit, St. Antony's College, 1999), pp. 5–6.

(60) 齋藤『冷戦変容とイギリス外交』、一五〇～一五三頁。

(61) アメリカ政府のCSCEに対する政策については、関場誓子「アメリカのCSCE政策」百瀬・植田編『欧州安全保障協力会議（CSCE）』を参照のこと。なお、他の西側諸国の立場は以下の通りであった。まず西ドイツは、自国が会議で最も大きな国家的な利害関係をもつと見なし、また、フランスの公式な見解は、イギリスと類似したものであった。そして、イタリア、オランダ、ギリシャ、トルコはより懐疑的に、さらに、ノルウェー、デンマーク、ベルギー、カナダは楽観的にCSCEを捉えていた。*DBPO, III, II*, No. 8, Letter from Mr. Braithwaite to Mr. Allan (Luxembourg), 25 April 1972; Hamilton, *The Last Cold Warriors*, pp. 6–7.

（62） *DBPO, III, II*, No. 12, Minute from Sir T. Brimelow to Mr. Wiggin, 14 August 1972 and footnote 4.

（63） 山本「ＣＳＣＥにおける人の移動の自由および人権条項の起源」、一六～二五頁。

（64） 齋藤『冷戦変容とイギリス外交』、一五二～一六五頁。

（65） *DBPO, III, II*, No. 17, "CSCE : Draft Brief for the United Kingdom Delegation to the Multilateral Preparatory Talks," 13 November 1972 and footnotes 2, 3 ; Hamilton, *The Last Cold Warriors*, pp. 7-9.

（66） 吉川『ヨーロッパ安全保障協力会議（ＣＳＣＥ）』、四三～八二頁。

（67） ＭＢＦＲ構想に関しては、以下を参照されたい。山本『同盟外交の力学』、第一、四、六、八章。山本武彦「東西ヨーロッパの安全保障――デタントと『戦略的』相互依存」鴨武彦・山本吉宣編『相互依存の理論と現実』有信堂、一九八八年、一五二～一六四、一八八頁。

（68） Gill Bennett and Keith Hamilton（eds.）, *Documents on British Policy Overseas, Series III, Volume III, Détente in Europe, 1972-76*（London : Whitehall History Publishing in association with Frank Cass, 2001）［以下、*DBPO, III, III* と略記］, pp. v-vi.

（69） *DBPO, III, III*, No. 4, Report from Mr. W. F. Mumford, 22 March 1973, footnote 20.

（70） 山本「東西ヨーロッパの安全保障」、一六四～一六七、一八八頁。

（71） Rossbach, *Heath, Nixon and the Rebirth of the Special Relationship*, chapter 5.

（72） TNA, CAB148/101, DOP（70）3, Note by the Secretary of State for Foreign and Commonwealth Affairs, 29 June 1970.

第７章　大西洋同盟内の対立

（１） 「ヨーロッパの年」に関する研究としては、以下を参照されたい。柳沢英二郎「〝新大西洋憲章〟の運命」『愛知大学法經

論集　法律篇』第九一号（一九七九年）。齋藤嘉臣「『欧州の年』の英米関係、一九七三年――英米の外交スタイルの相違を中心に」『現代史研究』第五二号（二〇〇六年）。山本健「『ヨーロッパの年』の日欧関係、一九七三―七四年」『日本ＥＵ学会年報』第三二号（二〇一二年）。Hynes, *The Year that Never Was*; N. Piers Ludlow, "The Real Years of Europe?: U.S.-West European Relations during the Ford Administration," *Journal of Cold War Studies*, Vol. 15, No. 3 (2013); Alastair Noble, "Kissinger's Year of Europe, Britain's Year of Choice," in Matthias Schulz and Thomas A. Schwartz, *The Strained Alliance: U.S.-European Relations from Nixon to Carter* (Cambridge: Cambridge University Press, 2010); Keith Hamilton, "Britain, France, and America's Year of Europe, 1973," *Diplomacy and Statecraft*, Vol. 17, No. 4 (2006).

（2）齋藤「『欧州の年』の英米関係」、二八～三〇頁。*DBPO, III, IV*, Introduction, pp. 3-8.

（3）*DBPO, III, IV*, No. 20, Record of discussion: Heath/Nixon, 2 February 1973, 4. 00 p. m. 本章の *DBPO* 所収の一次史料の引用にあたっては、*DBPO, III, IV* の introduction に主として依拠している。

（4）*DBPO, III, IV*, No. 44, Letter: Cromer to Brimelow, Record of Conversation at the British Embassy, Washington, 5 March 1973. なお、三月一六日のＥＣ外相会議で、ルクセンブルクの外相は、キッシンジャーが大西洋関係のあり方に関する一般的な枠組みの作成に関心があることについて言及していた。*DBPO, III, IV*, No. 65, "Speaking Notes for Use with Dr Kissinger in The Next Ten Years in East-West and Trans-Atlantic Relations," Note by Trend, Hunt and H F T Smith, 12 April 1973.

（5）*DBPO, III, IV*, No. 62, Minute: J J B Hunt to Heath, 5 April 1973; *DBPO, III, IV*, No. 65, "Summary in The Next Ten Years in East-West and Trans-Atlantic Relations," Note by Trend, Hunt and H F T Smith, 12 April 1973.

（6）*DBPO, III, IV*, No. 69, Record of Meeting: Trend/Kissinger, 19 April 1973.

（7）Kissinger, *Years of Upheaval*, pp. 151-153,『キッシンジャー激動の時代』第一巻、一九一～一九四頁。*DBPO, III, IV*, No.

70, Text of Kissinger's Speech to Associated Press annual luncheon, Washington tel. 1361, 23 April 1973 ; Department of State, *Foreign Relations of the United States, 1969–1976, Volume XXXVIII, Part 1, Foundations of Foreign Policy, 1973–1976* (Washington : USGPO, 2012)，〔以下、*FRUS, 1969–1976, Vol. XXXVIII, Part 1* と略記〕, Address by the President's Assistant for National Security Affairs (Kissinger), New York, April 23, 1973, pp. 24–32.

（8） *DBPO, III, IV*, No. 77, Minute by Overton, 27 April 1973.

（9） *DBPO, III, IV*, No. 79, Extract from a Speech made by the Foreign and Commonwealth Secretary at Dunblane, 27 April 1973.

（10） *DBPO, III, IV*, No. 75, Paris tel. 588, Dr Kissinger's Speech on 23 April : Official French Reactions, 26 April 1973.

（11） *DBPO, III, IV*, No. 81, Minute : Trend to Heath, 2 May 1973.

（12） William C. Cromwell, *The United States and the European Pillar : The Strained Alliance* (Basingstoke : Palgrave, 1992), pp. 82, 85 ; *DBPO, III, IV*, No. 97, Exchange of Minutes : Overton/Wiggin, 21 and 29 May 1973.

（13） *DBPO, III, IV*, No. 137, CAB130/671, GEN 161 (73) 3rd Meeting, 20 June 1973.

（14） 齋藤「『欧州の年』の英米関係」、二三二、二三五頁。

（15） *DBPO, III, IV*, No. 137, CAB130/671, GEN 161 (73) 3rd Meeting, 20 June 1973.

（16） *DBPO, III, IV*, No. 146, Record of Conversation : Jobert, Heath and Douglas-Home, 3 July 1973.

（17） *DBPO, III, IV*, No. 157, Note for the Record by T. Brimelow, 14 July 1973.

（18） *DBPO, III, IV*, No. 167, tel. 1528 to Washington, 24 July 1973.

（19） Kissinger, *Years of Upheaval*, p. 188,『キッシンジャー激動の時代』第1巻、二四〇頁。

（20） *DBPO, III, IV*, No. 179, Record of Meeting : Kissinger/Trend, 30 July 1973.

(21) *DBPO, III, IV*, No. 217, Message from the Prime Minister to the President, 4 September 1973.

(22) 齋藤「『欧州の年』の英米関係」、三五頁。ＥＰＣは、ＥＣとして共通外交を制度化したものではなく、各加盟国が外交主権は保持したままで、協調して外交政策の調整を図るための基本的枠組みとなるものであった。橋口「デタントのなかのＥＣ」、二〇一頁。

(23) "Brighter Prospect for Nixon Meeting with EEC," in *The Times*, 11 September 1973.

(24) 第四次中東戦争とその直後の第一次石油危機をめぐるイギリス政府の政策に関しては、以下が詳しい。高安健将「米国との距離と国益の追求――第四次中東戦争と第一次石油危機をめぐる英国の対応」『国際政治』第一四一号（二〇〇五年）。柳沢「〝新大西洋憲章〟の運命」。Hamilton, "Britain, France, and America's Year of Europe, 1973." また、第四次中東戦争に対するアメリカの政策については、鹿島正裕『中東戦争と米国――米国・エジプト関係史の文脈』御茶の水書房、二〇〇三年、第七～八章が詳しい。

(25) Cromwell, *The United States and the European Pillar*, pp. 86-87.

(26) Kissinger, *Years of Upheaval*, pp. 583-588,『キッシンジャー激動の時代』第二巻、二一四～二二〇頁。Cromwell, *The United States and the European Pillar*, p. 87. なお、デフコン（DefCon）は、Defense Condition の略語である。

(27) Kissinger, *Years of Upheaval*, p. 590,『キッシンジャー激動の時代』第二巻、二二三頁。

(28) 高安「米国との距離と国益の追求」、八八～八九頁。

(29) Alfred Grosser [Translated by Michael Shaw], *The Western Alliance: European-American Relations since 1945* (New York: Continuum, 1980), pp. 276-278, 土倉莞爾・氏家伸一・富岡宣之訳『欧米同盟の歴史』下巻、法律文化社、一九八九年、四二三～四二六頁。

(30) キッシンジャーの政策の評価については、鹿島『中東戦争と米国』、二一二～二一三、二二三～二二四頁。

(31) *DBPO, III, IV*, No. 328, Washington tel. 3327, 25 October 1973.

(32) *DBPO, III, IV*, No. 397, Letter : Cromer to Brimelow, 21 November 1973.

(33) *DBPO, III, IV*, No. 412, Washington tel. 3674, 24 November 1973.

(34) "Text of NATO Communiqué affirms Solidarity," in *The Times*, 12 December 1973.

(35) *FRUS, 1969-1976, Vol. XXXVIII, Part 1*, "The United States and a Unifying Europe : The Necessity for Partnership," Address by Secretary of State Kissinger, December 12, 1973, pp. 121-122, 124-125 ; 柳沢「〝新大西洋憲章〟の運命」、一八〜一九頁。Kissinger, *Years of Upheaval*, pp. 725-726,『キッシンジャー激動の時代』第二巻、三六一〜三六三頁。

(36) *DBPO, III, IV*, No. 445, tel. 764 to Bonn, 10 December 1973.

(37) *DBPO, III, IV*, No. 448, UKDEL NATO tel. 876, 11 December 1973.

(38) *FRUS, 1969-1976, Vol. XXXVIII, Part 1*, "The United States and a Unifying Europe : The Necessity for Partnership," Address by Secretary of State Kissinger, December 12, 1973, pp. 126-128 ; 柳沢「〝新大西洋憲章〟の運命」、一九〜二〇頁。Kissinger, *Years of Upheaval*, p. 726,『キッシンジャー激動の時代』第二巻、三六三〜三六四頁。

(39) "Declaration on European Identity," in *Bulletin of the European Communities*, No. 12, December 1973, p. 120.

(40) *DBPO, III, IV*, No. 485, Cabinet Office tel. to the White House, 30 December 1973.

(41) *DBPO, III, IV*, No. 489, Minute : Grattan to Bridges, 3 January 1974.

(42) *DBPO, III, IV*, No. 493, Washington tel. 82, 8 January 1974 ; *DBPO, III, IV*, No. 494, Letter : Sohm to Heath, 9 January 1974 ; *DBPO, III, IV*, No. 495, Letter : Sohm to Brimelow, 9 January 1974.

(43) *DBPO, III, IV*, No. 499, Paris tel. 39, 10 January 1974 ; *DBPO, III, IV*, No. 501, Paris tel. 40, 11 January 1974 ; *DBPO, III, IV*, No. 505, Paris tel. 44, 12 January 1974.

(44) 高安「米国との距離と国益の追求」、八八〜八九頁。

(45) Hamilton, "Britain, France, and America's Year of Europe, 1973," p. 888.

(46) Kissinger, *Years of Upheaval*, p. 905,『キッシンジャー激動の時代』第三巻、七〇頁。

(47) ワシントン・エネルギー会議の交渉プロセスについては、Kissinger, *Years of Upheaval*, pp. 905–922,『キッシンジャー激動の時代』第三巻、七〇〜九〇頁が詳しい。

(48) *DBPO, III, IV*, No. 553, Guidance tel. 24, 14 February 1974.

(49) 高安「米国との距離と国益の追求」、九七頁。Hamilton, "Britain, France, and America's Year of Europe, 1973," pp. 889–890.

(50) *DBPO, III, IV*, No. 556, White House telegram to Cabinet Office, 18 February 1974.

(51) Grosser, *The Western Alliance*, pp. 281–282,『欧米同盟の歴史』下巻、四三〇〜四三一頁。

(52) 齋藤「『欧州の年』の英米関係」、三七頁。Grosser, *The Western Alliance*, pp. 283–284,『欧米同盟の歴史』下巻、四三五〜四三七頁。あわせて、合六強「冷戦変容期における大西洋同盟、一九七三–七四年——NATO宣言を巡る米仏の動きを中心に」『国際政治』第一六四号(二〇一一年)、七二〜八五頁を参照のこと。

第8章　英仏核協力構想の新たな模索

(1) ヒース政権の英仏核協力構想に関しては、主に以下の諸研究に依拠した。Rossbach, *Heath, Nixon and the Rebirth of the Special Relationship*, chapter 3; Peter Hennessy, *Cabinets and the Bomb* (Oxford: Oxford University Press, 2007), pp. 256–280; Helen Parr, "Anglo-French Nuclear Collaboration and Britain's Policy towards Europe, 1970–1973," in Van der Harst (ed.), *Beyond the Customs Union*; Helen Parr, "Transformation and Tradition: Anglo-French Nuclear Cooperation and Britain's Policy towards the European Community, 1960–1974," in Matthew Grant (ed.), *The British Way in Cold Warfare:*

Intelligence, Diplomacy and the Bomb, 1945–1975 (London : Continuum, 2009); John Baylis and Kristan Stoddart, "Britain and the Chevaline Project : The Hidden Nuclear Programme, 1967–82," *The Journal of Strategic Studies*, Vol. 26, No. 4 (2003); Stoddart, "Nuclear Weapons in Britain's Policy towards France." あわせて，ヒースによる外交に関しては，以下の彼自身の著作についても参照されたい。Edward Heath, *Old World, New Horizons : Britain, Europe, and the Atlantic Alliance* (Cambridge : Harvard University Press, 1970); Heath, *The Course of My Life* ; Edward Heath, "Realism in British Foreign Policy," *Foreign Affairs*, Vol. 48, No. 1 (1969); Edward Heath, "European Unity over the Next Ten Years : From Community to Union," *International Affairs*, Vol. 64, No. 2 (1988).

（２） Parr, "Anglo-French Nuclear Collaboration and Britain's Policy towards Europe," p. 38.

（３） TNA, CAB130/490, GEN 25 (70) 1st Meeting, 18 November 1970.

（４） TNA, PREM15/299, "Anglo-French Nuclear Cooperation in the Defence Field" (Paper by the Foreign and Commonwealth Office and the Ministry of Defence), undated (probably November 1970). なお，同文書の内容に対しては，ヒース政権内で反対意見が出されていた。この点については，TNA, PREM15/299, Zuckerman to Heath, 5 November 1970 ; TNA, PREM15/299, Trend to Heath, 6 November 1970.

（５） TNA, PREM15/299, Record of Tête-À-Tête Conversations between Carrington and Debré, 20 November 1970.

（６） Rossbach, *Heath, Nixon and the Rebirth of the Special Relationship*, pp. 84–85, 92.

（７） Parr, "Anglo-French Nuclear Collaboration and Britain's Policy towards Europe," p. 41.

（８） くわえて英仏核協力構想には，ＥＣ加盟を目指すイギリスの意思の誠実さを示すという側面もあった。Parr, "Anglo-French Nuclear Collaboration and Britain's Policy towards Europe," pp. 39–40.

（９） TNA, PREM15/161, Record of a Meeting between Heath and Nixon at Camp David, 18 December 1970 ; TNA,

PREM15/711, "The Prime Minister's Visits to Ottawa and Washington," Note of a Meeting held at 10 Downing Street, 3. 00 p. m., 21 December 1970.

(10) TNA, PREM15/299, Message to Nixon from Heath, T. 74/71, 26 March 1971.

(11) TNA, PREM15/787, "Anglo-French Nuclear Defence Collaboration," Minute from Home to Heath, 19 April 1971.

(12) Baylis and Stoddart, "Britain and the Chevaline Project," pp. 127–132.

(13) Hennessy, *Cabinets and the Bomb*, pp. 256–281.

(14) TNA, PREM15/1359, "Improvement of the Polaris System," MO26/10/6, Carrington to Heath, 16 July 1970 ; TNA, PREM15/1359, "The Current State of the Polaris Force," Annex A to MO26/10/6 ; TNA, PREM15/1359, "Credibility of UK Polaris Force against Russian ABM Defences," Annex B to MO26/10/6.

(15) TNA, PREM15/787, Cromer to FCO, tel. no. 1466, 28 April 1971.

(16) TNA, PREM15/787, Greenhill to Trend, 3 May 1971.

(17) TNA, PREM15/787, Home to Cromer, tel. no. 1245, 3 May 1971.

(18) TNA, PREM15/2241, Record of a Conversation between the Prime Minister and the President of the French Republic in the Elysée Palace, Paris, 10. 00 a. m., 20 May 1971.

(19) TNA, PREM15/787, "Anglo-French Nuclear Co-operation," Trend to Heath, 28 January 1972.

(20) TNA, PREM15/787, "Anglo-French Nuclear Co-operation," Annex A, Trend to Heath, 28 January 1972. また，具体的な英仏核協力のあり方については，TNA, PREM15/787, "The Scope for Possible Co-operation between British and French Strategic Nuclear Forces," Annex B, Trend to Heath, 28 January 1972.

(21) TNA, PREM15/904, Record of part of a Conversation between the Prime Minister and the President of the French Republic

at Chequers, 10. 30 a. m., 19 March 1972.

(22) Parr, "Anglo-French Nuclear Collaboration and Britain's Policy towards Europe," p. 56.

(23) TNA, PREM15/1357, "Nuclear Policy," Trend to Heath, 21 July 1972.

(24) TNA, PREM15/1357, "Anglo/French Nuclear Collaboration," 21 November 1972.

(25) TNA, FCO82/293, "SALT II," Brief by FCO, 18 January 1973.

(26) TNA, PREM15/1359, Extract from Note of a Meeting of Ministers, 14 November 1972.

(27) TNA, PREM15/1359, "British Strategic Nuclear Deterrent," Carrington to Heath, 19 January 1973.

(28) TNA, PREM15/1359, Record of a Discussion at the Old Executive Building, Washington, 4. 00 p. m., 1 February 1973.

(29) オプションＭも含むこの時期の更新計画に関するイギリス政府内の検討については、たとえば以下を参照されたい。TNA, PREM15/1360, "The Nuclear Deterrent," Trend to Heath, 1 May 1973 ; TNA, PREM15/1360, "Improvement of the Strategic Nuclear Deterrent," Carrington to Heath, 2 May 1973 ; TNA, PREM15/1360, "The Nuclear Deterrent : Polaris Improvements," Trend to Heath, 11 June 1973 ; TNA, PREM15/1360, "The Nuclear Deterrent : Polaris Improvements," Trend to Heath, 13 July 1973.

(30) TNA, PREM15/1357, Record of a Conversation between the Prime Minister and the President of the French Republic at the Elysee Palace, Paris, 21 May 1973.

(31) TNA, PREM15/1357, Following Message from the Prime Minister to the President, 29 May 1973.

(32) TNA, PREM15/1360, "Improvement of the Strategic Nuclear Deterrent," Carrington to Heath, 13 July 1973.

(33) TNA, PREM15/1360, Notes on a Meeting held in the Pentagon, 29 August 1973.

(34) TNA, PREM15/2038, Minutes of a Meeting held at 10 Downing Street, 2. 30 p. m., 12 September 1973.

（35） TNA, PREM15/2038, Minutes of a Meeting held at 10 Downing Street, 5. 00 p. m., 30 October 1973.

（36） Rossbach, *Heath, Nixon and the Rebirth of the Special Relationship*, p. 118.

（37） TNA, PREM15/2038, Minutes of a Meeting held at 10 Downing Street, 5. 00 p. m., 30 October 1973.

（38） Hennessy, *Cabinets and the Bomb*, p. 278. 本章では、政府文書においてシェヴァリーンではなくスーパー・アンテロープと書かれている場合は、その表記に従っている。

（39） Baylis and Stoddart, "Britain and the Chevaline Project," p. 124.

（40） TNA, PREM15/2093, Record of part of a Conversation between the Prime Minister and the President of the French Republic at Chequers, 16 November 1973.

（41） TNA, PREM15/2038, "Super Antelope," Hunt to Heath, 7 February 1974; TNA, PREM15/2038, Armstrong to Hunt, 8 February 1974.

（42） なお、ヨーロッパ統合のプロセスにおいて一九七〇年代は、単なる停滞の時代では決してなく、八〇年代の統合の再活性化に繋がる様々な重要な動きを内包していたことに着目する必要がある。詳しくは、橋口「デタントのなかのＥＣ」、一九五～二二〇頁を参照されたい。

（43） アメリカからの支援の具体例の一つとしては、スーパー・アンテロープに装備される新たなイギリス製の核弾頭の開発にあたってアメリカの地下核実験場を利用するということがあった。TNA, PREM15/1359, "Nuclear Warhead Tests," Carrington to Heath, 15 May 1972.

終章　戦後イギリス外交の再編の試みとその収束

（1） Dumbrell, *A Special Relationship*, p. 8; 細谷「パートナーとしてのアメリカ」、六七頁。

（2）佐々木『イギリス帝国とスエズ戦争』、二五九頁。

（3）Richard Aldous and Sabine Lee, "'Staying in the Game' : Harold Macmillan and Britain's World Role," in Richard Aldous and Sabine Lee (eds.), *Harold Macmillan and Britain's World Role* (Basingstoke : Macmillan, 1996), p. 152.

（4）John Campbell, *Edward Heath : A Biography* (London : Jonathan Cape, 1993), p. 228.

（5）Kaiser, *Using Europe, Abusing the Europeans*, pp. 216-217.

（6）キャラハン政権の外交については、Yoshitaka Okamoto, "Britain, European Security and the Cold War, 1976-9" (unpublished Ph. D. thesis, University of London, 2014) が詳細な実証研究である。

（7）力久『イギリスの選択』、一七二～二〇八頁。Wall, *The Official History of Britain and the European Community*, pp. 511-590.

（8）力久『イギリスの選択』、二二一～二二七、二三〇～二三一、二四五頁。Young, *Britain and European Unity*, pp. 122-124. なお、一九七〇年代のイギリスの国際通貨戦略に関しては、以下の諸研究を参照されたい。池本大輔「イギリスの国際通貨戦略と対ヨーロッパ政策――ユーロドル市場か欧州通貨統合か」『国際政治』第一七三号（二〇一三年）。池本大輔「イギリス・キャラハン労働党政権と欧州通貨統合――ＩＭＦ危機から欧州通貨制度の設立まで　一九七六―七九年」『国際政治』第一五六号（二〇〇九年）。Daisuke Ikemoto, *European Monetary Integration 1970-79 : British and French Experiences* (Basingstoke : Palgrave Macmillan, 2011) ; Matthew Smith, *Policy-Making in the Treasury : Explaining Britain's Chosen Path on European Economic and Monetary Union* (Basingstoke : Palgrave Macmillan, 2014), chapters 3-4 ; Edmund Dell, "Britain and the Origins of the European Monetary System," *Contemporary European History*, Vol. 3, No. 1 (1994).

（9）遠藤乾「サッチャーとドロール　一九七九―九〇年――劇場化されるヨーロッパ」細谷編『イギリスとヨーロッパ』、二三七～二三八、二四六～二四七頁。

（10）サッチャーの外交政策については、以下を参照されたい。佐々木雄太「『鉄の女』の外交政策――一九七九～九〇年」佐々木・木畑編『イギリス外交史』。佐々木雄太「サッチャーの対外政策と反ヨーロッパ連邦主義」『法政論集』（名古屋大学）第一五〇号（一九九三年）。Richard Aldous, *Reagan and Thatcher: The Difficult Relationship* (London: Hutchinson, 2012); Paul Sharp, *Thatcher's Diplomacy: The Revival of British Foreign Policy* (Basingstoke: Macmillan, 1999); Paul Sharp, "British Foreign Policy under Margaret Thatcher," in Otte (ed.), *The Makers of British Foreign Policy*; Andrew Gamble, *The Free Economy and the Strong State: The Politics of Thatcherism* (Basingstoke: Macmillan, 1988), 小笠原欣幸訳『自由経済と強い国家――サッチャリズムの政治学』みすず書房、一九九〇年。また、サッチャーに関する研究の論文集としては、Tim Bale (ed.), *Margaret Thatcher: Critical Evaluations of Key Political Leaders*, 4 Volumes (London: Routledge, 2015) がある。

（11）細谷「パートナーとしてのアメリカ」、八四～八六頁。小川浩之「ブレア政権の対応外交」櫻田大造・伊藤剛編著『比較外交政策――イラク戦争への対応外交』明石書店、二〇〇四年、一五三～一九二頁。あわせて、以下の諸研究を参照されたい。細谷雄一『倫理的な戦争――トニー・ブレアの栄光と挫折』慶應義塾大学出版会、二〇〇九年。梅川正美・阪野智一編著『ブレアのイラク戦争――イギリスの世界戦略』朝日新聞社、二〇〇四年。山本浩『決断の代償――ブレアのイラク戦争』講談社、二〇〇四年。

あとがき

本書は、これまで発表してきた諸論文を基礎としたものである。また、序章で述べた分析視角を基に各論文を加筆・修正するとともに、各論文以外にも新たに書き加えている。

本書で用いた諸論文と引用箇所は、次の通りである。なお、一部の論文は、引用箇所一覧の区分を越えて引用している場合があることをお断りさせていただきたい。

【全体に関わる部分の一部】

「苦悩するイギリス外交——一九五七〜七九年」佐々木雄太・木畑洋一編『イギリス外交史』有斐閣、二〇〇五年。

【第Ⅰ部（第1章・第2章・第3章）】

「冷戦の中の英米対立——スカイボルト危機をめぐって」『法政論集』（名古屋大学）第一七八号（一九九九年）。

「冷戦の中の英米関係——スカイボルト危機とナッソー協定をめぐって」『国際政治』第一二六号（二〇〇一年）。

「第二次ベルリン危機とイギリス外交、一九五八—一九六一年」『龍谷法學』第四〇巻第四号（二〇〇八年）。

「戦後イギリス外交の変容と英米間の『特別な関係』——マクミラン政権のヨーロッパ統合政策を中心に」『龍

谷法學』第三九巻第三号（二〇〇六年）。

【第Ⅱ部（第4章・第5章）】

「ベトナム戦争とコモンウェルス・ミッション構想——一九六五年のウィルソン政権の和平外交」佐々木雄太編著『世界戦争の時代とイギリス帝国』（イギリス帝国と二〇世紀　第三巻）ミネルヴァ書房、二〇〇六年。

「ハロルド・ウィルソン政権の外交　一九六四—一九七〇年——『三つのサークル』の中の英米関係」『龍谷法學』第三八巻第四号（二〇〇六年）。

【第Ⅲ部（第6章・第7章・第8章）】

「米ソ・デタントと新冷戦——ヨーロッパにおける東西対立の本質」（一）・（二）『法政論集』（名古屋大学）第一六二号（一九九五年）・第一六三号（一九九六年）。

「冷戦下の米・ソ覇権システムと第三世界」（一）・（二）『法政論集』（名古屋大学）第一七〇号（一九九七年）・第一七一号（一九九七年）。

「デタントのなかのEC　一九六九—七九年——ハーグから新冷戦へ」遠藤乾編『ヨーロッパ統合史』名古屋大学出版会、二〇〇八年。

「デタントのなかのEC　一九六九—七九年——ハーグから新冷戦へ」遠藤乾編『原典　ヨーロッパ統合史——史料と解説』名古屋大学出版会、二〇〇八年。

「米欧間での揺らぎ　一九七〇—七九年——ヨーロッパになりきれないイギリス」細谷雄一編『イギリスとヨーロッパ——孤立と統合の二百年』勁草書房、二〇〇九年。

「一九七〇年代のデタントとイギリス外交――ヒース保守党政権を中心に」菅英輝編著『冷戦史の再検討――変容する秩序と冷戦の終焉』法政大学出版局、二〇一〇年。
「ヨーロッパにおける防衛協力の試みと挫折――ヒース保守党政権の核政策、一九七〇～七四年」『龍谷法學』第四七巻第二号（二〇一四年）。

【終章の一部】
「EC加盟後のイギリス外交――デタントから新冷戦へ、一九七四～七九年」『龍谷法學』第四〇巻第三号（二〇〇七年）。

本書を上梓するまでには大変長い時間を要することになったが、それでもなんとか書き上げることができたのは、本当に多くの方々のお力添えがあったからこそである。ささやかな研究成果ではあるものの、本書を書き終えるにあたって、改めてこのことを感じずにはいられなかった。

まずは、佐々木雄太先生に感謝申し上げたい。佐々木先生は、名古屋大学大学院法学研究科博士課程の院生や法学部の助手として研究する機会を与えてくださった。そして、冷戦史やイギリス外交史を研究することの面白さ、また、あわせてその厳しさを、つねに寛容な心でご教示いただいた。先生には、今日でもなお、いろいろとご指導を賜っている。

定形衛先生には、名古屋大学大学院においてご指導いただくとともに、現在も折に触れて研究上の励ましをいただいている。木村宏恒先生は、熊本大学法学部において国際政治学に関心をもつ機会を与えていただき、また、大学院修士課程へ進学する道を拓いてくださるとともに、丁寧なご指導をいただいた。

そして、最初に勤務した札幌学院大学法学部の同僚の先生方からは、多くのことを学ばせていただいた。北海道での研究生活は、今でも思い出深いものとなっている。また、現在勤務している龍谷大学法学部の同僚の先生方には、自由な雰囲気の中で研究をさせていただいていることに感謝したい。

さらに、本書が完成するまでは、実に多くの先生方から研究上のご助言やご支援をいただいている。すべての方々のお名前をここに記すことはできないが、イギリス外交史、そして、国際関係史を中心とした研究分野では、木畑洋一、菅英輝、藤本博、田中孝彦、初瀬龍平、青野利彦、池田亮、井上裕司、遠藤乾、太田正登、岡本宜高、小川浩之、川嶋周一、君塚直隆、倉科一希、高山英男、後藤春美、齋藤嘉臣、佐々木拓雄、篠﨑正郎、芝崎祐典、清水聡、妹尾哲志、鳥潟優子、中嶋啓雄、永野隆行、半澤朝彦、細田晴子、細谷雄一、益田実、松岡完、松本佐保、三須拓也、水本義彦、三宅康之、山本健、吉田修、吉留公太、力久昌幸らの諸先生方からいろいろな機会にご教示を賜っている。

また、共同研究に参加させていただいていることは、多様な研究分野について学ばせていただく貴重な機会となっている。メンバーの先生方全員のお名前を挙げさせていただくことはできないが、佐々木雄太、木畑洋一、菅英輝、青野利彦、池田亮、遠藤乾、齋藤嘉臣、細谷雄一、益田実の諸先生方がそれぞれ編者となられた共著の出版という形で研究成果が結実するプロセスで、様々なご教示をいただいている。

くわえて、二〇一一年三月から一年間、国外研究員としてロンドンに滞在する機会を得ることができた。キングズカレッジロンドン（King's College London）で研究する機会を与えていただいたキース・D・ユーイング（Keith D Ewing）先生と、ユーイング先生をご紹介いただいた元山健先生に感謝したい。

そして、佐々木雄太、定形衛、岡本宜高、君塚直隆、齋藤嘉臣、中島琢磨、山本健の諸先生方には、本書の草稿に関して、貴重なご助言をくださったことに感謝申し上げる。なかでも山本健先生には、多くの学問的刺激に満ちたご助言をいただいたことに改めて御礼申し上げたい。

学術的な研究書の出版事情が厳しいなかで、ミネルヴァ書房から本書を出版させていただくことを大変ありがたく思っている。いろいろお世話になった編集部の方々、そして、辛抱強く対応いただいただいた担当の田引勝二氏に対して御礼申し上げる。

最後に、私事ではあるが、本書を郷里で暮らす父と母に捧げることをお許し願いたい。両親は、学部時代から一貫して私の研究生活を物心両面において惜しみなく支えてくれた。ここに心から感謝の気持ちを伝えたい。また、いつも温かく励ましてくれている姉夫婦、そして、本書の執筆を支えてくれた妻と息子にも感謝したい。

二〇一六年七月

橋口　豊

「国際政治・日本外交叢書」刊行の言葉

日本は長らく世界のなかで孤立した存在を、最近にいたるまで当然のこととしていた。たしかに日本は地理的にも外交的にもアジア大陸から一定の距離を保ちつつ、文字、技術、宗教、制度といった高度な文明を吸収してきたといってよい。しかも日本にとって幸いなことに、外国との抗争は、近代に入るまでそれほど頻繁ではなかった。七世紀、一三世紀、一六世紀とそれぞれ大きな軍事紛争に日本は参加したが、平和な状態の方が時間的には圧倒的に長かった。とりわけ江戸時代には、中国を軸とする世界秩序から大きく離脱し、むしろ日本を軸とする世界秩序、日本の小宇宙を作らんばかりの考えを抱く人も出てきた。

日本が欧米の主導する国際政治に軍事的にも外交的にも参加するようになったのは、一九世紀に入ってからのことである。日本を軸とする世界秩序構想はいうまでもなく現実離れしたものだったため、欧米を軸とする世界秩序のなかで日本の生存を図る考えが主流となり、近代主権国家を目指した富国と強兵、啓蒙と起業（アントルプルナールシップ）の努力と工夫の積み重ねが、すなわち日本の近代史であった。ほぼ一世紀前までに日本は欧米の文明国から学習した国際法を平和時にも戦争時にも遵守し、規律のある行動を取るという評判を得ようとした。それが義和団事変、日清戦争、日露戦争の前後である。

だが、当時の東アジアは欧米流の主権国家の世界ではなく、むしろ欧米と日本でとりわけ強まっていた近代化の勢いから取り残され、貧困と混乱と屈辱のなかで民族主義の炎が高まっていった。日本は東洋のなかで文明化の一番手であればこそ、アジアの心を理解できるはずだったが、むしろ欧米との競争に東洋の代表として戦っていると思い込み、アジアの隣人は日本の足枷になるとの認識から、彼らを自らの傘下に置くことによってしか欧米との競争に臨めないとの考えに至ったのである。

しかし、その結果、第二次世界大戦後には欧米とまったく新しい関係を育むことが出来るようになった。しかも一九世紀的な主権国家を軸とする世界秩序から、二〇世紀的な集団的安全保障を軸とする世界秩序を経験し、さらには二一世紀的なグローバル・ガバナンスを軸とする世界秩序が展開するのを眼前にしている。二一世紀初頭の今日、世界のなかの日本、日本の外交、そして世界政治についての思索が、今ほど強く日本人に求められている時はないといってもよいのではなかろうか。

われわれは様々な思索の具体的成果を「国際政治・日本外交叢書」として社会に還元しようとするものである。この叢書では、国際政治・日本外交の真摯な思索と綿密な検証を行う学術研究書を刊行するが、現代的な主題だけでなく、歴史的な主題も取りあげ、また政策的な主題のみならず、思想的な主題も扱う。われわれは所期の目的達成の産婆役としての役割を果たしたい。

二〇〇六年六月一日

編集委員　五百旗頭真・猪口孝・国分良成
白石隆・田中明彦・中西寛・村田晃嗣

《著者紹介》
橋口　豊（はしぐち・ゆたか）
1964年　鹿児島市生まれ。
1996年　名古屋大学大学院法学研究科博士後期課程単位取得退学。
名古屋大学法学部助手，札幌学院大学法学部助教授，龍谷大学法学部准教授を経て，
現　在　龍谷大学法学部教授。
著　作　「イギリスの原爆開発と冷戦――1945～1947 年」益田実・池田亮・青野利彦・齋藤嘉臣編著『冷戦史を問いなおす――「冷戦」と「非冷戦」の境界』ミネルヴァ書房，2015 年。
「デタントのなかの EC　1969-79 年――ハーグから新冷戦へ」遠藤乾編『ヨーロッパ統合史』名古屋大学出版会，2008 年。
「苦悩するイギリス外交――1957～79 年」佐々木雄太・木畑洋一編『イギリス外交史』有斐閣，2005 年。

国際政治・日本外交叢書⑲
戦後イギリス外交と英米間の「特別な関係」
――国際秩序の変容と揺れる自画像，1957～1974 年――

2016 年 10 月 20 日　初版第 1 刷発行　〈検印省略〉

定価はカバーに
表示しています

著　者　橋　口　　豊
発行者　杉　田　啓　三
印刷者　林　　初　彦

発行所　株式会社　ミネルヴァ書房
607-8494　京都市山科区日ノ岡堤谷町 1
電話代表　(075)581-5191
振替口座　01020-0-8076

太洋社・新生製本

ISBN978-4-623-07593-5
Printed in Japan

人名索引

あ　行

か　行

さ　行

た　行

な　行

は　行

ま　行

ら・わ　行

事項索引

あ 行

か 行

さ 行

た　行

な　行

は　行

ま　行

や　行

ら・わ　行

欧　文

主要参考史料・文献

1．未公刊史料

イギリス公文書館（The National Archives, UK : 旧称 The Public Record Office）所蔵

AIR2 : Air Ministry and Ministry of Defence : Registered Files.

CAB128 : Cabinet : Minutes.

CAB129 : Cabinet : Memoranda.

CAB130 : Cabinet : Miscellaneous Committees : Minutes and Papers.

CAB131 : Cabinet : Defence Committee : Minutes and Papers.

CAB133 : Cabinet Office : Commonwealth and International Conferences and Ministerial Visits to and from the UK : Minutes and Papers.

CAB148 : Cabinet Office : Defence and Oversea Policy Committees and Sub-Committees : Minutes and Papers.

CAB164 : Cabinet Office : Subject（Theme Series）Files.

DEFE6 : Ministry of Defence : Chiefs of Staff Committee : Reports of the Joint Planning Staff and successors.

DEFE13 : Ministry of Defence : Private Office : Registered Files（all Ministers'）.

FO371 : Foreign Office : Political Departments : General Correspondence from 1906-1966.

FCO7 : Foreign Office and Foreign and Commonwealth Office : American and Latin American Departments : Registered Files.

FCO15 : Foreign Office and Foreign and Commonwealth Office : South East Asian Department : Registered Files.

FCO82 : Foreign and Commonwealth Office : North America Department : Registered Files.

PREM11 : Prime Minister's Office : Correspondence and Papers, 1951-1964.

PREM13 : Prime Minister's Office : Correspondence and Papers, 1964-1970.

PREM15 : Prime Minister's Office : Correspondence and Papers, 1970-1974.

2．公刊史料

①イギリス政府関連

Bennett, Gill and Keith Hamilton（eds.）, *Documents on British Policy Overseas, Series III, Volume I, Britain and the Soviet Union, 1968-72*（London : HMSO, 1997）.

Bennett, Gill and Keith Hamilton（eds.）, *Documents on British Policy Overseas, Series III,*

Volume II, The Conference on Security and Cooperation in Europe, 1972–75 (London : HMSO, 1997).

Bennett, Gill and Keith Hamilton (eds.), *Documents on British Policy Overseas, Series III, Volume III, Détente in Europe, 1972–76* (London : Whitehall History Publishing in association with Frank Cass, 2001).

Hamilton, Keith and Patrick Salmon (eds.), *Documents on British Policy Overseas, Series III, Volume IV, The Year of Europe : America, Europe and the Energy Crisis, 1972–1974* (London : Routledge, 2006).

Hansard, Parliamentary Debates, House of Commons, 5th Series, Volume 645.

Hansard, Parliamentary Debates, House of Commons, 5th Series, Volume 704.

Hansard, Parliamentary Debates, House of Commons, 5th Series, Volume 711.

Hansard, Parliamentary Debates, House of Commons, 5th Series, Volume 735.

Hansard, Parliamentary Debates, House of Commons, 5th Series, Volume 746.

Hansard, Parliamentary Debates, House of Commons, 5th Series, Volume 756.

Hansard, Parliamentary Debates, House of Commons, 5th Series, Volume 823.

Cmnd. 537 (London : HMSO, 1958).

Cmnd. 859 (London : HMSO, 1959).

Cmnd. 2592 (London : HMSO, 1965).

Cmnd. 3293 (London : HMSO, 1967).

Cmnd. 3357 (London : HMSO, 1967).

Cmnd. 4290 (London : HMSO, 1970).

Cmnd. 5976 (London : HMSO, 1975).

②アメリカ政府関連

Department of State, *Foreign Relations of the United States, 1958–1960, Volume VII, Part 2, Western Europe* (Washington : USGPO, 1993).

Department of State, *Foreign Relations of the United States, 1958–1960, Volume VIII, Berlin Crisis 1958–1959* (Washington : USGPO, 1993).

Department of State, *Foreign Relations of the United States, 1961–1963, Volume XIII, West Europe and Canada* (Washington : USGPO, 1994).

Department of State, *Foreign Relations of the United States, 1961–1963, Volume XIV, Berlin Crisis 1961–1962* (Washington : USGPO, 1993).

Department of State, *Foreign Relations of the United States, 1964–1968, Volume XIII, Western Europe Region* (Washington : USGPO, 1995).

Department of State, *Foreign Relations of the United States, 1969–1976, Volume XIV, Soviet Union, October 1971–May 1972* (Washington : USGPO, 2006).

Department of State, *Foreign Relations of the United States, 1969–1976, Volume XXXII,*

SALT I, 1969–1972 (Washington : USGPO, 2010).

Department of State, *Foreign Relations of the United States, 1969–1976, Volume XXXVIII, Part 1, Foundations of Foreign Policy, 1973–1976* (Washington : USGPO, 2012).

Department of State, *Foreign Relations of the United States, 1969–1976, Volume XLI, Western Europe ; NATO, 1969–1972* (Washington : USGPO, 2012).

③史料集など

遠藤乾編『原典　ヨーロッパ統合史――史料と解説』名古屋大学出版会，2008年。

Baylis, John, *Anglo-American Relations since 1939 : The Enduring Alliance* (Manchester : Manchester University Press, 1997).

Churchill, Winston S. (Randolph S. Churchill ed.), *Europe Unite : Speeches, 1947 and 1948* (London : Cassell, 1950).

Dale, Lain (ed.), *Conservative Party General Election Manifestos, 1900–1997* (London : Routledge, 2000).

Dale, Lain (ed.), *Labour Party General Election Manifestos, 1900–1997* (London : Routledge, 2000).

Gowland, David and Arthur Turner (eds.), *Britain and European Integration 1945–1998 : A Documentary History* (London : Routledge, 2000).

Greenwood, Sean (ed.), *Britain and European Integration since the Second World War* (Manchester : Manchester University Press, 1996).

Hennessy, Peter, *Cabinets and the Bomb* (Oxford : Oxford University Press, 2007).

King, Gillian (ed.), *Documents on International Affairs, 1958* (London : Oxford University Press, 1962).

Ovendale, Ritchie (ed.), *British Defence Policy since 1945* (Manchester : Manchester University Press, 1994).

Stebbins, Richard P. (ed.), *Documents on American Foreign Relations 1963* (New York : Published for the Council on Foreign Relations by Harper & Row, 1964).

Stebbins, Richard P. and Elaine P. Adam (eds.), *American Foreign Relations 1972 : A Documentary Record* (New York : New York University Press, 1976).

3．オンラインデータベース（龍谷大学図書館所蔵）

Macmillan Cabinet Papers On-Line, 1957–1963 (Adam Matthew Publications in association with the National Archives, UK).

19c & 20c House of Commons Parliamentary Papers.

The Times Digital Archive 1785–2010.

4．回顧録・日記・評伝

Adenauer, Konrad, *Erinnerungen 1945-1953* (Stuttgart: Deutsche Verlags-Anstalt, 1965).

Callaghan, James, *Time and Chance* (London: Collins, 1987).

Campbell, John, *Edward Heath: A Biography* (London: Jonathan Cape, 1993).

Catterall, Peter (ed.), *The Macmillan Diaries, Volume II: Prime Minister and After, 1957-1966* (Basingstoke: Macmillan, 2011).

Churchill, Winston S., *The Second World War and an Epilogue on the Years 1945 to 1957* (London: Cassell, 1959), 佐藤亮一訳『第二次世界大戦』第1巻～第4巻，河出書房新社，2001年。

Eisenhower, Dwight D., *The White House Years: Waging Peace, 1956-1961* (New York: Doubleday, 1965), 仲晃・佐々木謙一・渡辺靖訳『アイゼンハワー回顧録 2――平和への戦い 1956-1961』みすず書房，2000年。

Heath, Edward, *The Course of My Life: My Autobiography* (London: Hodder and Stoughton, 1998).

Horne, Alistair, *Macmillan 1957-1986, Volume II of the Official Biography* (Basingstoke: Macmillan, 1989).

Kissinger, Henry A., *White House Years* (Boston: Little, Brown and Company, 1979), 桃井眞監修，斎藤彌三郎・小林正文・大朏人一・鈴木康雄訳『キッシンジャー秘録』第1巻～第5巻，小学館，1979～80年。

Kissinger, Henry A., *Years of Upheaval* (London: Weidenfeld and Nicolson, 1982), 桃井眞監修，読売新聞・調査研究本部訳『キッシンジャー激動の時代』第1巻～第3巻，小学館，1982年。

Macmillan, Harold, *Riding the Storm 1956-1959* (Basingstoke: Macmillan, 1971).

Macmillan, Harold, *Pointing the Way 1959-1961* (Basingstoke: Macmillan, 1972).

Macmillan, Harold, *At the End of the Day 1961-1963* (Basingstoke: Macmillan, 1973).

McNamara, Robert S., *In Retrospect: The Tragedy and Lessons of Vietnam* (New York: Vintage, 1996), 仲晃訳『マクナマラ回顧録――ベトナムの悲劇と教訓』共同通信社，1997年。

Schlesinger, Jr., Arthur M., *A Thousand Days: John F. Kennedy in the White House* (Boston: Houghton Mifflin, 1965), 中屋健一訳『ケネディ――栄光と苦悩の一千日」上巻・下巻，河出書房新社，1966年。

Thorpe, D. R., *Alec Douglas-Home* (London: Politico's, 2007).

Thorpe, D. R., *Supermac: The Life of Harold Macmillan* (London: Chatto & Windus, 2010).

Wilson, Harold, *The Labour Government 1964-1970: A Personal Record* (London:

Weidenfeld and Nicolson, 1971).
Wilson, Harold, *Final Term : The Labour Government 1974-1976* (London : Weidenfeld and Nicolson, 1979).

5．研究書

青野利彦『「危機の年」の冷戦と同盟――ベルリン，キューバ，デタント 1961-63 年』有斐閣，2012 年。

赤木完爾『ヴェトナム戦争の起源――アイゼンハワー政権と第一次インドシナ戦争』慶應通信，1991 年。

泉淳『アイゼンハワー政権の中東政策』国際書院，2001 年。

梅川正美・阪野智一編著『ブレアのイラク戦争――イギリスの世界戦略』朝日新聞社，2004 年。

梅川正美・阪野智一・力久昌幸編著『イギリス現代政治史』ミネルヴァ書房，2010 年。

梅本哲也『核兵器と国際政治　1945-1995』日本国際問題研究所，1996 年。

遠藤乾編『ヨーロッパ統合史』名古屋大学出版会，2008 年。

小川浩之『イギリス帝国からヨーロッパ統合へ――戦後イギリス対外政策の転換と EEC 加盟申請』名古屋大学出版会，2008 年。

小川浩之『英連邦――王冠への忠誠と自由な連合』中央公論新社，2012 年。

鹿島正裕『中東戦争と米国――米国・エジプト関係史の文脈』御茶の水書房，2003 年。

川北稔・木畑洋一編『イギリスの歴史――帝国=コモンウェルスのあゆみ』有斐閣，2000 年。

川嶋周一『独仏関係と戦後ヨーロッパ国際秩序――ドゴール外交とヨーロッパの構築 1958-1969』創文社，2007 年。

吉川元『ヨーロッパ安全保障協力会議（CSCE）――人権の国際化から民主化支援への発展過程の考察』三嶺書房，1994 年。

木畑洋一『支配の代償――英帝国の崩壊と「帝国意識」』東京大学出版会，1987 年。

木畑洋一『イギリス帝国と帝国主義――比較と関係の視座』有志舎，2008 年。

君塚直隆『イギリス二大政党制への道――後継首相の決定と「長老政治家」』有斐閣，1998 年。

君塚直隆『女王陛下の影法師』筑摩書房，2007 年。

倉科一希『アイゼンハワー政権と西ドイツ――同盟政策としての東西軍備管理交渉』ミネルヴァ書房，2008 年。

齋藤嘉臣『冷戦変容とイギリス外交――デタントをめぐる欧州国際政治，1964～1975 年』ミネルヴァ書房，2006 年。

坂出健『イギリス航空機産業と「帝国の終焉」――軍事産業基盤と英米生産提携』有斐閣，2010 年。

佐々木雄太『イギリス帝国とスエズ戦争――植民地主義・ナショナリズム・冷戦』名古屋大学出版会，1997年。

佐々木雄太・木畑洋一編『イギリス外交史』有斐閣，2005年。

佐藤栄一『現代の軍備管理・軍縮――核兵器と外交　1965-1985年』東海大学出版会，1989年。

妹尾哲志『戦後西ドイツ外交の分水嶺――東方政策と分断克服の戦略，1963～1975年』晃洋書房，2011年。

田北亮介『現代アメリカ外交論――その思想と行動』日本評論社，1978年。

田所昌幸『「アメリカ」を超えたドル――金融グローバリゼーションと通貨外交』中央公論新社，2001年。

細谷雄一『戦後国際秩序とイギリス外交――戦後ヨーロッパの形成　1945年～1951年』創文社，2001年。

細谷雄一『外交による平和――アンソニー・イーデンと二十世紀の国際政治』有斐閣，2005年。

細谷雄一『倫理的な戦争――トニー・ブレアの栄光と挫折』慶應義塾大学出版会，2009年。

益田実『戦後イギリス外交と対ヨーロッパ政策――「世界大国」の将来と地域統合の進展，1945～1957年』ミネルヴァ書房，2008年。

益田実・小川浩之編著『欧米政治外交史――1871～2012』ミネルヴァ書房，2013年。

松岡完『ダレス外交とインドシナ』同文舘，1988年。

水本義彦『同盟の相剋――戦後インドシナ紛争をめぐる英米関係』千倉書房，2009年。

宮脇昇『CSCE人権レジームの研究――「ヘルシンキ宣言」は冷戦を終わらせた』国際書院，2003年。

百瀬宏・植田隆子編『欧州安全保障協力会議（CSCE）1975-92』日本国際問題研究所，1992年。

森聡『ヴェトナム戦争と同盟外交――英仏の外交とアメリカの選択　1964-1968年』東京大学出版会，2009年。

柳沢英二郎『戦後国際政治史』第Ⅰ巻・第Ⅱ巻・第Ⅲ巻，拓殖書房，1985年，1985年，1987年。

山本健『同盟外交の力学――ヨーロッパ・デタントの国際政治史　1968-1973』勁草書房，2010年。

山本健太郎『ドゴールの核政策と同盟戦略――同盟と自立の狭間で』関西学院大学出版会，2012年。

山本浩『決断の代償――ブレアのイラク戦争』講談社，2004年。

力久昌幸『イギリスの選択――欧州統合と政党政治』木鐸社，1996年。

渡邊啓貴編『ヨーロッパ国際関係史――繁栄と凋落，そして再生』新版，有斐閣，2008年。

Aldous, Richard, *Reagan and Thatcher : The Difficult Relationship* (London : Hutchinson, 2012).

Ashton, Nigel J., *Eisenhower, Macmillan and the Problem of Nasser : Anglo-American Relations and Arab Nationalism, 1955-59* (Basingstoke : Palgrave, 1996).

Ashton, Nigel J., *Kennedy, Macmillan and the Cold War : The Irony of Interdependence* (Basingstoke : Palgrave Macmillan, 2002).

Bale, Tim (ed.), *Margaret Thatcher : Critical Evaluations of Key Political Leaders*, 4 Volumes (London : Routledge, 2015).

Bange, Oliver, *The EEC Crisis of 1963 : Kennedy, Macmillan, de Gaulle and Adenauer in Conflict* (Basingstoke : Macmillan, 2000).

Baylis, John, *Anglo-American Defence Relations 1939-1984 : The Special Relationship*, Second Edition (Basingstoke : Macmillan, 1984), 佐藤行雄・重家俊範・宮川眞喜雄訳『同盟の力学――英国と米国の防衛協力関係』東洋経済新報社，1988年。

Baylis, John, *Ambiguity and Deterrence : British Nuclear Strategy 1945-1964* (Oxford : Clarendon Press, 1995).

Beschloss, Michael R., *Mayday : Eisenhower, Khrushchev and the U-2 Affair* (New York : Harper & Row, 1986), 篠原成子訳『1960年5月1日――その日軍縮への道は閉ざされた』朝日新聞社，1987年。

Brinkley, Douglas and Richard T. Griffiths (eds.), *John F. Kennedy and Europe* (Baton Rouge : Louisiana State University Press, 1999).

Brivati, Brian and Harriet Jones (eds.), *From Reconstruction to Integration : Britain and Europe since 1945* (Leicester : Leicester University Press, 1993).

Cable, James, *The Geneva Conference of 1954 on Indochina* (Basingstoke : Macmillan, 1986).

Camps, Miriam, *Britain and the European Community 1955-1963* (Princeton : Princeton University Press, 1964).

Clark, Ian, *Nuclear Diplomacy and the Special Relationship : Britain's Deterrent and America, 1957-1962* (Oxford : Clarendon Press, 1994).

Clarke, Peter, *Hope and Glory : Britain 1900-2000*, Second Edition (London : Penguin Books, 2004), 西沢保・市橋秀夫・椿建也・長谷川淳一・他訳『イギリス現代史 1900-2000』名古屋大学出版会，2004年。

Colman, Jonathan, *A 'Special Relationship'? : Harold Wilson, Lyndon B. Johnson and Anglo-American Relations 'at the summit,' 1964-68* (Manchester : Manchester University Press, 2004).

Cooper, Chester L., *The Lost Crusade : America in Vietnam* (New York : Dodd, Mead, 1970).

Coopey, Richard, Steven Fielding and Nick Tiratsoo (eds.), *The Wilson Governments*

1964–1970 (London : Pinter, 1995).
Cromwell, William C., *The United States and the European Pillar : The Strained Alliance* (Basingstoke : Palgrave, 1992).
Daddow, Oliver J. (ed.), *Harold Wilson and European Integration : Britain's Second Application to join the EEC* (London : Frank Cass, 2003).
Danchev, Alex, *On Specialness : Essays in Anglo-American Relations* (Basingstoke : Macmillan, 1998).
Davy, Richard (ed.), *European Detente : A Reappraisal* (London : Royal Institute of International Affairs : Sage, 1992).
Dockrill, Saki, *Britain's Retreat from East of Suez : The Choice between Europe and the World ?* (Basingstoke : Palgrave Macmillan, 2002).
Dorey, Peter (ed.), *The Labour Governments 1964–1970* (London : Routledge, 2006).
Dumbrell, John, *A Special Relationship : Anglo-American Relations in the Cold War and After* (Basingstoke : Macmillan, 2001).
Ellis, Sylvia, *Britain, America, and the Vietnam War* (Westport : Praeger, 2004).
Ellison, James, *Threatening Europe : Britain and the Creation of the European Community, 1955–58* (Basingstoke : Macmillan, 2000).
Ellison, James, *The United States, Britain and the Transatlantic Crisis : Rising to the Gaullist Challenge, 1963–68* (Basingstoke : Palgrave Macmillan, 2007).
Gamble, Andrew, *The Free Economy and the Strong State : The Politics of Thatcherism* (Basingstoke : Macmillan, 1988), 小笠原欣幸訳『自由経済と強い国家――サッチャリズムの政治学』みすず書房，1990 年。
Gamble, Andrew, *Between Europe and America : The Future of British Politics* (Basingstoke : Palgrave Macmillan, 2003).
Gardner, Richard N., *Sterling-Dollar Diplomacy : The Origins and the Prospects of Our International Economic Order*, New, Expanded Edition (New York : McGraw-Hill, 1969), 村野孝・加瀬正一訳『国際通貨体制成立史――英米の抗争と協力』上巻・下巻，東洋経済新報社，1973 年。
Garthoff, Raymond L., *Détente and Confrontation : American-Soviet Relations from Nixon to Reagan* (Washington : Brookings Institution, 1985).
Gearson, John, *Harold Macmillan and the Berlin Wall Crisis, 1958–62 : The Limits of Interests and Force* (Basingstoke : Macmillan, 1998).
George, Stephen, *An Awkward Partner : Britain in the European Community*, Second Edition (Oxford : Oxford University Press, 1996).
Giauque, Jeffrey Glen, *Grand Designs and Visions of Unity : The Atlantic Powers and the Reorganization of Western Europe, 1955–1963* (Chapel Hill : University of North Carolina Press, 2002).

Gowland, David and Arthur Turner, *Reluctant Europeans : Britain and European Integration, 1945-1998* (Harlow : Pearson Education, 2000).

Greenwood, Sean, *Britain and the Cold War, 1945-1991* (Basingstoke : Macmillan, 2000).

Grosser, Alfred, [Translated by Michael Shaw], *The Western Alliance : European-American Relations since 1945* (New York : Continuum, 1980), 土倉莞爾・氏家伸一・富岡宣之訳『欧米同盟の歴史』上巻・下巻, 法律文化社, 1987年, 1989年。

Haftendorn, Helga, *NATO and the Nuclear Revolution : A Crisis of Credibility, 1966-1967* (Oxford : Clarendon Press, 1996).

Hamilton, Keith, *The Last Cold Warriors : Britain, Détente and the CSCE, 1972-1975* (Oxford : European Interdependence Research Unit, St. Antony's College, 1999).

Hannay, David (ed.), *Britain's Entry into the European Community : Report by Sir Con O'Neill on the Negotiations of 1970-1972* (London : Whitehall History Publishing in association with Frank Cass, 2000).

Hathaway, Robert M., *Ambiguous Partnership : Britain and America, 1944-1947* (New York : Columbia University Press, 1981).

Heath, Edward, *Old World, New Horizons : Britain, Europe, and the Atlantic Alliance* (Cambridge : Harvard University Press, 1970).

Herring, George C. (ed.), *The Secret Diplomacy of the Vietnam War : The Negotiating Volumes of the Pentagon Papers* (Austin : University of Texas Press, 1983).

Herring, George C., *America's Longest War : The United States and Vietnam, 1950-1975*, Third Edition (New York : McGraw-Hill, 1996), 秋谷昌平訳『アメリカの最も長い戦争』上巻・下巻, 講談社, 1985年。

Hershberg, James G., *Marigold : The Lost Chance for Peace in Vietnam* (Stanford : Stanford University Press, 2012).

Heuser, Beatrice, *NATO, Britain, France and the FRG : Nuclear Strategies and Forces for Europe, 1949-2000* (Basingstoke : Macmillan, 1997).

Holt, Andrew, *The Foreign Policy of the Douglas-Home Government : Britain, the United States and the End of Empire* (Basingstoke : Palgrave Macmillan, 2014).

Hughes, Geraint, *Harold Wilson's Cold War : The Labour Government and East-West Politics, 1964-1970* (Woodbridge : Boydell Press, 2009).

Hynes, Catherine, *The Year that Never Was : Heath, the Nixon Administration and the Year of Europe* (Dublin : University College Dublin Press, 2009).

Ikemoto, Daisuke, *European Monetary Integration 1970-79 : British and French Experiences* (Basingstoke : Palgrave Macmillan, 2011).

Kaiser, Wolfram, *Using Europe, Abusing the Europeans : Britain and European Integration, 1945-63* (Basingstoke : Palgrave, 1996).

Kaldor, Mary, *The Imaginary War : Understanding the East-West Conflict* (Oxford : Basil

Blackwell, 1990).
Kissinger, Henry A., *Diplomacy* (New York : Touchstone, 1994), 岡崎久彦監訳『外交』上巻・下巻，日本経済新聞社，1996 年。
Kitzinger, Uwe, *The Second Try : Labour and the EEC* (Oxford : Pergamon Press, 1968).
Kolko, Gabriel, *Anatomy of a War : Vietnam, the United States, and the Modern Historical Experience* (New York : Pantheon Books, 1986), 陸井三郎監訳，藤田和子・藤本博・古田元夫訳『ベトナム戦争全史——歴史的戦争の解剖』社会思想社，2001 年。
Lieber, Robert J., *British Politics and European Unity : Parties, Elites, and Pressure Groups* (Berkeley : University of California Press, 1970).
Louis, Wm. Roger and Hedley Bull (eds.), *The 'Special Relationship' : Anglo-American Relations since 1945* (Oxford : Clarendon Press, 1986).
Louis, Wm. Roger, *Ends of British Imperialism : The Scramble for Empire, Suez and Decolonization* (London : I. B. Tauris, 2006).
Ludlow, N. Piers, *Dealing with Britain : The Six and the First UK Application to the EEC* (Cambridge : Cambridge University Press, 1997).
Ludlow, N. Piers, *The European Community and the Crises of the 1960s : Negotiating the Gaullist Challenge* (London : Routledge, 2006).
Lundestad, Geir, *"Empire" by Integration : The United States and European Integration, 1945-1997* (Oxford : Oxford University Press, 1998), 河田潤一訳『ヨーロッパの統合とアメリカの戦略——統合による「帝国」への道』NTT 出版，2005 年。
Mangold, Peter, *The Almost Impossible Ally : Harold Macmillan and Charles de Gaulle* (London : I. B. Tauris, 2006).
Milward, Alan S., *The European Rescue of the Nation-State*, 2nd edition (London : Routledge, 2000).
Milward, Alan S., *The UK and the European Community, Volume I : The Rise and Fall of a National Strategy 1945-1963* (London : Frank Cass, 2002).
Möckli, Daniel, *European Foreign Policy during the Cold War : Heath, Brandt, Pompidou and the Dream of Political Unity* (London : I. B. Tauris, 2009).
Murray, Donette, *Kennedy, Macmillan and Nuclear Weapons* (Basingstoke : Macmillan, 2000).
Newhouse, John, *Cold Dawn : The Story of SALT* (New York : Holt, Rinehart and Winston, 1973).
Newman, Kitty, *Macmillan, Khrushchev and the Berlin Crisis, 1958-1960* (London : Routledge, 2007).
Nunnerley, David, *President Kennedy and Britain* (London : Bodley Head, 1972).
O'Hara, Glen and Helen Parr (eds.), *The Wilson Governments 1964-1970 Reconsidered* (London : Routledge, 2006).

Oliver, Kendrick, *Kennedy, Macmillan and the Nuclear Test-Ban Debate, 1961-63* (Basingstoke : Macmillan, 1998).

Ovendale, Ritchie, *Anglo-American Relations in the Twentieth Century* (Basingstoke : Macmillan, 1998).

Parr, Helen, *Britain's Policy towards the European Community : Harold Wilson and Britain's World Role, 1964-1967* (London : Routledge, 2006).

Pickering, Jeffrey, *Britain's Withdrawal from East of Suez : The Politics of Retrenchment* (Basingstoke : Macmillan, 1998).

Pierre, Andrew J., *Nuclear Politics : The British Experience with an Independent Strategic Force, 1939-1970* (London : Oxford University Press, 1972).

Reynolds, David, *The Creation of the Anglo-American Alliance 1937-41 : A Study in Competitive Co-operation* (Chapel Hill : University of North Carolina Press, 1981).

Reynolds, David, *Britannia Overruled : British Policy and World Power in the Twentieth Century*, 2nd edition (London : Longman, 2000).

Robb, Thomas, *A Strained Partnership ? : US-UK Relations in the Era of Détente, 1969-77* (Manchester : Manchester University Press, 2013).

Rossbach, Niklas H., *Heath, Nixon and the Rebirth of the Special Relationship : Britain, the US and the EC, 1969-74* (Basingstoke : Palgrave Macmillan, 2009).

Sanders, David, *Losing an Empire, Finding a Role : British Foreign Policy since 1945* (Basingstoke : Palgrave Macmillan, 1990).

Scott, Andrew, *Allies Apart : Heath, Nixon and the Anglo-American Relationship* (Basingstoke : Palgrave Macmillan, 2011).

Seldon, Anthony and Kevin Hickson, *New Labour, Old Labour : The Wilson and Callaghan Governments, 1974-79* (London : Routledge, 2004).

Sharp, Paul, *Thatcher's Diplomacy : The Revival of British Foreign Policy* (Basingstoke : Macmillan, 1999).

Smith, Matthew, *Policy-Making in the Treasury : Explaining Britain's Chosen Path on European Economic and Monetary Union* (Basingstoke : Palgrave Macmillan, 2014).

Stevenson, Richard W., *The Rise and Fall of Détente : Relaxations of Tension in US-Soviet Relations, 1953-84* (Basingstoke : Macmillan, 1985), 滝田賢治訳『デタントの成立と変容——現代米ソ関係の政治力学』中央大学出版部，1989 年。

Thorne, Christopher, *Allies of a Kind : The United States, Britain and the War against Japan, 1941-1945* (Oxford : Oxford University Press, 1978), 市川洋一訳『米英にとっての太平洋戦争』上巻・下巻，草思社，1995 年。

Trachtenberg, Marc, *A Constructed Peace : The Making of the European Settlement, 1945-1963* (Princeton : Princeton University Press, 1999).

Turner, John, *Macmillan* (London : Longman, 1994).

Wall, Stephen, *The Official History of Britain and the European Community, Volume II : From Rejection to Referendum, 1963-1975* (London : Routledge, 2013).
White, Brian, *Britain, Détente and Changing East-West Relations* (London : Routledge, 1992).
Wilkes, George (ed.), *Britain's Failure to enter the European Community 1961-63 : The Enlargement Negotiations and Crises in European, Atlantic and Commonwealth Relations* (London : Frank Cass, 1997).
Winand, Pascaline, *Eisenhower, Kennedy, and the United States of Europe* (Basingstoke : Macmillan, 1993).
Young, John W., *Britain and European Unity, 1945-1999*, Second Edition (Basingstoke : Macmillan, 2000).
Young, John W., *The Labour Governments 1964-1970 Volume 2, International Policy* (Manchester : Manchester University Press, 2003).
Young, John W., *Twentieth-Century Diplomacy : A Case Study of British Practice, 1963-1976* (Cambridge : Cambridge University Press, 2008).
Zimmermann, Hubert, *Money and Security : Troops, Monetary Policy, and West Germany's Relations with the United States and Britain, 1950-1971* (Cambridge : Cambridge University Press, 2002).

6．研究論文

池本大輔「イギリス・キャラハン労働党政権と欧州通貨統合――IMF 危機から欧州通貨制度の設立まで　1976-79 年」『国際政治』第 156 号（2009 年）。

池本大輔「イギリスの国際通貨戦略と対ヨーロッパ政策――ユーロドル市場か欧州通貨統合か」『国際政治』第 173 号（2013 年）。

伊藤勝美「拡大 EC とイギリス――EC 加盟交渉とイギリス政治へのインパクト」（1）・（2）『比較法政』第 3 号（1973 年）・第 4 号（1974 年）。

岩間陽子「ベルリン危機とアイゼンハワー外交――『大量報復戦略』の限界」（1）・（2）『法學論叢』（京都大学）第 141 巻第 1 号（1997 年）・第 142 巻第 3 号（1997 年）。

岩間陽子「ヨーロッパ分断の暫定的受容――1960 年代」臼井実稲子編『ヨーロッパ国際体系の史的展開』南窓社，2000 年。

遠藤乾「サッチャーとドロール　1979-90 年――劇場化されるヨーロッパ」細谷雄一編『イギリスとヨーロッパ――孤立と統合の二百年』勁草書房，2009 年。

岡本宜高「第一次 EEC 加盟申請とイギリス外交――ヨーロッパ統合と冷戦のはざまで」『政治経済史学』第 485 号（2007 年）。

岡本宜高「ヒース政権期のイギリス外交――欧州統合とデタントの間」『西洋史学』第

240 号（2011 年）。
小川健一「核抑止力の『自立』を巡るウィルソン政権内の相克——大西洋核戦力（ANF）構想の立案・決定過程の解明」『国際政治』第 174 号（2013 年）。

小川浩之「ブレア政権の対応外交」櫻田大造・伊藤剛編著『比較外交政策——イラク戦争への対応外交』明石書店，2004 年。

小川浩之「『新コモンウェルス』と南アフリカ共和国の脱退（1961 年）——拡大と制度変化」『国際政治』第 136 号（2004 年）。

小川浩之「脱植民地化とイギリス対外政策——公式帝国・非公式帝国・コモンウェルス」北川勝彦編著『脱植民地化とイギリス帝国』（イギリス帝国と 20 世紀　第 4 巻）ミネルヴァ書房，2009 年。

小川浩之「第一次 EEC 加盟申請とその挫折　1958-64 年——『三つのサークル』ドクトリンの段階的再編」細谷雄一編『イギリスとヨーロッパ——孤立と統合の二百年』勁草書房，2009 年。

小川浩之「『豊かな時代』と保守党政権の盛衰——イーデン・マクミラン・ダグラス=ヒューム政権　1955～64 年」梅川正美・阪野智一・力久昌幸編著『イギリス現代政治史』ミネルヴァ書房，2010 年。

小川浩之「『三つのサークル』のなかのイギリス」木畑洋一・秋田茂編著『近代イギリスの歴史——16 世紀から現代まで』ミネルヴァ書房，2011 年。

川嶋周一「冷戦と独仏関係——２つの大構想と変容する米欧関係の間で 1959 年-1963 年」『国際政治』第 134 号（2003 年）。

菅英輝「ベトナム戦争をめぐる国際関係」『国際政治』第 107 号（1994 年）。

木畑洋一「イギリスの帝国意識——日本との比較の視点から」木畑洋一編著『大英帝国と帝国意識——支配の深層を探る』ミネルヴァ書房，1998 年。

木畑洋一「覇権交代の陰で——ディエゴガルシアと英米関係」木畑洋一・後藤春美編著『帝国の長い影——20 世紀国際秩序の変容』ミネルヴァ書房，2010 年。

倉科一希「ケネディ政権の対西独政策と冷戦——1961 年ベルリン危機を中心に」『一橋論叢』第 119 巻第 1 号（1998 年）。

倉科一希「ヨーロッパの冷戦と『二重の封じ込め』——アイゼンハワー政権下の第二次ベルリン危機」菅英輝編著『冷戦史の再検討——変容する秩序と冷戦の終焉』法政大学出版局，2010 年。

合六強「冷戦変容期における大西洋同盟，1972-74 年——NATO 宣言を巡る米仏の動きを中心に」『国際政治』第 164 号（2011 年）。

小島かおる「ジョージ・W・ボールと『大西洋パートナーシップ』構想——イギリスの EEC 加盟問題を中心に」『アメリカ研究』第 31 号（1997 年）。

小林弘幸「第一次ハロルド・ウィルソン政権の大西洋核戦力構想」『法学政治学論究』（慶應義塾大学大学院）第 97 号（2013 年）。

齋藤嘉臣「『欧州の年』の英米関係，1973 年——英米の外交スタイルの相違を中心に」

『現代史研究』第52号（2006年）。

齋藤嘉臣「冷戦とデタントのなかで――CSCEへの道とイギリスの役割意識　1951-79年」細谷雄一編『イギリスとヨーロッパ――孤立と統合の二百年』勁草書房，2009年。

佐々木雄太「サッチャーの対外政策と反ヨーロッパ連邦主義」『法政論集』（名古屋大学）第150号（1993年）。

佐々木雄太「イギリスの戦争と帝国意識」木畑洋一編著『大英帝国と帝国意識――支配の深層を探る』ミネルヴァ書房，1998年。

佐々木雄太「『鉄の女』の外交政策――1979～90年」佐々木雄太・木畑洋一編『イギリス外交史』有斐閣，2005年。

佐藤尚平「ペルシャ湾保護国とイギリス帝国――脱植民地化の再検討」『国際政治』第164号（2011年）。

篠﨑正郎「『引き留められた帝国』としての英国――コモンウェルスからの撤退政策，1974-75年」『国際政治』第164号（2011年）。

篠﨑正郎「イギリス軍の撤退とペルシア湾岸の安全保障，1968-71年」『国際安全保障』第43巻第2号（2015年）。

芝崎祐典「多角的核戦力（MLF）構想とウィルソン政権の外交政策，1964年」『ヨーロッパ研究』第3号（2004年）。

芝崎祐典「ヨーロッパ統合とイギリス外交――空席危機とウィルソン政権初期の対ヨーロッパ態度」木畑洋一編『ヨーロッパ統合と国際関係』日本経済評論社，2005年。

芝崎祐典「ウィルソン政権におけるイギリスの対EEC政策――欧州『歴訪』と英欧関係，1967年」『現代史研究』第52号（2006年）。

芝崎祐典「第二次EEC加盟申請とその挫折　1964-70年――イギリスの緩やかな方向転換」細谷雄一編『イギリスとヨーロッパ――孤立と統合の二百年』勁草書房，2009年。

芝崎祐典「世界的影響力維持の試み――スエズ以東からの撤退とイギリスの中東政策」木畑洋一・後藤春美編著『帝国の長い影――20世紀国際秩序の変容』ミネルヴァ書房，2010年。

芝崎祐典「マクミラン政権の対エジプト政策の転換と英米関係」『国際政治』第173号（2013年）。

関場誓子「アメリカのCSCE政策」百瀬宏・植田隆子編『欧州安全保障協力会議（CSCE）1975-92』日本国際問題研究所，1992年。

高橋進「西欧のデタント――東方政策試論」犬童一男・山口定・馬場康雄・高橋進編『戦後デモクラシーの変容』岩波書店，1991年。

高安健将「米国との距離と国益の追求――第四次中東戦争と第一次石油危機をめぐる英国の対応」『国際政治』第141号（2005年）。

田中孝彦「インドシナ介入をめぐる米英政策対立――冷戦政策の比較研究試論」『一橋

論叢』第 114 巻第 1 号（1995 年）。

田中俊郎「EC の拡大」細谷千博・南義清編著『欧州共同体（EC）の研究――政治力学の分析』新有堂，1980 年。

寺地功次「ラオス危機と米英の SEATO 軍事介入計画」『国際政治』第 130 号（2002 年）。

鳥潟優子「ドゴールの外交戦略とベトナム和平仲介」『国際政治』第 156 号（2009 年）。

永野隆行「イギリスの東南アジアへの戦略的関与と英軍のスエズ以東撤退問題」『英語研究』（獨協大学）第 53 号（2001 年）。

永野隆行「東南アジア安全保障とイギリスの戦略的関与――歴史的視点から」小島朋之・竹田いさみ編『東アジアの安全保障』南窓社，2002 年。

橋口豊「米ソ・デタントと新冷戦――ヨーロッパにおける東西対立の本質」（1）・（2）『法政論集』（名古屋大学）第 162 号（1995 年）・第 163 号（1996 年）。

橋口豊「冷戦下の米・ソ覇権システムと第三世界」（1）・（2）『法政論集』（名古屋大学）第 170 号（1997 年）・第 171 号（1997 年）。

橋口豊「冷戦の中の英米対立――スカイボルト危機をめぐって」『法政論集』（名古屋大学）第 178 号（1999 年）。

橋口豊「冷戦の中の英米関係――スカイボルト危機とナッソー協定をめぐって」『国際政治』第 126 号（2001 年）。

橋口豊「苦悩するイギリス外交――1957～79 年」佐々木雄太・木畑洋一編『イギリス外交史』有斐閣，2005 年。

橋口豊「ベトナム戦争とコモンウェルス・ミッション構想――1965 年のウィルソン政権の和平外交」佐々木雄太編著『世界戦争の時代とイギリス帝国』（イギリス帝国と 20 世紀　第 3 巻）ミネルヴァ書房，2006 年。

橋口豊「ハロルド・ウィルソン政権の外交　1964-1970 年――『三つのサークル』の中の英米関係」『龍谷法學』第 38 巻第 4 号（2006 年）。

橋口豊「戦後イギリス外交の変容と英米間の『特別な関係』――マクミラン政権のヨーロッパ統合政策を中心に」『龍谷法學』第 39 巻第 3 号（2006 年）。

橋口豊「EC 加盟後のイギリス外交――デタントから新冷戦へ，1974～79 年」『龍谷法學』第 40 巻第 3 号（2007 年）。

橋口豊「第二次ベルリン危機とイギリス外交，1958-1961 年」『龍谷法學』第 40 巻第 4 号（2008 年）。

橋口豊「デタントのなかの EC　1969-79 年――ハーグから新冷戦へ」遠藤乾編『ヨーロッパ統合史』名古屋大学出版会，2008 年。

橋口豊「デタントのなかの EC　1969-79 年――ハーグから新冷戦へ」遠藤乾編『原典ヨーロッパ統合史――史料と解説』名古屋大学出版会，2008 年。

橋口豊「米欧間での揺らぎ　1970-79 年――ヨーロッパになりきれないイギリス」細谷雄一編『イギリスとヨーロッパ――孤立と統合の二百年』勁草書房，2009 年。

橋口豊「1970 年代のデタントとイギリス外交――ヒース保守党政権を中心に」菅英輝

編著『冷戦史の再検討——変容する秩序と冷戦の終焉』法政大学出版局，2010年。

橋口豊「ヨーロッパにおける防衛協力の試みと挫折——ヒース保守党政権の核政策，1970～74年」『龍谷法學』第47巻第2号（2014年）。

半澤朝彦「国連とイギリス帝国の消滅——1960～63年」『国際政治』第126号（2001年）。

福田茂夫「ベトナム戦争」『アメリカ研究』第19号（1985年）。

福田茂夫「ジョンソン大統領の派兵後のベトナム戦略——地上米軍派遣発表（1965･7）よりテト攻撃（68・1）まで」『国際政治』第130号（2002年）。

細谷雄一「パートナーとしてのアメリカ——イギリス外交の中で」押村高編『帝国アメリカのイメージ——国際社会との広がるギャップ』早稲田大学出版部，2004年。

細谷雄一「歴史としてのイギリス外交——国際体制の視座から」佐々木雄太・木畑洋一編『イギリス外交史』有斐閣，2005年。

牧野和伴「MLF構想と同盟戦略の変容」（Ⅰ）・（Ⅱ）『法学政治学研究』（成蹊大学）第21巻（1999年）・第22巻（2000年）。

益田実「自由貿易地帯構想とイギリス——ヨーロッパ共同市場構想への『対抗提案』決定過程，1956年」（1）・（2）・（3）・（4）『法経論叢』（三重大学）第21巻第2号（2004年）・第22巻第2号（2005年）・第23巻第2号（2006年）・第24巻第1号（2006年）。

益田実「超国家的統合の登場　1950-58年——イギリスは船に乗り遅れたのか？」細谷雄一編『イギリスとヨーロッパ——孤立と統合の二百年』勁草書房，2009年。

益田実「ヨーロッパ・アメリカ・ポンド——EC加盟と通貨統合をめぐるヒース政権の大西洋外交，1970～1974年」益田実・池田亮・青野利彦・齋藤嘉臣編著『冷戦史を問いなおす——「冷戦」と「非冷戦」の境界』ミネルヴァ書房，2015年。

丸山泉「内戦政策の破綻」谷川榮彦編著『ベトナム戦争の起源』勁草書房，1984年。

水本義彦「書評論文　60年代イギリス政府のベトナム政策と英米関係」『国際政治』第140号（2005年）。

森聡「ヴェトナム戦争と英米関係——ウィルソン政権による対米和平外交の成果」菅英輝編著『冷戦史の再検討——変容する秩序と冷戦の終焉』法政大学出版局，2010年。

柳沢英二郎「“新大西洋憲章”の運命」『愛知大学法經論集　法律篇』第91号（1979年）。

山本健「CSCEにおける人の移動の自由および人権条項の起源——NATOによるデタントの変容，1969-1972年」『現代史研究』第53号（2007年）。

山本健「『ヨーロッパの年』の日欧関係，1973-74年」『日本EU学会年報』第32号（2012年）。

山本武彦「東西ヨーロッパの安全保障——デタントと『戦略的』相互依存」鴨武彦・山本吉宣編『相互依存の理論と現実』有信堂，1988年。

Aldous, Richard and Sabine Lee, "'Staying in the Game': Harold Macmillan and Britain's World Role," in Richard Aldous and Sabine Lee (eds.), *Harold Macmillan and Britain's World Role* (Basingstoke: Macmillan, 1996).

Ashton, Nigel J., "'A Rear Guard Action': Harold Macmillan and the Making of British Foreign Policy, 1957-63," in T. G. Otte (ed.), *The Makers of British Foreign Policy: From Pitt to Thatcher* (Basingstoke: Palgrave Macmillan, 2002).

Ashton, Nigel J., "Harold Macmillan and the 'Golden Days' of Anglo-American Relations Revisited, 1957-63," *Diplomatic History*, Vol. 29, No. 4 (2005).

Bange, Oliver, "Grand Designs and the Diplomatic Breakdown," in George Wilkes (ed.), *Britain's Failure to enter the European Community 1961-63: The Enlargement Negotiations and Crises in European, Atlantic and Commonwealth Relations* (London: Frank Cass, 1997).

Baylis, John, "Exchanging Nuclear Secrets: Laying the Foundations of the Anglo-American Nuclear Relationship," *Diplomatic History,* Vol. 25, No.1 (2001).

Baylis, John and Kristan Stoddart, "Britain and the Chevaline Project: The Hidden Nuclear Programme, 1967-82," *The Journal of Strategic Studies*, Vol. 26, No. 4 (2003).

Blackwell, Stephen J., "A Transfer of Power? Britain, the Anglo-American Relationship and the Cold War in the Middle East, 1957-1962," in Michael F. Hopkins, Michael D. Kandiah, and Gillian Staerck (eds.), *Cold War Britain, 1945-1964: New Perspectives* (Basingstoke: Palgrave Macmillan, 2003).

Brandt, Willy, "German Policy toward the East," *Foreign Affairs*, Vol. 46, No. 3 (1968).

Deighton, Anne, "Britain and the Three Interlocking Circles," in Antonio Varsori (ed.), *Europe 1945-1990s: The End of an Era?* (Basingstoke: Macmillan, 1995).

Deighton, Anne and Piers Ludlow, "'A Conditional Application': British Management of the First Attempt to seek Membership of the EEC, 1961-3," in Anne Deighton (ed.), *Building Postwar Europe: National Decision-Makers and European Institutions, 1948-63* (Basingstoke: Palgrave Macmillan, 1995).

Deighton, Anne, "The Second British Application for Membership of the EEC," in Wilfried Loth (ed.), *Crises and Compromises: The European Project 1963-1969* (Nomos: Baden-Baden, 2001).

Dell, Edmund, "Britain and the Origins of the European Monetary System," *Contemporary European History*, Vol. 3, No. 1 (1994).

Dockrill, Michael, "Restoring the 'Special Relationship': The Bermuda and Washington Conferences, 1957," in Dick Richardson and Glyn Stone (eds.), *Decisions and Diplomacy: Essays in Twentieth-Century International History* (London: Routledge, 1995).

Dorman, Andrew, "Crises and Reviews in British Defence Policy," in Stuart Croft,

Andrew Dorman, Wyn Rees, and Matthew Uttley, *Britain and Defence 1945-2000 : A Policy Re-evaluation* (Harlow : Longman, 2001).

Dumbrell, John, "The Johnson Administration and the British Labour Government : Vietnam, the Pound and East of Suez," *Journal of American Studies*, Vol. 30, Part 2 (1996).

Dumbrell, John and Sylvia Ellis, "British Involvement in Vietnam Peace Initiatives, 1966-1967 : Marigolds, Sunflowers, and 'Kosygin Week'," *Diplomatic History*, Vol. 27, No. 1 (2003).

Ellison, James, "Dealing with de Gaulle : Anglo-American Relations, NATO and the Second Application," in Oliver J. Daddow (ed.), *Harold Wilson and European Integration : Britain's Second Application to join the EEC* (London : Frank Cass, 2003).

Gearson, John, "British Policy and the Berlin Wall Crisis, 1958-61," *Contemporary Record*, Vol. 6, No. 1 (1992).

Gearson, John, "Britain and the Berlin Wall Crisis, 1958-62," in John Gearson and Kori Schake (eds.), *The Berlin Wall Crisis : Perspectives on Cold War Alliances* (Basingstoke : Palgrave Macmillan, 2002).

Gowing, Margaret, "Nuclear Weapons and the 'Special Relationship'," in Wm. Roger Louis and Hedley Bull (eds.), *The 'Special Relationship' : Anglo-American Relations since 1945* (Oxford : Clarendon Press, 1986).

Hamilton, Keith, "A 'Week that Changed the World' : Britain and Nixon's China Visit of 21-28 February 1972," *Diplomacy and Statecraft*, Vol. 15. No. 1 (2004).

Hamilton, Keith, "Britain, France, and America's Year of Europe, 1973," *Diplomacy and Statecraft*, Vol. 17, No. 4 (2006).

Heath, Edward, "Realism in British Foreign Policy," *Foreign Affairs*, Vol. 48, No. 1 (1969).

Heath, Edward, "European Unity over the Next Ten Years : From Community to Union," *International Affairs*, Vol. 64, No. 2 (1988).

Hill, Christopher and Christopher Lord, "The Foreign Policy of the Heath Government," in Stuart Ball and Anthony Seldon (eds.), *The Heath Government 1970-1974 : A Reappraisal* (London : Longman, 1996).

Holt, Andrew, "Lord Home and Anglo-American Relations, 1961-1963," *Diplomacy and Statecraft*, Vol. 16 (2005).

Hughes, R. Gerald and Thomas Robb, "Kissinger and the Diplomacy of Coercive Linkage in the 'Special Relationship' between the United States and Great Britain, 1969-1977," *Diplomatic History*, Vol. 37, No. 4 (2013).

Kaiser, Wolfram, "The Bomb and Europe : Britain, France, and the EEC Entry Negotiations, 1961-1963," *Journal of European Integration History*, Vol. 1, No. 1

(1995).

Kent, John and John W. Young, "British Policy Overseas : The 'Third Force' and the Origins of NATO-In Search of a New Perspective," in Beatrice Heuser and Robert O'Neill (eds.), *Securing Peace in Europe, 1945-62 : Thoughts for the Post-Cold War Era* (Basingstoke : Macmillan, 1992).

Ludlow, N. Piers, "The Real Years of Europe ? : U.S.-West European Relations during the Ford Administration," *Journal of Cold War Studies*, Vol. 15, No. 3 (2013).

Middeke, Michael, "Britain's Global Military Role, Conventional Defence and Anglo-American Interdependence after Nassau," *The Journal of Strategic Studies*, Vol. 24, No. 1 (2001).

Milward, Alan S., "The Hague Conference of 1969 and the United Kingdom's Accession to the European Economic Community," *Journal of European Integration History*, Vol. 9, No. 2 (2003).

Mizumoto, Yoshihiko, "Harold Wilson's Efforts at a Negotiated Settlement of the Vietnam War, 1965-1967," *Electronic Journal of International History*, No. 9 (2005). [http://www.history.ac.uk/ejournal].

Morgan, Roger, "Willy Brandt's 'Neue Ostpolitik' : British Perceptions and Positions, 1969-1975," in Adolf M. Birke, Magnus Brechtken and Alaric Searle (eds.), *An Anglo-German Dialogue : The Munich Lectures on the History of International Relations* (München : K. G. Saur, 2000).

Nitze, Paul H., "Assuring Strategic Stability in an Era of Détente," *Foreign Affairs*, Vol. 54, No. 2 (1976).

Noble, Alastair, "Kissinger's Year of Europe, Britain's Year of Choice," in Matthias Schulz and Thomas A. Schwartz, *The Strained Alliance : U.S.-European Relations from Nixon to Carter* (Cambridge : Cambridge University Press, 2010).

Ovendale, Ritchie, "William Strang and the Permanent Under-Secretary's Committee," in John Zametica (ed.), *British Officials and British Foreign Policy 1945-50* (Leicester : Leicester University Press, 1990).

Parr, Helen and Melissa Pine, "Policy towards the European Economic Community," in Peter Dorey (ed.), *The Labour Governments 1964-1970* (London : Routledge, 2006).

Parr, Helen, "Anglo-French Nuclear Collaboration and Britain's Policy towards Europe, 1970-1973," in Jan Van der Harst (ed.), *Beyond the Customs Union : The European Community's Quest for Deepening, Widening and Completion, 1969-1975* (Bruxelles : Bruylant, 2007).

Parr, Helen, "Transformation and Tradition : Anglo-French Nuclear Cooperation and Britain's Policy towards the European Community, 1960-1974," in Matthew Grant (ed.), *The British Way in Cold Warfare : Intelligence, Diplomacy and the Bomb,*

1945–1975 (London : Continuum, 2009).

Pine, Melissa, "Britain, Europe and the 'Special Relationship' : Finding a Role 1967–1972," in Jan Van der Harst (ed.), *Beyond the Customs Union : The European Community's Quest for Deepening, Widening and Completion, 1969–1975* (Bruxelles : Bruylant, 2007).

Rees, Wyn, "British Strategic Thinking and Europe, 1964–1970," *Journal of European Integration History*, Vol. 5, No. 1 (1999).

Rees, Wyn, "Britain's Contribution to Global Order," in Stuart Croft, Andrew Dorman, Wyn Rees, and Matthew Uttley, *Britain and Defence 1945–2000 : A Policy Re-evaluation* (Harlow : Longman, 2001).

Reynolds, David, "A 'Special Relationship'? : America, Britain and the International Order since the Second World War," *International Affairs*, Vol. 62, No. 1 (1985/6).

Reynolds, David, "Rethinking Anglo-American Relations," *International Affairs*, Vol. 65, No. 1 (1988/9).

Rhinelander, John B., "The SALT I Agreements," in Mason Willrich and John B. Rhinelander (eds.), *SALT: The Moscow Agreements and Beyond* (New York : Free Press, 1974).

Rice, Condoleezza, "SALT and the Search for a Security Regime," in Alexander L. George, Philip J. Farley and Alexander Dallin (eds.), *U.S.-Soviet Security Cooperation : Achievements, Failures, Lessons* (New York : Oxford University Press, 1988).

Sharp, Paul, "British Foreign Policy under Margaret Thatcher," in T. G. Otte (ed.), *The Makers of British Foreign Policy : From Pitt to Thatcher* (Basingstoke : Palgrave Macmillan, 2002).

Spelling, Alex, "Edward Heath and Anglo-American Relations 1970–1974 : A Reappraisal," *Diplomacy and Statecraft*, Vol. 20, No. 4 (2009).

Steininger, Rolf, "'The Americans are in a Hopeless Position' : Great Britain and the War in Vietnam, 1964–65," *Diplomacy and Statecraft*, Vol. 8, No. 3 (1997).

Stoddart, Kristan, "Nuclear Weapons in Britain's Policy towards France, 1960–1974," *Diplomacy and Statecraft*, Vol. 18, No. 4 (2007).

Straw, Sean and John W. Young, "The Wilson Government and the Demise of TSR-2, October 1964–April 1965," *The Journal of Strategic Studies*, Vol. 20, No. 4 (1997).

Subritzky, John, "Britain, *Konfrontasi*, and the End of Empire in Southeast Asia, 1961–65," *The Journal of Imperial and Commonwealth History*, Vol. 28, No. 3 (2000).

Vaïsse, Maurice, "De Gaulle and the British 'Application' to join the Common Market," in George Wilkes (ed.), *Britain's Failure to enter the European Community 1961–63 : The Enlargement Negotiations and Crises in European, Atlantic and Commonwealth Relations* (London : Frank Cass, 1997).

Wrigley, Chris, "Now You See It, Now You Don't : Harold Wilson and Labour's Foreign

Policy 1964-70," in Richard Coopey, Steven Fielding and Nick Tiratsoo (eds.), *The Wilson Governments 1964-1970* (London : Pinter, 1993).

Young, John W., "West Germany in the Foreign Policy of the Wilson Government, 1964-67," in Saki Dockrill (ed.), *Controversy and Compromise : Alliance Politics between Great Britain, Federal Republic of Germany, and the United States of America, 1945-1967* (Bodenheim : Philo, 1998).

Young, John W., "The Wilson Government and the Davies Peace Mission to North Vietnam, July 1965," *Review of International Studies*, Vol. 24 (1998).

Young, John W., "Britain and 'LBJ's War,' 1964-68," *Cold War History*, Vol. 2, No. 3 (2002).

Young, John W., "Europe," in Anthony Seldon and Kevin Hickson, *New Labour, Old Labour : The Wilson and Callaghan Governments, 1974-79* (London : Routledge, 2004).

7．未公刊博士学位論文

Okamoto, Yoshitaka, "Britain, European Security and the Cold War, 1976-9" (unpublished Ph. D. thesis, University of London, 2014).